독서와 일본인

DOKUSHO TO NIHONJIN

by Kaitaro Tsuno

ⓒ 2016 by KaitaroTsuno

First published 2016 by IwanamiShoten, Publishers, Tokyo.

This Korean edition published 2021

by Maumsanchaek, Seoul

by arrangement with Iwanami Shoten, Publishers, Tokyo

독서와 일본인

헤이안 시대에서 오늘날까지
독서로 보는 일본의 사회상

쓰노 가이타로

임경택 옮김

마음산책

옮긴이 임경택

서강대학교 영어영문학과를 졸업하고 서울대학교 대학원 인류학과를 거쳐 도쿄대학 총합문화연구과 문화인류학 연구실에서 박사 학위를 취득했다. 현재 전북대학교 고고문화인류학과 교수로 문화 이론과 일본 문화에 대해 가르치고 있다. 10여 년 전부터 출판과 지식, 지식의 유통과 문화·문명에 관심을 가지고 동아시아 전역을 대상으로 연구하고 있다. 일본 문화에 대해서도 주로 메이지유신과 패전이라는 양대 계기로 변화하는 일본의 역사와 문화를 추적하며 일본 사회의 본질을 다방면에서 규명하고, 한국 사회와 비교하는 작업을 계속하고 있다. 한국문화인류학회장으로 일했고 유구·오키나와학회장, '동아시아출판인회의' 조직 위원으로 활동 중이다. 지은 책으로『유지와 명망가: 한·일 지역사회의 민족지적 비교』(한일 공저)『'일본'의 발명과 근대』(공저) 등이 있고, 옮긴 책으로『자동차의 사회적 비용』『정치는 뉴스가 아니라 삶이다』『사전, 시대를 엮다』『일본의 역사를 새로 읽는다』『일본인의 인류학적 자화상』『슈리성으로 가는 언덕길』등이 있다.

독서와 일본인

헤이안 시대에서 오늘날까지 독서로 보는 일본의 사회상

1판 1쇄 발행 2021년 10월 30일
1판 2쇄 발행 2021년 12월 20일

지은이 | 쓰노 가이타로
옮긴이 | 임경택
펴낸이 | 정은숙
펴낸곳 | 마음산책

편집 | 권한라 · 성혜현 · 김수경 · 이복규 · 나한비
디자인 | 최정윤 · 오세라 · 차민지
마케팅 | 권혁준 · 권지원 · 김은비
경영지원 | 박지혜

등록 | 2000년 7월 28일(제13-653호)
주소 | (우 04043) 서울시 마포구 잔다리로 3안길 20
전화 | 대표 362-1452 편집 362-1451   팩스 | 362-1455
홈페이지 | www.maumsan.com
블로그 | blog.naver.com/maumsanchaek
트위터 | twitter.com/maumsanchaek
페이스북 | facebook.com/maumsan
인스타그램 | instagram.com/maumsanchaek
전자우편 | maum@maumsan.com

ISBN 978-89-6090-586-3 03300

* 이 역서는 2019년 대한민국 교육부와 한국연구재단의 지원을 받아 수행된 연구임 (NRF-2019S1A5C2A02083616)
* 책값은 뒤표지에 있습니다.

독서가 그토록 소중한 것이라면,
그 매력을 재발견하기 위해서라도
한 번은 그것을 잃어버려보는 편이 낫다.

나를 포함해 우리 다수는 (지금 보기에 그렇지만) 20세기에 책을 읽기 시작했다. 읽기뿐만 아니라 책을 선택하고 입수해서 보존하는 습관 모두를, 19세기도 21세기도 아닌 20세기라는 특수한 시대에 체득한 것이다.

그렇다면 그런 20세기를 왜 '특수한 시대'라고 하는 걸까?

책의 대량생산과 읽고 쓰기 능력의 비약적 향상으로 지식인과 대중, 남녀, 돈과 권력을 가진 자와 가지지 못한 자의 구별 없이 사회의 모든 계층에 독서하는 습관이 확산되고, '누구든 책을 읽는다는 것은 기본적으로 좋은 것이다'라는 새로운 상식이 정착했다. 그것이 다름 아닌 이 세기에 이루어졌다는 것이다. 동서양을 불문하고 그런 시대는 과거에 한 번도 없었고 앞으로도 없을 것이다. 그렇게 생각하고 나는 이 책에서 20세기를 '독서의 황금시대'라는, 약간은 과장되었을지도 모르는 말로 부르기로 했다.

따라서 옛날부터 그런 식으로 생각했던 것은 아니다. 그게 분명해진 것은, 굳이 말한다면 아주 최근의 일이다.

20세기가 끝나가면서 인터넷으로 대표되는 디지털문화의 기세가 증가하고 독서에 적극적인 관심을 가진 사람의 숫자가 눈에 띄게 줄어들었다. 그와 병행하여, 그때까지 상승 곡선을 그으며 성장을 계속해온 책이나 잡지의 연간 총매출이 하강으로 변했고, 세기가 바뀌어도 좀처럼 회복될 조짐이 보이지 않는다.

그렇게 바닥을 헤매는 상태가 계속되는 가운데 문득 돌아보니, 여태까지는 지극히 당연한 것(즉, 상식)이라고 생각하던, 우리가 책을 대하는 방식은 어쩌면 의외로 특수한 것이었을지도 모른다, 라고 생각하게 되었다.

그리고 정작 그렇게 생각해보니, 나를 포함한 '20세기 독서인'이 책을 대하는 방식에는 조금은 이상한 데가 있는 것 같기도 하다. 이상한 데, 즉 버릇이다. 다르게 말하면 왜곡. 그리고 이러한 자각이 생겨나니 자신의 체험을 보편적인 잣대로 삼아 '요즘 젊은 사람은 책을 조금도 읽지 않는다'라고 순진하게 탄식하기도 어쩐지 어렵게 되어버렸다.

*

이상과 같은 까닭에, 사실 당초에 나는 '20세기 독서론'이라는 주제로 책을 쓰겠다고 마음먹고 있었다. 불과 100년 동안 사람들의 독서 생활에 생긴 분주한 전환의 양상, 그 역사적인 고찰. 일본뿐 아니라 그야말로 글로벌한 규모에서.

그리고 그 선에서 신서 편집부의 후루카와 요시코古川義子 씨와 논의를 거듭하던 가운데 생각지도 않게 '독서와 일본인'이라는 난제에 부닥치게 되었다.

우리의 독서는 '20세기'라는 틀과 동시에 5000년이 넘는 책의 역사보다 더 큰 틀 안에 있다. 하지만 그 어느 쪽도 아닌, '일본'이라는 보다 작은 규모에서 논할 수 있는 독서의 역사가 아무래도 잘 잡히지 않았던 것이다. 예를 들면 일본인은 언제 어떻게 책을 읽게 되었는가? 우리 독서 생활의 운명에 대해 이야기하고자 했는데 저자도 편집자도 그런 단순한 물음에조차 만족스럽게 답할 수 없었다. 그렇게 깨닫고 적지 않게 허둥거린 것이다.

그 결과, 상세한 것은 생략하겠지만 과감하게 새로운 책의 주제를 '20세기 독서론'에서 '독서와 일본인'으로 바꾸기로 했다. 하지만 정작 그렇게 정하고 찾아보니 의외로 가토 슈이치加藤周一의 『일본문학사서설日本文学史序説』에 각 시대의 독자층에 대한 간결한 기술이 있는 것을 제외하면 일본 내에는 독서의 역사에 관해 잘 정리된 글이 거의 존재하지 않았다.

그래서 어쩔 수 없이 처음부터 나 혼자 조사하여 알게 된 것을 전반의 「일본인의 독서사」로 정리하고, 당초의 20세기 독서론을 간략화해서 후반에 두기로 했다. 물론 전문 연구자가 아니기 때문에 본격적인 통사는 쓸 수 없었다. 그런 초심자가 쓴, 얼마간 독자적인 견해가 뒤섞이지 않은 것은 아니지만, 대충 파악한 독서사적 산문이다. 그렇게 예상도 하지 못한 책이 만들어졌다.

이 나라에는 제대로 된 독서사가 없다. 그것은 사실이다. 그러나 이 책에도 등장시킨 로제 샤르티에Roger Chartier나 로버트 단턴Robert Darnton을 중심으로 20세기 중반에 시작된 국제적인 '책의 역사'나

'독자 연구' 흐름이 활발해지면서 일본에서도 각 시대별로 개별적인 연구가 착착 진행되어왔다. 나도 이 책을 쓰면서 사이고 노부쓰나西鄕信綱와 마에다 아이前田愛부터 미타무라 마사코三田村雅子와 스즈키 도시유키鈴木俊幸, 나가미네 시게토시永嶺重敏에 이르는 분들의 작업에서 많은 도움을 받았다. 참조한 문헌 모두를 언급할 여유는 없었지만 이 자리에 간단히 표기하여 감사의 말을 대신한다.

*

본문에서도 다루었지만, 비록 독서의 황금시대로서의 20세기가 끝났어도 그것으로 우리의 독서 습관까지 사라져버린 것은 아닐 터이다. 당연하다. 끝난 것은 책 자체가 아니라 어디까지나 영화, TV, 라디오, 연극, 무용, 음악, 회화, 사진, 디자인 등 다양한 미디어가 자아내는 그물망의 중심에 책이 묵직하게 위치한다는 황금시대의 '구도'이기 때문이다.

따라서 책이나 독서를 특히 우위에 있는 것이라 느끼는 심성이 옅어진 것만으로 책 자체의 가치가 줄어들지도, 책을 읽는 일상이 사라져버리는 것도 아니다. 그러기는커녕 디지털 기술의 개입도 있고 책을 포함한 제 미디어의 배치가 와르르 변용되어가는 가운데 반드시 새로운 독서 습관이 다시금 천천히 양성되어갈 것이다. 이 책을 쓰고 난 지금 나는 '황금시대'의 종언을 그와 같은 것으로 생각하고 있다.

우리의 독서 습관은 바깥에서 강제된 것도 우연히 생겨난 것도 아닌, 오랜 시간에 걸쳐 서서히 형태가 만들어진 것이었다.

그렇다면 이 책에서 말한 독서의 황금시대로서의 20세기도, 분명 큰 힘이 넘쳐나는 시대였지만, 그래도 역시 인류의 독서사가 도달한 빛나는 정점은 아니었던 것이다. 아마도 그 모두가 거기에 이르는(이를지도 모를) 과정의 하나에 불과할 것이다. 그리고 21세기라는, 책과 독서의 단순하지 않은 전자화의 시대 또한 그러하리라.

쓰노 가이타로

차례

일본인의 독서사

독 서 의 황 금 시 대

일러두기

1. 이 책은 쓰노 가이타로의 『読書と日本人』(岩波書店, 2016)을 우리말로 옮긴 것이다.

2. 외국 인명·지명과 그 밖의 독음은 외래어표기법을 따르되 관용적 표기와 동떨어진 경우 절충하여 실용적 표기를 따랐다. 한자로 된 책·잡지·회사 등의 이름은 우리말의 독음 또는 일본어의 독음을 큰 혼동이 없는 선에서 선택적으로 적었다.

3. 국내에 소개된 작품명은 되도록 번역된 제목을 따랐고 그 밖에는 원어 제목을 독음대로 적거나 우리말로 옮겼다.

4. 옮긴이 주는 글줄 상단에 맞추어 작게 표기했다.

5. 신문·잡지·무크·영화·음악·공연·방송 프로그램의 제목은 〈 〉로, 책과 장편과 전집과 구전물은 『 』로, 기사·논문·단편 등의 편명은 「 」로 묶었다.

일본인의 독서사

독서의
시작

『겐지 이야기』를 읽는 소녀

'책은 혼자서 묵묵히 읽는다. 자발적으로, 대개는 자신의 방에서.'

이것을 지금 우리가 보통 생각하는 독서라고 한다면, 이렇게 책을 읽는 방식이 일본에서는 언제 시작되었을까?

아마도 이때쯤이라고 그 시기를 짐작게 하는 기록 두 개가 남아 있다.

하나는 스가와라노 미치자네菅原道真의 「서재기書齋記」라는 짧은 수필로서 9세기 말 무렵, 헤이안平安 지금의 교토으로 천도한 지 100년 후에 쓴 것이고, 또 하나는 잘 알려져 있는 『사라시나 일기更級日記』 헤이안 시대 중기에 쓰인 회상록. 작자는 스가와라노 미치자네의 5세손인 스가와라노 다카스에의 차녀 스가와라노 다카스에노무스메다. 시골에서 자란 중급 귀족의 딸이 친척 여성에게서 『겐지 이야기源氏物語』 일본 헤이안 시대 중기에 쓰인 장편소설. 작자인 무라사키 시키부의 생애 유일한 작품이다. 주인공인 히카루 겐지를 통해 연애, 영광과 몰락,

정치적 욕망과 권력투쟁 등 헤이안 시대의 귀족 사회를 그렸다 전질을 받아 넋을 잃고 탐독한 후 가장 사랑하는 한 구절을 포함한 회상록을 집필한 것이 11세기 중엽이었다.

이 두 개의 문장을 보면, 지금 우리가 보통 '독서'라고 부르는 행위가 일본에 뿌리내리기 시작한 것은 대략 스가와라노 미치자네의 혈족인 스가와라노 다카스에노무스메菅原孝標女 다카스에노무스메는 '다카스에의 딸'이라는 뜻으로 본명 대신 이 지칭어로 알려져 있다에 이르는 150년 사이의 기간이지 않을까 추측된다. 나는 전문가가 아니므로 엄밀하게는 말할 수 없다. 우선 헤이안 시대 중기쯤이라고 가늠해두자. 우선이라고 말한 것은, 안타깝게도 일본 내에는 초보자인 나를 확실히 도와줄 만한, 전문가가 쓴 독서 통사류의 서적이 전혀 존재하지 않기 때문이다.

스가와라노 미치자네는 나중에 다루기로 하고, 먼저 『사라시나 일기』에 나오는 내용, 즉 생각지도 않게 염원하던 『겐지 이야기』를 갖게 된 열세 살 소녀가 "낮에는 온종일, 밤에는 잠이 들지 않는 한 등불을 밝혀" 그것을 탐독했다는 바로 그 장면에 관해 이야기해보자.

나 자신도 그랬지만, 중학교나 고등학교 교과서에서 저 구절을 처음 대하고서 사람들은 대부분 '흠, 나하고 똑같구나' 하고 살짝 감동했다가 시간이 지나면서 아무 생각 없이 오늘까지 그냥 그대로 흘러오지 않았을까? 선생님들도 그 이상의 것은 특별히 가르쳐 주지 않았던 것 같다. 하지만 저 작은 명장면이야말로 일본인이 오늘날과 같은 형태로 책을 읽게 된, 가장 이른 시기의 독서 현장의 기록이다. 아래에 가장 중요한 부분이라 할 수 있는 곳을 다케니시 히로코竹西寬子의 현대어 역에서 인용해둔다.

지금까지 띄엄띄엄 아주 조금씩 읽었을 뿐 그다지 납득도 가지 않아 안달복달하던 겐지의 이야기이지만, 그것을 제1권부터 누구의 방해도 받지 않고 방 안에 파묻혀 한 권 한 권 꺼내 읽어가는 그 기분, 황후의 자리 같은 건 문제가 되지 않는다고 생각할 정도였다.

이 문장을 쓴 스가와라노 다카스에노무스메가 『겐지 이야기』를 읽은 때가 1021년 무렵이다. 10년 가까운 시간을 들여 써온 무라사키 시키부紫式部의 대장편소설이 겨우 완결된 것이 그보다 약 10년쯤 전이었다.

무라사키 시키부는 쓸 때마다 한두 장章씩 친한 지인들에게 읽혀서 그 반응을 보아가며 써내려갔다고 한다. 그것이 너무나 재미있다고 소문이 나, 같은 직장(후지와라노 미치나가藤原道長의 딸이자 이치조 천황一条天皇의 황후였던 아키코彰子의 처소)에서 일하던 시녀女房들이 자신이 직접 필사하거나 글씨를 잘 쓰는 지인들에게 부탁하여 잇달아 사본이 만들어졌다.

다만 당시에는 독자들이라고 해봐야 이치조 천황이나 극소수의 귀족 등으로서, 평소에는 중국에서 도래한 유교 서적이나 불교 서적, 역사서나 한시문만 읽느라 여성용인 히라가나로 쓰인 부드러운 이야기 등은 바보 취급하던 남자들을 포함해 겨우 100명 정도였다. 하지만 그 재미가 시녀 집단의 바깥에까지 소문이 났고, 그 무렵이 되면 『사라시나 일기』의 작자와 같이 지방에서 생활하는 중급 귀족의 딸까지 그 평판을 듣고 가슴이 설레곤 했던 것이다.

중급 귀족이라 한 것은, 아버지 다카스에가 실무 관료로 출세했다고 할 수는 있지만 기껏 수령(지방장관)에 그쳤고 그다지 화려하지 않았기 때문이다. 관직의 지위는 그다지 높지 않았지만 사실 다카스에노 미치자네로부터 5대째가 되는 '학자 집안'의 후예로서, 그 자신도 학자나 한시인으로 널리 세상에 이름이 알려져 있었다.

게다가 그의 아내, 즉 다카스에노무스메의 큰어머니는 『청령일기蜻蛉日記』헤이안 시대의 여성 일기. 954~974년의 일이 쓰여 있고, 975년 전후에 나왔으리라 추정된다로 유명한 후지와라노 미치쓰나노하하藤原道綱母'미치쓰나의 어머니'라는 뜻으로 다카스에노무스메처럼 지칭어로 알려진 경우. 더욱이 또 한 사람의 아내(다카스에노무스메의 계모)의 숙부는 다름 아닌 무라사키 시키부의 외동딸인 가타이코賢子와 결혼했다고 하니 실로 대단한 집안이었다. 『사라시나 일기』의 서두에는 "분명히 아주 많이 촌스러웠을 것"이라고 자주 비하하고 있지만 말도 안 되는 일이다. 적어도 문학적으로는 보통 사람 이상으로 혜택 받은 환경에서 자란 사람이다. 작자 자신도, 내가 이처럼 이야기를 좋아하는 여자가 되어버린 것은 아무래도 어릴 적부터 계모와 요절한 언니에게 받은 영향이 매우 큰 것 같다, 라고 쓰고 있다.

음독인가 묵독인가

하지만 그런 소녀를 무작정 현재 우리 독서 스타일의 '원조'라고 간주하기에는 몇 가지 문제가 있다. 그중에서 가장 큰 것이 '묵독'

독서와 일본인

이다.

앞의 인용문에서 본다면 "누구의 방해도 받지 않고 방 안에 파묻혀"라는 한 줄. 그걸 읽으면 다카스에노무스메가 '혼자서 묵묵히 읽는' 타입의 여성이었다는 것은 의심할 여지가 없다고 여겨진다. 그렇지만 그녀는 도대체 어느 정도로 당시의 '독서하는 여성'들을 대표한다고 할 수 있을까? 바꾸어 말하면, 그녀가 살던 사회에 묵독의 습관은 어느 정도의 넓이와 깊이로 정착되어 있었을까?

이 점을 둘러싸고 다니자키 준이치로谷崎潤一郞나 엔치 후미코円地文子의 『겐지 이야기』 현대어 번역에 도움을 준 것으로 알려진 헤이안 시대 문학 연구자 다마가미 다쿠야玉上琢弥가 『겐지 이야기 연구源氏物語研究』에서 펼친 '겐지음독론'을 계기로 1950년대부터 1970년대에 걸쳐 연구자들 사이에서 큰 논쟁이 벌어졌다.

물론 다마가미는 음독파다. 본래는 '구술로 이야기되는 것'이었던 이야기를, 9세기 후반에 『다케토리 이야기竹取物語』헤이안 시대 초기에 성립된 일본의 이야기물. 작자 및 연도 모두 미상가 나올 무렵부터 남성 지식인들이 문자로 표기하게 되었다. 그리고 그것을 가정교사 역을 하던 시녀가 자기가 일하던 댁의 따님에게 구술로 읽어주었다. 그 전통이 『겐지 이야기』의 시대에도 사라지지 않고 남아 있었을 것이라고 다마가미는 강하게 주장했다. 즉, 이야기는 묵독이 아니라 음독이 기본이다. 그런 이상, 혼자서 묵묵히 읽는 『사라시나 일기』의 저자를 '이야기 애독자의 전형'이라고 간주해버리는 것은 말도 안 되는 오류라고 하지 않을 수 없다.

이렇듯 대담한 논의였기 때문에 정면으로 반박하는 사람도 적잖았다. 그중 한 명이 사이고 노부쓰나다. 그는 『일본고대문학사

日本古代文学史』와『겐지 이야기를 읽기 위하여源氏物語を読むために』(이 책은 훨씬 더 후에 쓰인 것임) 등의 저작에서 헤이안 시대의 이야기 문학을, 다마가미가 말하는 전대의 '구전하는 이야기물'의 연속으로서가 아니라 생겨난 지 얼마 되지 않은, 히라가나를 사용하여 여성들이 쓴 "산문문학의 맹아"라고 규정했다.

시녀들의 음독에 의해서는 간단한 스토리 정도밖에 전해지지 않는다. 그에 비해 새로운 산문문학, 특히 무라사키 시키부가 만들어 낸 형식의 이야기에서는 스토리뿐 아니라 종종 그 이상으로 복잡한 심리의 표현, 섬세하고 우아한 감각, 일상생활의 세부 내용, 때로는 간통을 포함한 잡다한 풍문, 비트는 의미가 담긴 문학 담론 등이 주요한 포인트가 된다. 요컨대 "헤이안 시대의 이야기의 본성"은 음독이 아니라 "그것이 문자로 쓰인 문예이고, 아무튼 방 안에서 그 문자를 좇아 읽히는 것"이었다는 말이다. 그리고 사이고는 이어서 이렇게 주장한다.

> (즉) 문제는 흔히 작품의 질에 있으므로 그러한 질을 생각하면 (…)『사라시나 일기』의 작자야말로 오히려『겐지 이야기』를 읽는 독자의 전형이었다고 하는 편이 적확하다고 나는 생각한다. 또는 그 여성은 그러한 독자로서『겐지 이야기』를 발견하고 경험한 것이라고 바꾸어 말해도 좋다.

단순히 수동적으로 듣고만 있던 것이 아니다. 이런 개인적이고 집중적인 독서 방식이 아니면 충분히 즐길 수 없는 새로운 성격의 문학이 일본에, 그뿐 아니라 더 널리 인간세계에 처음으로 출현했다. 이것이 사이고의 관점이다. 주로 구두로 전승되는 공동체적인 '오래된 이야기'에서 한없이 근대소설에 가까운 '새로운 이야기'로. 이 기적적인 전환을 『겐지 이야기』가 더 이상 없을 정도의 훌륭한 방식으로 성취해냈다. 그랬는데도 다마가미는 그 지점을 깨끗이 무시해버렸다고 하는 비판인 것이다.

다만 이 논쟁은 당시에 좁은 학계 내에서만 이루어졌고, 나 같은 초심자(편집자 겸 실험적 연극인이었다)들은 그 논쟁에서 배제되어 있어서 잘 알지 못했다. 내가 다마가미의 겐지음독론을 접하게 된 것은 2003년, 이와나미현대문고가 앞의 『겐지 이야기 연구』를 바탕으로 한 『겐지 이야기 음독론源氏物語音読論』이라는 책을 낸 후였다. 매우 힘을 쏟아 쓴 책이어서 그랬는지 즐겁게 읽었고 많은 자극을 받았다. 그러나 단 한 점, 왜 이 훌륭한 학자가 11세기 초의 이야기 독자의 전형을 자기 방에서 『겐지 이야기』를 묵묵히 읽는 '시녀'가 아니라 그 여성들의 겐지 이야기에 귀를 기울이는 '아씨마님' 측에서 찾아내려고 했는지 가장 중요한 점에 대해 나는 잘 이해하지 못했다. 아니, 그 점에 대해서도 조금은 언급하고 있다. 하지만 초심자인 독자가 "오호, 과연!" 하고 납득할 정도의 주도면밀한 설명은 이루어지지 않았다.

나는 그런 불만을 가졌던 만큼, 나중에 읽은 사이고 노부쓰나의 '겐지묵독론'에 이끌리게 되었다. 『사라시나 일기』를 일본인의 독서 역사에서 가장 중요한 분기점이 되는 현장 보고라고 생각하게 되었는데, 그런 생각이 든 것도 앞서 언급한 『일본고대문학사』와 『겐지 이야기를 읽기 위하여』를 읽고 받은 영향 탓이 컸을 것이라 생각한다.

특히 히라가나라는 새로운 문자의 힘.

9세기부터 10세기에 걸쳐 궁정의 여성들 사이에서 한자의 초서체를 바탕으로 한 표음문자, 즉 히라가나가 일상적으로 쓰이게 되었다. 그리고 일본어 표기를 위한 그 새로운 문자 덕에, 그때까지 남성 지식인이 장악한 한자 문화 안에서 침묵을 강요당해왔던 여성들이 와카和歌와 일기와 수필과 편지, 결국에는 『겐지 이야기』와 같은 거대한 이야기까지도 자신의 말로 쓸 수 있는 상황으로까지 변모해간다.

이 사이고 노부쓰나의 논의를 독서의 역사로 읽으면, '혼자서 쓰는 여성들'의 출현은 동시에 '묵묵히 혼자서 읽는 여성들'의 출현이 되기도 한다. 히라가나 덕택에 여성들이 그때까지 남성들의 특권이었던 독서 습관을 정식으로 떳떳하게 자신의 것으로 만들 수 있었다. 큰 기쁨이었을 것이다. 『사라시나 일기』의 소녀가 맛본 지상의 행복, 겐지 독서에도 틀림없이 같은 기쁨이 바닥을 흐르고 있었을 터이다.

스가와라노 미치자네의 짜증

'쓰는 여성' 무라사키 시키부와 '읽는 여성' 스가와라노 다카스에노무스메. 이와 같이 하나의 작품을 매개로 보여준 뛰어난 두 여성의 응답에서는 오늘날까지 이어지는 '책은 혼자서 묵묵히 읽는다. 자발적으로, 대개는 자신의 방에서'라는 독서 스타일의 '최초의 모습'이 떠오른다.

하지만 실제로는 위에서 언급한 바와 같이, 이러한 여성들의 캐주얼한 독서에 앞서서 이미 한자를 읽는 남성들의 포멀한 독서가 나름 세련된 것으로 엄연히 존재하고 있었다. 다카스에노무스메와 같이 처음부터 죽죽 읽어내려가는 '단번에 읽기' 타입이 아니라, 때때로 몇 가지 자료를 참조해가면서 차분히 좌정하고 한 권의 책을 읽는 타입의 독서. '소설 읽기'에 대한 '학자식 읽기'라고 해도 좋을 것이다. 그런 타입의 독서에 대해서는 어떻게 생각하면 좋을까?

그래서 생각해낸 것이 이 장의 서두에서 거론한 두 가지 기록 중 전자, 스가와라노 미치자네의 「서재기」라는 문장이다.

스가와라노 미치자네는 845년, 선조 대대로 '학문하는 집안'의 자식으로 태어나 어릴 때부터 철저한 영재교육을 받으며 자랐다. 17세에 몬조쇼文章生진사가 되었고 867년 21세 때에 몬조토쿠고쇼文章得業生수재로 천거되어 엘리트 관료(중국식으로 최고급의 학자나 문인이어야 한다)를 지향하는 국가시험의 최종 단계를 대비하게 되었다. 이 시기의 일을 사반세기 후 49세 된 그가 회고하면서 쓴 것이 「서재기」다. 미치자네 산문의 대표작이라고 하는 사람도 적지 않다.

그러나 이 짧은 수필, 실제로 읽어보면 매우 기묘한 문장이다.

스가와라노 미치자네는 지금도 '학문의 신'으로서 각지의 덴만구天満宮나 덴진샤天神社에서 합격을 기원하는 대상으로 모셔지는 전설적인 대학자다. 우대신까지 올라갔는데, 좌대신 후지와라노 도키히라藤原時平와의 정쟁에서 패배하여 다자이후大宰府옛날 규슈 지방에 설치되었던 관청. 외적을 막고 외교에도 관계했다로 좌천되었고, 사후에는 원령으로서 일본국에 계속 재앙을 가져다준다고 하는 특별한 존재이기도 하다. 그럼에도 이 「서재기」는 그런 어마어마한 이미지를 등에 업고 있는 인물이 쓴 것이라고는 도저히 생각할 수 없다. 가볍다고 할까 생각지도 않게 피식 웃음이 난다고 할까, 무언가 묘하게 너무나 솔직한 느낌의 문장이다.

여하튼 그 중심이 되는 부분(전체의 3분의 1 정도)을 인용해두기로 하겠다. 원래는 4·6병려체四六騈儷体의 한문이다.⁴·⁶병려체에서 '병려'란 말 두 마리가 함께 달린다는 뜻으로, 대구로 구성된 문장을 형용하는 말이다. 한문의 문체로서 네 글자와 여섯 글자로 구성된 대구를 많이 사용하는 화려한 문체다. 과대하고 화려한 문장을 사용하고 고사가 들어간 어구를 빈번히 사용하며 음조를 갖추는 것을 특징으로 하여 낭송에 적합하다. 중국 한·위 시대에 성립되어 남북조시대에 성행했다. 한유나 유종원이 고문의 부흥을 제창하면서 쇠퇴해갔다. 일본에서는 나라·헤이안 시대에 자주 사용되었다. 일본식 한문 읽기 문장을 제대로 실력을 갖추지 못했다는 전제하에 내가 현대어로 번역한 것이다.

내가 수재의 자격을 얻자 아버님이 "여기는 유서 깊은 방이다. 이제부터 맹렬히 공부할 나날이 기다리고 있으니 이곳을 너의 거처居場所로 삼거라"라고 말씀하셨다. 나는 바로 발簾과 책상을 옮겨 주변을 정리하고 서적을 가져와 그곳에 두었다.
아아, 그래도 여기는 좁아터져서인지 사람의 마음이 심술궂어진다.
친구라 해도 친한 친구가 있는가 하면 그렇지 않은 사람도 있다. 별반 마음이 맞지도 않으면서 웃는 얼굴로 다가오는 녀석. 뱃속은 모르겠으나 말투만큼은 이상하리만치 친근감을 보이는 녀석. 그런가 하면 무지를 퇴치한다든가 하면서 비장의 서적을 아무렇게나 다루거나, 면회를 하고 싶다고 칭하면서 휴식 장소에 침입해 온다든지…….

작은 주머니칼과 붓은 서적을 필사하고 잘못된 부분을 잘라내기 위한 도구다. 그런데 바보들이 '물건의 용도'를 전혀 이해하지 못하고 있다. 작은 주머니칼을 손에 들면 책상을 깎기 시작하고, 붓을 가지고 놀다가 책을 더럽혀버린다.

또한 학문의 길은 발초拔抄를 중심으로 한다. 발초는 종이에 옮겨 이용하는 것이 기본.

내게는 후한의 문인 예형禰衡의 재주가 없으므로 뭘 해도 붓이 막혀버린다. 그러므로 방에 있는 것은 모두 발초한 단책短冊가로 6센티미터, 세로 36센티미터 정도의 조붓한 종이 상태의 종이短札뿐이다. 그런데도 난입하는 인간들의 마음은 예측하기가 정말 어렵다. 지혜가 있는 사람은 이 종이들을 발견하면 둘둘 말아서 품에다 집어넣고, 지혜가 없는 사람은 찢어버린다.

조금 더 설명해두자면, "여기는 유서 깊은 방"이라고 한 미치자네의 부친은 스가와라노 고레요시菅原是善. 그의 아버지(미치자네의 조부) 기요토모清公의 뒤를 이어 '몬조文章박사'로서, 근대 일본에서 말한다면 '도쿄제국대학'에 해당하는 관료 양성 기관인 '다이가쿠료大学寮'의 학장직을 역임한 인물이다.

요컨대 당대 학계의 최고 보스였다. 이미 기요토모 대부터 좌경左京 5조헤이안쿄平安京의 주작 대로에서 동쪽 지역을 가리키던 말. 오늘날의 교토 나카교구와 시모교구에 해당에 있던 대저택에서 사숙을 열었고 많은 학생이 모여들었다. 그리고 그 일곽에 지은 방일장(사방 약 3미터)의 작은 서재를, 영광스럽게도 '수재'가 된 아들에게 주기로 했다. "유서 깊은 방"의 원문은 "이 쓰보네局는 명소"다. 그때까지 이 방을 중심으로 100명 가까운 수재와 진사가 탄생했다. 너도 더욱 노력하여 내 뒤를 이어 주어라. 그런 의미였을 것이다.

그렇다면 실제로 어떻게 노력하면 될 것인가?

구체적인 방법, 즉 미치자네로 대표되는 당시의 지식인이나 그 문하생들의 독서나 공부 방법이 아주 적기는 하지만 여기에 기록 되어 있다. 그것이 연구자들 사이에서 이 수필이 귀중하게 여겨져 온 하나의 이유가 된 듯하다. 원문 그대로 옮기면 "학문의 길은 발초를 으뜸으로 삼는다. 발초의 쓰임새는 고초藁草를 기본으로 삼는 다"라는 대목이 바로 그것이다.

책을 읽으면서 중요하다고 생각한 부분을 단책장의 종이 위에 써 내려간다.

왜 그런 일을 하는 걸까? 그것은 "10세기 이전의 서책, 그 후에도 상당수 필사본의 장정이 두루마리 모양의 권자본卷子本이었기" 때 문이라고, 중세문학 연구자인 오가와 다케오小川剛生가 『중세의 서 책과 학문中世の書物と学問』에서 이야기하고 있다. 권자본은 보존이 나 휴대가 편리하고 멋있어 보이지만 필요한 대목을 찾기가 힘들 다. 그래서 발초를 해서 저장해둔다. 그리하여 복수의 사본을 서로 비교하고 올바른 텍스트를 찾아내어 주석을 붙인다. 그것이 당시 '학문의 길'의 본령이었고, 앞에서 가설로 '학자식 읽기'라고 이름 붙인 독서 유형도 거기서 생겨났다.

발초. 요즘식으로 이야기하면 카드시스템이다.

내 또래 사람들은 1969년에 출간된 우메사오 다다오梅棹忠夫의
『지적 생산의 기술知的生産の技術』을 통해 이것이 구미에서 도래한
새로운 학문의 방법이라고 알고 있다. 하지만 실은 이것과 아주 많
이 유사한 방법이 구미가 아니라 중국에서 도래한 '지적 생산의 기
술'로서 예부터 일본의 학자들 사이에 뿌리내리고 있었던 것 같다.
현재 오가와 다케오가 소개한 바에 따르면 스가와라노 미치자네뿐
아니라 그로부터 8세기 후인 에도시대 중기의 유학자 다자이 슌다
이太宰春台도 『왜독요령倭読要領』이라는 저서에서 아래와 같이 말했
다고 한다. 다만 슌다이의 경우에는 낱장의 카드가 아니라 자기 주
위의 종이를 임시로 철한 노트였지만.

> '초抄'란 발초를 말한다. '초서'란 책을 읽을 때 중요한 곳을 발
> 췌한 것. 통상적으로 독서하는 사람은 반드시 종이를 수십 장
> 묶어서 노트를 만들고, 거기에 진귀한 글자奇字나 중요한 말을
> 옮겨 쓰게 된다. 이렇게 하면 다섯 가지의 이점이 있다. (1) 고사
> 성어를 기억한다. (2) 나중에 확인하기가 용이하다. (3) 문자를
> 자신의 것으로 만든다. (4) 서학書學이 진척된다. (5) 책을 꼼꼼하
> 게 정독하게 된다.

그러고 보니 재야의 역사가이자 뛰어난 수필가이기도 한 모리
센조森銑三도 죽기 직전인 1980년대까지 단책식 발초를 일상 습관
으로 담담하게 계속했다고 했다.
다만 모리의 경우에도 발췌하는 것은 활자본이 아니라 에도시대
의 필사본과 목판본에 한정되어 있었다. 목판본은 출판 부수가 적

고 가격도 비싸다. 필사본의 경우에는 권자본이건 철본綴本이건 일부밖에 없는 경우가 대부분이었다. 그래서 당시의 학자들이나 책을 좋아하던 사람들은 자신이 소장한 (얼마 안 되는) 책을 다 보고 나면 대개의 책은 멀고 가까운 지인들에게 빌려서 읽었다고 한다. '그들처럼'이라고는 했지만 모리 센조는 20세기 인간이므로 빌리는 곳은 주로 대학이나 지역의 도서관이었다. 그리고 보지도 읽지도 못한 고서를 찾아 각지의 도서관이나 친구들에게 소개를 받은 장서가의 서고를 찾아다녔다. 그 모습이 여러 문장에 기록되어 있다.

빌려서 읽은 건 스가와라노 미치자네도 마찬가지였다. 891년, 즉 「서재기」를 집필하기 2년 전에 교토에서 『일본국견재서목록日本国見在書目録』이 편찬되었다. 그 당시 이 나라에 현존하던 한문 서적과 소수 일본서의 카탈로그다. 거기에 기재되어 있는 책이 1579종, 1만 6790권이다.

'아니, 겨우 그 정도였어?'

나뿐만 아니라 누구라도 그렇게 느끼지 않았을까?

당연히 각각의 필사본도 상당수 있었겠지만 그래도 얼마 되지 않았을 터. 불과 이만큼밖에 되지 않는 책을 그 많은 독서인이 이용했으므로 상호 대차가 기본이 되었다. 미치자네의 경우 다른 집에 비하면 장서가 훨씬 더 많았을 테지만 그래도 모든 것을 그걸로 충당할 수는 없다. 어쩔 수 없이 친한 학자나 귀족이나 승려 들의 소장서나, 다이가쿠료에 병설된 도쇼료(국립중앙도서관)의 장서 등을 이용했음이 틀림없다.

게다가 빌린 책은 기한이 다가오면 반납해야 한다. 꼭 자기 곁에 두고 싶어지면 자신이 직접 하거나 사람을 고용해서 필사본을 만들 수밖에 없었다. 여하튼 편하게 할 수 있는 일은 아니다. 그래서 전체를 필사하지 않고 특히 중요한 부분만 발췌하여 보존해둔다. 옛날의 독서인이 발초에 힘쓴 데에는 바로 이러한 이유가 하나 있었던 것이라 생각한다.

내 방을 갖고 싶다

그렇다면 그 '학자식 읽기'는 일본에서 언제 어떻게 시작됐을까?

당초 고대 일본에는 문자가 없었다. 문자가 없으므로 책도 없었다. 우리의 선조가 책이라는 것(권자본이었다)과 처음 만난 것은, 『고지키古事記』에 따르면 오진応神 천황의 285년, 실제로는 405년, 한반도의 백제에서 초빙된 대학자 왕인이 『논어』 열 권과 『천자문』 한 권을 가져왔던 때인 것 같다.

하지만 이는 신화시대의 이야기이므로 정확한 사실은 잘 알지 못한다. 아무튼 이 시기에 야마토 정권을 기반으로 새로운 국가를 건설하려고 했고, 선진국인 중국을 모방하는 것에서 시작할 수밖에 없었다. 그렇다고 해서 중국과 빈번하게 왕래하는 것은 지극히 어려웠고, 자기 주변에 중국인이 많은 것도 아니었다. 그렇다면 남은 수단은 책을 통한 학습밖에 없다. 견수사나 견당사만 하더라도 그들의 최대 목적 중의 하나는 가능한 한 대량의 책을 중국으로부터 가져오는 것에 있었다고 한다.

하여간 그리하여 정권의 중추인 황자나 귀족들이 중국 학습의 선배 격인 백제인의 힘을 빌려 중국의 고전을 열심히 독해하는 방식으로 이 나라 일본의 '학자식 읽기' 역사가 시작되었다. 그때 그들의 독서법의 본보기가 된 것이 본고장 중국의 학문 전통이다. 한나라 시대의 중국에서, 기원전 2세기에 새로운 국가 교학이던 유교를 축으로『논어』『시경』『서경』『예경』『역경』『노자』『한비자』『사기』『한서』등을 경전화·고전화하는 작업이 시작되었고, 그것이 오랜 시간에 걸쳐, 자신의 머리로 생각하기보다 여러 가지 필사본을 모아 올바른 텍스트를 정하고定本 정교하고 치밀한 주석을 붙이는 연구법으로 발전해갔다.

그리고 이 학통이 일본에 본격적으로 도입된 것이 8세기 전반. 특히 몬무文武 천황의 다이호 율령大宝令(701년)에 의해 일본이 정식으로 천황 중심의 율령제 국가(중국적인 중앙집권 국가)로 재편성되고 그에 따라 우수한 관료가 대량으로 필요해진 것이 큰 이유였다. 그러므로 당나라나 백제나 신라의 학제를 따라 새 관료를 육성하기 위한 교육 시설과 교과서(한문 서적)와 교과과정이 서둘러 정비되었다. 그 중심 기관으로 설립된 것이 앞에서 언급한 국립의 다이가쿠료다. 당초 학생 수는 430명이었다.

과학사학자인 나카야마 시게루中山茂가 자신의 저서『패러다임과 과학혁명의 역사パラダイムと科学革命の歴史』에서, 유럽의 학문을 추진하는 엔진은 '논쟁'이었는데 중국의 학문에서는 '기록의 집적'이 우선시되었다는 의미의 주장을 했다. 그러므로 중국의 교육에서는 타인을 설득하는 '변론력'이 아니라, 종이나 죽간에 기록된 선행자들의 언동(선례)을 반복해서 소리 내어 읽고 그 모든 것을 머릿속에 집어넣어 필요할 때 바로 생각해내도록 하는 것, 즉 '기억력'을 가장 중시하게 된다.

그리고 거기에 보태지는 것이 '문장력'이다. 관료제의 계단을 올라가 황제 가까이에 다가가기 위해서는 자신이 특별히 뛰어난 기억력의 소유자임과 동시에 두드러지게 인간적이고 고매한 시인이나 문장가이기도 하다는 것을 엄격한 시험(과거)을 통해 증명해야 한다.

따라서 기억력 더하기 문재文才. 중국과 마찬가지로 일본의 율령 관료제에서도 이 두 가지 힘을 특별히 중시하게 되었다. 그 결과 어떻게 하면 이 시험지옥을 뛰어넘어 자신의 명리영달을 실현할까, 그것이 학생들의 인생 최대 목표가 되었다. 이러한 다이가쿠료 교육의 가장 뛰어난 산물이라고도 할 수 있는 영재가 스가와라노미치자네였던 것이다.

물론 그것도 그렇지만, 내가 「서재기」를 읽고 강하게 인상에 남았던 것은 자기 방의 조용한 질서를 어지럽히는 학생들에게 느낀 수재 미치자네의 격렬한 짜증의 표명이었다. 만일을 위해서 다른 부분에서 한 구절 더 인용해두자면,

동중서董仲舒는 장막을 친 채로 강의했고, 설도형薛道衡은 자기 방에 누워서 문장을 지었다. 학문을 철저하게 심화하고 싶다고 생각했기 때문이 아니라, 그것 또한 마음의 안정을 원해서 한 것이었다. 내가 이 문장을 쓴 것은 특별히 절교를 하기 위해서가 아니다. 다만 나의 울분을 날려버리고 싶다고 생각한 것일 뿐. 특히 한심한 것은 문지방 밖에 접객용 시설을 만들지 않고 이 방에 직접 출입을 허용하는 규칙을 만들어버렸다는 점이다.

동중서는 기원전 2세기의 유학자로서 한나라 무제에게 유교의 국가 교학화를 진언한 인물로 유명하다. 그리고 설도형은 6세기 후반의 고명한 시인이자 문장인. 이 문장은 '그들과 같이 나도 내 방에 들어박혀 마음의 안정을 정말 가지고 싶었는데 그러지 못한 것이 분하다'라는 탄식이다. 그와 관련하여 미치자네는 인용문의 마지막 부분에서 학생들의 예의 없음을 모호하게 인정해버리는 저택 겸 사숙의 건축구조에 대한 불만을 언뜻 내비치고 있다. 불과 한 줄의 중얼거림이지만 이 중얼대는 말 안에 의외로 큰 의미가 있었던 것은 아닐까?

주지하다시피 헤이안 시대의 상층 귀족의 저택은 신덴즈쿠리寝殿造り라는 양식으로 지었다. 교토 5조의 니시보몬西坊門에 있던 스가와라노가의 저택(고바이도노紅梅殿)도 예외가 아니었다. 큰 본채(신덴寢殿)를 중심으로 좌우로 다이노야対屋라고 하는 일상생활 장소가 있고, 그것들을 와타도노渡殿라 불리는 복도가 이어준다. 그것이 신덴즈쿠리의 기본 구조인데, 그중에서 미치자네에게 주어진 방은 본채의 남서쪽 귀퉁이에 있었고, 주로 귀족의 자제들로 이루어진 일반 학생은 이 방에 이어진 큰 마당에 면한 넓은 복도(호소도노細殿)에 앉은뱅이책상을 두고 학습 장소로 삼았다. 그래서 스가와라가의 사숙은 '간케로카菅家廊下'라는 이름으로 알려졌었다고 한다.

이 복도와 자기 방 사이에 또 하나 응접실이나 담화실 같은 "접객용 시설"이 있었으면 좋겠다. 아무래도 이것이 젊은 시절 미치자네의 절실한 바람이었던 것 같다. 하지만 안타깝게도 고대 중국의 저택이라면 모를까 헤이안 시대 일본의 주거 환경에서 이러한 바람을 실현하기는 불가능에 가까웠다. 무엇보다도 신덴즈쿠리에는 지금 우리가 생각하는 것과 같은 방이라는 개념이 존재하지 않았기 때문이다. 신덴이든 다이노야든 건물의 내부를 외부로부터 확실하게 떼어주는 외벽조차 없었거니와 그 내부는 그저 텅 빈 대공간이었다. 마치 체육관과 같은 공간을 용도에 따라 발이나 병풍이나 칸막이 휘장이나 가리개 등의 가동식 창호로 작게 구획하여 사용하는 구조였다.

이 "저택의 한 구획을 잘게 칸을 막아 시녀 등의 거처"로 한 작은 공간은 쓰보네라고 불렸다. 그래서 앞에서 내가 "이 쓰보네는 명소"라고 한 그 쓰보네를 난처하게도 '방'이라고 번역해버렸는데, 엄밀하게 말하면 그것은 잘못된 번역이다. 미치자네가 받은 것은 방이 아니라 실제로는 탁 트인 대공간의 한구석을 발이나 휘장으로 칸을 막은 쓰보네에 불과했다. 그런 어설픈 가설 공간 밖에 또 하나 유사한 공간을 설치했다고 해서 그것이 그가 원했던 "마음의 안정"을 제대로 확보해주었을까? 아마도 무리이지 않았을까?

개인적인 독서

이 대목에서 생각나는 것이 "누구의 방해도 받지 않고 방 안에 파묻혀 한 권 한 권 꺼내 읽어가는 그 기분"이라는 『사라시나 일기』의 문장이다.

작자인 스가와라노 다카스에노무스메가 부친의 임지였던 가즈사上総(현재의 지바현 중부)에서 4년 만에 돌아와 살던 교토의 3조짜리 사저도 신덴즈쿠리였던 것 같다. 다만 왕년의 고바이도노(스가와라가 저택)와 달리 보기에도 몹시 황폐했고, 드나드는 사람이나 사용인의 숫자도 그다지 많지 않았던 듯하다. 하지만 그 덕분에, 정말 한심한 차단력밖에 가지고 있지 않던 쓰보네에서 생활하면서도 다른 사람에게 방해받지 않고 휘장 안에 누워 아무런 의무도 속박도 없이 혼자서 읽고 싶은 책을 자유롭게 읽는 독서 스타일을 드디어 간신히 실현할 수 있었던 것이다.

이처럼 다카스에노무스메가 할 수 있었던 것이 그보다 150년 전의 미치자네에게는 불가능했다. 그리고 그 상황에 대해 미치자네는 몹시 애간장을 태웠다. 그러므로 그 짜증은 분별없는 학생들의 방해 때문만은 아니었을지도 모른다.

논쟁보다도 기록의 집적이나 암기를 중시하고 시험 성적이 관료로서의 지위와 직결되어버리는 제도하에서는 "외부의 제도가 고정되면 내용인 학문마저 고정되어버린다"라고, 전술한 나카야마 시게루가 지적하고 있다. 미치자네가 살았던 시대의 다이가쿠료는 말 그대로 쇠퇴기에 접어들고 있었다. 즉, 율령관료제라는 '외부의 제도'에 파열이 생겨났고, 그에 따라 '내용인 학문'까지 형해화가 급속히 진행되었다. 실제로 792년, 다이가쿠료에 입학한 구카이空海774~835. 헤이안 시대의 승려. 홍법대사로 더 많이 알려진 진언종의 개조가 불과 1년 후에 데격 퇴료해버렸다는 이야기도 있다. 그곳의 교육이 너무나 따분하고 판에 박은 듯한 것에 참을 수 없었던 모양이다.

덧붙여, 미치자네의 조부 스가와라노 기요토모도 구카이와 같은 시기에 다이가쿠료에 적을 두었고, 후에 그 구카이와 함께 제18차 견당사의 일원으로서 당으로 건너갔다.

다만 구카이와는 대조적으로 기요토모는 착실히 관료제의 계단을 올라가, 다이가쿠료 가쿠토^{學頭}교장와 몬조박사를 거쳐 율령체제 하에서 최고 간부인 구교^{公卿}에까지 올랐다. 나름의 업적도 남겼지만 그 반면에 그때까지 1대에 한정된 지위였던 몬조박사와 다이가쿠료의 교수직을 세습직으로 만들고 다이가쿠료 외부에 큰 사숙을 강제로 개설하는 등 학벌^{學閥}의 우두머리로서 일국의 교육 시스템이 내부로부터 부패하게 만드는 일을 아무렇지도 않게 해치웠다. 그렇게 만만치 않은 인물이었다.

그 은혜를 미치자네도 그대로 입고 자랐다. 분명히 그랬다. 그러나 한편으로 은혜와 함께 부·조부에게 이어받은 질투나 중상이 소용돌이치는 학벌 간의 세력 다툼에 대해서는 철저하게 싫증을 내기도 했다.

그래서 이하는 나의 추측이지만, 어쩌면 그 격렬한 짜증에는, 신덴즈쿠리와 같이 야무진 데가 없는 어설픈 건축물 안에 개인적이고 집중적인 독서를 위한 공간을 어떻게 확보할 것인지 고려하지 않은, 아니 그러기는커녕 학생들의 버릇없음을 기꺼이 용인하는 '구조'와 '결정'을 만들어버린 아버지와 조부에 대한 분만^{憤懣} 같은 것도 어느 정도는 섞여 있지 않았을까? 아마 그랬을 것이다. 만일 그렇지 않으면 왜 미치자네가 "특히 한심한 것은"(원문은 "특히 부끄러운^慙 것은")이라고 자조적인 푸념을 했는지 그 이유를 알 수 없게 된다.

「서재기」뿐만이 아니다. 이번에는 미치자네의 한시문에 눈을 돌려보면 때때로 그 시 안에서 들려오는 '묘하게 솔직한' 소리에 놀라게 된다. '묘하게'라는 것은 '그 시대로서는 너무 개인적인 것 같다'라는 의미다. 그리고 그 점에서는 그보다 열 살 정도 연상인 당나라 시인 백낙천白樂天(백거이)의 영향이 지극히 컸다.

백낙천의 시문을 집대성한 방대한『백씨문집白氏文集』이 일본에 전래된 것이 838년, 미치자네가 일곱 살 때였다. 이『백씨문집』의 인기가 헤이안 시대 중기의 지식인들 사이에서 폭발적으로 증대되어 무라사키 시키부를 포함한 일본인의 문학관을 크게 변화시켰다. 그렇게 해서 변화한 초창기 인물 중 한 명이 스가와라노 미치자네다. 그때까지 한시는 궁정 의식이나 연회석에서 가락을 붙여 읊거나 때로는 천황과 창화唱和한 사람이 선창하고 여러 사람이 그에 화답하여 부르는 방식를 하든가 하는 공적인 성격이 강한 것이었다. 그 전통에서 벗어나 백낙천을 모방해 뭐라고 할 만한 것도 아닌 전원 풍경이나 계절감, 개인의 일상 이것저것을 자신의 소리로 노래하거나 또는 문장으로 짓는다. 이미「서재기」에 기록된 시기부터 미치자네는 그 방향으로 자신을 단련하는 노력을 새삼 시작했던 것 같다.

그는 전 생애를 통해 지속적으로 백낙천에게 경도되었다. 죽기 2년 전에 다자이후로 좌천되었을 때에도, 다른 애독서와 함께 한 질 안에 수록된『백씨문집』을 소중히 가져갔다고 한다. 질이라고 하는 것으로 보아 두루마리 모양의 책이 아니라 가볍고 부피가 크지 않은 책자형의 필사본이었을 것이다.

책은 혼자서 묵묵히 읽는다. 자발적으로, 대개는 자신의 방에서.

마음대로 안 되는 세상에서 아주 짧은 한때라 하더라도 좋아하는 책을 탐독하며 충실한 시간을 보내는 것. 미치자네라면 "마음의 안정", 다카스에노무스메라면 더없는 행복감이 되겠지만, 그런 특별한 시간을 희구하는 기분이 바짝 졸아들어 그것이 '자신만의 닫힌 작은 방'이라는 꿈으로 결정되어간다. '자신'이라는 것은 '개인'이라는 의미다. 요즘 말의 개인과 같은지의 여부는 차치하고, 미치자네도 청년 시절 그러한 개인실個室에서의 자유로운 독서를 꿈꾸었지만 결국 현실로 이루어지지는 않았다.

이 꿈을 그보다 5대 후인 스가와라 일족 중에서 그다지 능력이 좋지 않은(그의 조부나 부와 달리 다이가쿠료의 가쿠토도 몬조박사도 되지 못한) 당주의 딸이 가볍게 실현해버렸다. 그리고 그것은 동시에, 그때까지 남성이 점유하고 있던 독서가 여성에게도 개방되었음을 의미한다. 그것이 헤이안 시대 중기였다. 새로운 독서의 시대가 시작되려 하고 있었다.

난세 일본의
르네상스

서재와 가이쇼

9세기 후반에 젊은 스가와라노 미치자네가 품었던 '자신만의 닫힌 작은 방'이라는 꿈은 언제 어떻게 실현되었을까?

많은 부분을 생략하고 과감히 조금 거칠게 이야기하면, 그로부터 600년 후, 무로마치시대 후기인 1480년대, 11년에 걸친 오닌의 난応仁の乱이 끝난 직후에 은퇴한 8대 쇼군 아시카가 요시마사足利義政가 교토의 히가시야마에 쌓은 산장 '히가시야마도노東山殿'로 그 꿈이 이루어진다.

히가시야마도노는 1490년에 요시마사가 사망한 후 지쇼지慈照寺라는 선사가 되고, 에도시대에 들어서 그 중심에 있던 관음당이 '은각銀閣'이라는 이름으로 불리게 되었다. 원래는 광대한 정원 안에 몇 채의 자그마한 전각이 있었지만 거듭되는 대화재와 병란으로 불타버리고, 지금은 그중에서 은각과 '도구도東求堂'라는 지불당

持仏堂일상적으로 예배하는 불상이나 위패를 안치하는 건물만이 원래의 형태로 남아 있다.

이 도구도 뒤편의 일각에 작은 방이 있고, 거기에 '도진사이同仁齋'라는 편액이 걸려 있다. 고교 시절 처음으로 이 건물을 바깥에서 보면서 '여기에 드러누워 책을 읽으면 얼마나 기분이 좋을까' 하고 생각했다. 지금도 그 기분은 바뀌지 않았다. 가끔 은각사에 가면 우선은 도구도로 가서 '우리가 머릿속에서 그린 서재의 원형이 이것이었구나' 하고 멍하니 생각하곤 한다.

헤이안 시대를 대표하는 건축양식인 신덴즈쿠리가 무로마치시대에 쇼인즈쿠리書院造り라는 새로운 양식으로 대체되었다. 실은 나중에 알고 놀랐는데, 그 도구도 도진사이야말로 '신덴즈쿠리에서 쇼인즈쿠리로'라는, 일본 건축사상의 대변혁을 상징하는 건물로서 가장 이른 시기에 달성된 것 중 하나였다.

신덴즈쿠리와 쇼인즈쿠리의 가장 큰 차이는, 전자의 쓰보네 대신에 벽이나 미닫이로 주위와 확연히 구분되는 '방'이 일본의 건축에 본격적으로 등장한 점이다. 그에 따라 다다미가 깔린 방, 각주角柱네모진 기둥, 도코노마床の間일본식 방의 위편에 바닥을 한층 더 높게 만든 곳으로서 벽에는 족자를 걸고 바닥에는 꽃이나 장식물을 꾸민다, 좌우미닫이두 장 이상의 창문·미닫이 등을 두 줄의 홈을 따라 좌우로 여닫는 것 후스마, 지가이다나違い棚두 개의 판자를 아래위로 어긋나게 매어 단 선반 등 오늘날까지 계속되는 일본풍 건축의 기본이 만들어졌고, 그러한 구조 덕택에 '자신만의 닫힌 작은 방'이라는 스가와라노 미치자네의 꿈이 드디어 현실이 되었다. 이런 과정이 아니었을까?

건축 당시 히가시야마도노에는 이 도구도의 도진사이와, 지금은 존재하지 않는 세이시안西指庵의 '안세이사이安静斎'라는, 4조 반 넓이의 쇼인書院이 두 개 있었다.'조'는 다다미를 세는 말로 1조는 반 평. 쇼인이라는 말은 '서재' 또는 '서재가 있는 건물'을 의미한다. 4조 반에서 한 변이 한 칸 반이라는 어중간한 크기의 작은 방 형태는 이 도진사이나 안세이사이에서 시작된 것 같다. 어느 쇼인에나 만들어서 매단 책 선반이 있고, 일설에 따르면 전자에는 『문선文選』이나 『백씨문집』등의 문학 서적, 후자에는 주로 불서가 놓여 있었다는 이야기도 있다.

그리고 또 하나, 쇼인즈쿠리에는 '가이쇼会所'라는, 신덴즈쿠리에는 없는 건물이 있는데 공적 또는 사적인 사교의 장으로서 사용되었다. 현존하지는 않지만 요시마사의 히가시야마도노에서 가장 먼저 세워진 두 전각 중 하나가 이 가이쇼였다고 한다. 요컨대 수재인 미치자네가 절실하게 원했던 바로 그 자신만의 작은 방과 구별되는 접객용 시설이었다. 쇼인과 함께 이 꿈도 쇼인즈쿠리 시대가 되어 드디어 널리 실현되었다.

이 책의 주제인 독서와 관련지어 이야기한다면, 쇼인이 한 개인의 독서 장소라고 한다면 가이쇼는 그와 같은 개인이 몇 명쯤 모여 국내외 고전을 공동으로 읽고 자유롭게 논의나 연구를 하던 장소였다고 해도 좋을 것이다.

이 시기 교토에 오닌의 난 와중에 성장한 산조니시 사네타카三条西実隆라는 관리가 있다. 요시마사의 귀여움도 받았고, 대란 후 와르르 무너지기 시작한 귀족 사회에서 제일의 문인으로 칭송받던 인물이다.

이 사람을 나는 옛날 교토대학에서 서양사를 가르쳤던 하라 가

쓰로原勝郎의 『히가시야마 시대의 고급 관리의 생활東山時代における縉
紳の生活』이라는 책에서 알게 되었다. 원래는 1967년에 복각된 지쿠
마총서筑摩叢書판에서 처음으로 읽었던 것 같기도 하다. 거기에 이
런 구절이 있다.

> 분메이文明 17년(1485년)의 윤삼월 하순, 54첩을 필사하는 공을
> 이루었으므로 그 밤에 소기宗祇1421~1502. 무로마치시대의 렌가連歌 작가.
> 렌가란 두 사람 이상이 와카의 상구와 하구를 서로 번갈아 읽어나가는 형식의 노래와
> 쇼하쿠肖柏1443~1527. 무로마치시대의 렌가 작가가 사네타카의 집으로
> 가서 가도歌道 이야기에 빠져들면서 저물어가는 봄을 아쉬워했
> 다. 이 필사본이 만들어지고 난 후 (소기의) 『겐지』 해설이 다시
> 개강되었는데 이번에는 소기의 슈교쿠안種玉庵에서가 아니라
> 사네타카의 저택에서였던 것이다. (…) 듣는 사람으로는 주인공
> 인 사네타카 외에 시게노이滋野井, 아네코지姉小路 등의 관리들이
> 온 적도 있다.

이와 병행하여 역시 소기의 『이세 이야기伊勢物語』 강해가 열렸
고, 여기에는 "나카노미카도 고몬中御門黃門, 지젠慈前 재상, 소란双蘭,
후지藤, 부에이武衛, 조조인上乘院 및 쇼하쿠" 등 명가의 사람들이 참
가했다. 그 외에 하라 가쓰로가 참조한 사네타카의 일기 『사네타카
공기』에는 "소기가 권장하여, 겐지 연구회라고도 칭할 수 있는 것
을 메이오明応1492~1501의 원년에 개최했다"(하라 가쓰로) 등과 같은
기술이 빈번하게 나타난다. 이때는 여덟 명의 참가자가 네 개씩 문
제를 냈고, 시한이 넘어 아쉽게도 다섯 개가 남아버렸다고 한다.

참, 잠시 잊었는데, 분메이 17년은 1485년, 오닌의 난이 끝난 후 8년째에 해당한다. 소기는 이이오 소기飯尾宗祇. 교토뿐 아니라 지방에서도 함께 일어난 렌가 붐의 중심에 있던 뛰어난 렌가 작가로 그해에 만 64세였고, 사네타카는 30세였다. 이미 시대를 대표하는 일본 국학和學자로 알려져 있었고, 『겐지 이야기』뿐 아니라 벗들과 지인 그리고 천황과 쇼군, 지방의 다이묘 등의 요구에 응해 다수의 사본을 만들어 편안했다고는 할 수 없는 가계에 보태고 있었다. 무엇보다 주요한 수입원이었던 장원의 경영이 크게 흔들리기 시작하여 사네타카뿐 아니라 교토 귀족들의 경제 상태가 지극히 비참해지고 있었기 때문이다. 대란으로 초토화된 교토의 부흥도 제대로 진척이 되지 않았다. 그런 격동의 시대였던 것이다.

그렇다면 그런 사네타카의 저택에도 이미 가이쇼 같은 새로운 시설이 존재했을까? 확언은 할 수 없지만 아마도 이 단계에서는 아직 존재하지 않았던 것이 아닐까?

'이 단계에서는'이라는 것은, 하라 가쓰로의 영향을 받은 중세문화사가인 하가 고시로芳賀幸四郎의 『산조니시 사네타카三条西実隆』에 따르면 그로부터 16년 후인 1501년, 사네타카가 (소기가 아닌) 어느 렌가 작가의 알선으로 6조 정도의 작은 집을 매입해서 자기 저택의 한구석에 이축했기 때문이다. "이것이 일기에 '가도야角屋'라고 자주 나오는 건물로서 사네타카는 그때부터 자주 이곳을 고전의 필사나 해설 또는 와카 · 렌가 모임 등에 이용하고 있었다"라고 하가는 기록하고 있다. 아마도 쇼인과 가이쇼를 하나로 합친 것 같은 건물이었을 것이다.

그러나 가이쇼가 있든 없든 이 시기가 되면 '학자식 읽기'의 내실이 크게 변화하여, 틀에 사로잡힌 다이가쿠료식의 학문이 아니라 자발적인 독서나 논의의 즐거움에 근거한 학문으로의 욕구가 더 이상 억누를 수 없을 정도로 고양되어 있었다. 사네타카처럼 온화하고 보수적인 인물조차, 라고 해도 좋다. 그러므로 그 유래도 분명치 않은 렌가 작가를 선생 격으로 맞아들여, 많은 귀족과 승려를 모아놓고 강해나 연구회를 여는 등 이른바 계급 횡단적인 기획을 시도하기도 했다. 그런 공기 속에서 언제부터인가 가이쇼 같은 새로운 사교 시설이 출현했다.

겐지 르네상스

하라 가쓰로의 기술에서 알 수 있는 것이 하나 더 있다.『겐지 이야기』가 여성뿐 아니라 남성 지식인들 사이에서도 이 나라를 대표하는 고전으로 교양의 중심에 놓이게 되었다는 점이다.

　원래『겐지 이야기』가 남자들의 독서 생활 안에 들어오기 시작한 것은 아주 이른 시기다. 그리고 이 겐지 독자가 남성화하는 흐름을 헤이안 시대 말기에서 가마쿠라시대 초기에 걸쳐 결정적인 것으로 만든 것이 후지와라노 사다이에藤原定家다. 아버지인 도시나리俊成의 뒤를 잇는 가단의 지도자로,『신코킨와카슈新古今和歌集』나『오구라햐쿠닌잇슈小倉百人一首』햐쿠닌잇슈란 가인 100명의 와카를 한 사람당 한 수씩 선정하여 만든 가선집. 오구라는 교토의 지명이다의 편찬자로도 잘 알려져 있다. 즉, 후의 산조니시 사네타카를 한층 더 크게 만든 인물이다.

이 사다이에를 오랫동안 총애해온 고토바인後鳥羽院(천황)이 그를 기피하게 되면서 사다이에가 갑자기 자택에 칩거를 명받았다. 그것이 1220년, 58세 때의 일이다. 그리고 이듬해 고토바인의 무참한 실패로 끝난, 가마쿠라막부를 쓰러뜨리고자 했던 군사 쿠데타 조큐의 난承久の乱이 발발했고, 그로부터 3년 후 사다이에는 아내와 딸 그리고 자매 몇 명 등 일족 중 우수한 여성들의 힘을 빌려 『겐지 이야기』의 본격적인 사본 만들기를 시작한다. 이 무렵부터 죽을 때까지 십 수 년간 적지 않은 시간을 자택에서 사본 만들기에 바쳐 『고금 와카집古今集』 『고센슈後撰集』 『센자이슈千載集』 『이세 이야기』 『야마토 이야기大和物語』 『도사土佐 일기』 등 엄청난 양의 사본을 잇달아 완성했다.

손으로 베끼는 수사手写는 인쇄가 아니기 때문에 의도가 있든 없든 상관없이 그때그때 미묘하게 다른 본문(이본)이 생겨나게 된다. 하지만 무엇보다 "조정의 깃발인 홍기를 들고 외적과 싸우는 전쟁은 내 일이 아닌"원문은 "紅旗征戎, 吾が事に非ず"라고 되어 있다 사람이기 때문이다. 아무래도 사다이에는 그 살벌한 시대 상황을 뒷전으로 하고, 세상에 만연한 잡다한 이본 무리와는 구별되는, 제대로 된 정본을 만들기로 남몰래 결의했던 듯하다.

신뢰하기에 충분한 본문을 확정하는 것은 필연적으로 해당 작품이 개인의 소유물을 넘어 사회의 공유재산, 고전으로서 인정받는 것과 연결된다. 그렇다면 왜 그것이 우선 『겐지 이야기』였을까? "겐지를 보지 않고 노래를 읊으면 한을 품게 된다"라고 하는, 잘 알려진 후지와라노 도시나리의 견해를 이어받아 아들인 사다이에도 이야기 안에서 단순히 남녀의 연애물이 아닌, 위기에 빠진 궁정 문화의 규범으로서의 특별한 힘을 발견했던 것이다. "겐지를 보지 않고"의 '보다'는 '읽다'다. 다만 사람들 앞에서 소리를 내어 읽는 것이 아니라 소리를 내지 않고 혼자서 눈으로 읽는(묵독)이라는 의미가 포함되어 있다.

다만 이때는 집에서 전해오던 사본이 가마쿠라막부에 몰수당한 처지였기 때문에, 딴 곳에서 빌려 온 복수의 사본을 교합하고 혼란스러운 가나 사용을 정리하여 드디어 납득이 가는 정본을 완성했다. 이처럼 손이 많이 가는 작업이었기 때문에 더욱더 일족 안에서 유능한 여성들을 총동원하지 않을 수 없었을 것이다. 그리하여 완성한 것이 이른바 '아오뵤시본青表紙本후지와라노 사다이에가 교정한 겐지 이야기 책'이다. 거기에 사다이에가 상당한 가필을 했다는 것은 사실이지만, 아무튼 현재에도 가장 안정된 본문으로서 널리 활용되고 있다.

그러나 그렇다면 이 아오뵤시본이 완성된 후 곧바로, 가마쿠라막부의 비호하에 성립된 가와치본河內本 등을 누르고 정본으로 여겨졌냐 하면 그렇지는 않다. 그 점에서는 그로부터 250년 후에 소기와 산조니시 사네타카의 공적이 컸다고, 2008년『겐지 이야기』1000년 기념 해에 간행된 미타무라 마사코의 대작『기억 속의 겐지 이야기記憶の中の源氏物語』가 지적하고 있다.

전술한 바와 같이 사네타카는 소기를 지도자로 하는 겐지 강해나 연구회를 거듭 개최했다. 물론 그와 같은 당상 귀족(최종적으로는 내대신이 되었다)에게 '지하의 렌가 작가와 대등하게 겐지 이야기를 연구하고 논하는' 것에는 적지 않은 '주저'가 있었음이 틀림없다. 그래도 이러한 주저나 망설임을 과감하게 뿌리쳐버렸을 정도로 귀족 사회 외부에서 단련된 소기의 '읽기'의 힘(훌륭한 낭독, 대담한 해석, 회화 시의 빠른 반응, 적확함 등)에 깊이 매료되었을 것이다. 그것이 미타무라의 추측이다.

그리고 한편으로 소기 측도 히고, 미노, 이세, 도고쿠, 규슈, 주고쿠 등 일본 각지에서 세력을 키워가던 다이묘나 호족 들에게 초빙되어 렌가 모임을 열어온 경험을 살려, 중앙의 궁정 사회에서 '고전 부흥의 제1인자'로서 두각을 나타내고 있던 사네타카의 이름이 그 지방의 실력자들에게 끼칠 효과를 빈틈없이 계산에 넣어두었던 것 같다.

> 사네타카는 당대 제일의 달필이고, 오닌의 난 이후 도읍 내의 책이 괴멸적인 타격을 입은 후에 생겨난, 책에 대한 배고픔을 채우기 위하여 사본 집필에 끊임없이 힘쓰고 있었으므로, 소기를 비롯한 렌가 작가들은 그 왕성한 '책' 생산능력을 받침잔 역할을 한 향유자에게로 이어가는 역할을 수행하고 있었다. 사네타카로부터는 책이 건네졌고, 지방 다이묘들로부터는 오닌의 난 이후 수입이 격감하여 생활비도 모자라는 형편이던 사네타카에게 지방의 풍부한 재화가 보내졌다. 상인으로서의 소기에 의해 사네타카들 궁정 귀족 또한 교환경제 안에서 살아가게 되었던 것이다.(『기억 속의 겐지 이야기』)

궁정의 여성들을 최초의 독자로 한 『겐지 이야기』가 그 후 사다이에부터 시작하여 사네타카와 소기에 이르는 고전화 운동을 거쳐 전통적인 궁정 사회 외부의 다이묘와 일반 무사 들에게까지 확산되었다. 말하자면 겐지 독자의 지방화·전국화다. 그리고 그 계기가 된 것이, 출생도 분명하지 않은 렌가 작가와 혈통 좋은 궁정 귀족의 계급 차를 넘어선 공동 작업이었던 것이 너무나 난세풍이라 흥미를 끈다.

또한 난세를 파괴적임과 동시에 창조적인 시대로 파악하여 그 전형적인 현상을 사네타카와 소기가 살았던 무로마치시대 후기에서 찾아낸 선구적인 작업이 다름 아닌 하라 가쓰로의 『히가시야마 시대의 고급 관리의 생활』인 것이다.

과거에 후지와라 섭관가와 그 줄에 선 귀족들의 눈에는 무사나 그 이하의 서민이 자신들과 같은 인간으로 비치지 않았다. 그 거만한 무관심을 뒷받침해온 자신감이 다이라노 기요모리平清盛의 영달 헤이안 시대 말기, 다이라노 기요모리는 황위 계승을 둘러싸고 일어난 호겐의 난保元の乱에서 승리하여 천황의 신뢰를 얻게 되었다. 궁정 내의 항쟁에서 무사의 힘을 빌려 이김으로써 무사의 존재감이 크게 증가되었고, 무사로서는 처음으로 태정대신이 되었다을 계기로 무사층이 대거 상급 계급이 됨으로써 흔들리게 되고, 오래된 '계급 정신'을 약화시킴으로써 난세, 즉 어지러운 세상이 시작된다. 그러나 이 난세가 갈 데까지 다 간 무로마치시대 후기에조차 "도시와 시골의 인심이 전란으로 내내 흉흉(朝夕旦暮恟恟)하여 어떤 일도 손에 잡히지 않되, 모두 절망의 상태에 있었다고는 믿을 수 없다"라고 하라는 이야기한다.

그 논거로 그가 들고 있는 것이 전대와 비교해서 사람들이 자주 여행을 하게 되었다는 사실이다. 물론 대소의 전란이 일본 각지에서 계속되고 있었고 도적이나 해적에게 습격을 당할 위험도 적지 않았다. 하지만 그렇다고 해서 사람들이 여행을 포기해버린 것은 아니었다. 오히려 그 반대. 다양한 상인이나 장인, 사루가쿠시猿樂師사루가쿠란 가마쿠라시대에 행해진 예능으로 익살스러운 동작과 곡예를 주로 하는 연극, 꼭두각시 놀이꾼, 시라뵤시白拍子헤이안 시대 말기에 시작된 가무 또는 그 가무를 추는 유녀, 오토기슈御伽衆무로마치시대 후기부터 에도시대 초기에 걸쳐 쇼군이나 다이묘의 측근에서 말상대를 하는 직명, 주거 부정의 선승, 도읍의 혼란으로부터 도망쳐 온 문인 귀족 등 다양한 타입의 사람들이 자신의 장사나 포교나 흥행을 위해, 호위병도 없이, 의외로 천연스레 전국을 돌아다니고 있었다.

그리고 그 대표라고도 할 만한 것이 "바로 그 소기 및 그 유파에 속하는 렌가 작가들"의 여행이었다고 하라 가쓰로는 말한다. 이 시기 렌가 작가들은 동서 66국을 두루 정력적으로 걸어 다녔다. 그러한 그들의 일기를 읽어보아도 '여행 위험에 맞닥뜨린 기사'를 만나는 일은 거의 없다. 우리가 상상하는 정도로 교통이 두절되지 않았음이 명백하다는 의미다. 피비린내 나는 싸움이 끊이지 않는 가운데 전대 문화의 매력이 재발견되고, 다도, 화도華道, 렌가, 노能, 교겐狂言 등의 새로운 표현형식이 성숙해갔다. 그리고 그것이 다채로운 여행가들의 중개로 일본 각지에 잇달아 전파되었다. 히가시야마도노 등에서 이루어진 쇼인즈쿠리의 실험이 눈 깜짝할 새에 새로운 무가 가옥의 표준이 되었던 것도 그 하나의 예가 될 것이다. 이래저래 이 시대는 유럽의 르네상스와 실로 많이 닮았다. 무엇보다도 고전 부흥. 그 흐름을 타고 궁정을 나온 『겐지 이야기』가 "무가 및 그 직속 무사, 부하 그리고 또 제후의 신하들"에게까지 읽히게 되었다는 것이다.

만일 아시카가足利(무로마치) 시대를 일본 문화의 르네상스라고 할 수 있다면 그 르네상스의 중심은 겐지다. 겐지는 아시카가 시대에 비로소 일본의 겐지 이야기가 된 것이다.

하라 가쓰로의 이 '아시카가 르네상스론'은 1960년대에 부활해 하나다 기요테루花田淸輝의 『무로마치 소설집室町小説集』과 야마자키 마사카즈山崎正和의 『무로마치기室町記』 등에도 큰 영향을 미쳤다. 당시에는 아무것도 몰랐지만, 과거에 내가 가지고 있던 지쿠마총서판 『히가시야마 시대의 고급 관리의 생활』이 간행된 것도 그 하라 가쓰로 재평가의 일환이었을 것이다. 앞의 사네타카와 소기의 운동에 대한 미타무라 마사코의 주목도 그 근본은 역시 이 근처에서 출발했다고 생각해도 좋지 않을까?

미타무라는 또한, 다만 고전화는 동시에 특정 작품의 권위화이기도 하기 때문에, 그 권위에 이끌려 겐지 독자층이 무가에까지 확산되는 한편 "이야기와 함께 살고 이야기 세계에서 놀면서 생애를 통해 탐독하며 지낸 여성들의 '책'은 점차 배경으로 쫓겨나"버렸다고도 이야기한다.

그리하여 스가와라노 다카스에노무스메로 대표되는 여성들의 '소설 읽기'가 남성들의 '학자식 읽기' 또는 '학자연하며 읽기'로 바뀌어, 그에 따라 여성 겐지 독자가 점차로 언더그라운드화해간다. 현대까지 계속되는 그 지하 수맥에 탐구의 팽이를 넣는다. 그것이 미타무라의 『기억 속의 겐지 이야기』 후반부의 읽을거리 중 하나다. 이 책의 서두에서 나는 '이 나라에는 독서 통사가 없다'라고 했는데, 그러므로 이 책은 실은 『겐지 이야기』에만 한정시켜 행한 일본인의 예외적인 독서 통사로 읽을 수 있다. 바짝 힘이 들어간 좋은 책이다.

한자를 읽지 못하는 지식인

이 '일본의 르네상스'를 상징하는 겐지 부흥, 와카의 난숙, 렌가 붐 등에는 누구나 알 수 있는 공통점이 하나 있었다. 요쿄쿠謠曲노가쿠能 楽의 사장詞章에 가락을 붙여서 부르는 것도 그렇다. 즉, 그 모두가 중국에서 도 래한 한자가 아니라 한자의 초서체에서 독자적으로 만들어진, 표 음문자로서의 히라가나에 의해 유지되고 있다는 점이다.

9세기 후반, 아마도 궁정의 여성들 사이에서 생겨났을 히라가나 는, 이윽고 가마쿠라시대에서 무로마치시대에 걸쳐 사람들의 독서 생활에 여러 가지 변화를 일으킨다. 지금까지 이야기한 것 외에 특 히 눈에 띄는 변화를 두 가지 정도 들겠다. 우선은 가나 문자의 보 급과 반비례하여, 귀족이나 승려 등의 전문 지식인 이외에 일반 지 식인의 한자 능력이 서서히 쇠퇴를 보이기 시작한 것. 그리고 둘째 로 이 시대가 끝나가던 무렵에 그때까지 문자와는 인연이 없던 하 층 무사나 촌락의 묘슈名主급 햐쿠쇼百姓지도자 격 농민, 나아가 그 아내 나 딸까지 공문서를 비롯한 여러 가지 문장을 쓰거나 읽을 수 있게 된 것.

우선 첫 번째 지적한 지식인의 한자 능력 쇠퇴인데, 이것이 어느 정도 널리 인정되는지는 나로서는 솔직히 알 수 없다.

다만 십 수 년 전에 작심하고 천태종의 종주 지엔慈円의 『구칸쇼 愚管抄』가마쿠라시대 초기의 역사 논서를 오스미 가즈오大隅和雄의 현대어 번 역판으로 처음 읽었다. 『구칸쇼』란 고토바인과 후지와라노 사다이 에의 친한 지인이었던 저자가 조큐의 난 직전, 사다이에가 고토바 인 때문에 추방된 1220년경에 썼다고 여겨지는 유명한 역사책이다. 그중 2권의 '추기'에 지엔이 이렇게 기록하고 있는 것을 읽고 나는 적잖은 감동을 받았다. 이런 유의 '딱딱한 책'은 당시에는 한문으로 쓰는 것이 당연한데도 지엔은 일부러 가나 혼용 문장(화한和漢 혼용문)으로 썼다. 왜 그랬을까? 저자 본인의 설명은 아래와 같다.

이 글을 이와 같이 쓰려고 결심한 것은 사물을 잘 모르는 사람들을 위해서였다. 지금 말세의 상태를 보면 문필에 종사하는 사람은 귀천·승속을 불문하고 모두가 가뭄에 콩 나듯이 학문을 하는 듯하고, 한자는 겨우 읽을 수 있지만 올바르게 그 의미를 이해하는 사람은 없기 때문이다.

그런데도 세상 사람들은 "퍼뜩ハタト" "거리낌 없이ムズト" "샤쿠토シャクト" "덜컥ドウト" 등의 구어적인 표현을 저속한 것이라 비웃었다. 하지만 이건 이상하다. 퍼뜩 알게 된다. 거리낌 없이 달라붙는다. 덜컥 쓰러진다. 그렇게 직설적으로 쓴다고 해서 무엇이 나쁠까?(샤쿠토의 의미는 불분명하다고 한다.)

나는 이런 말이야말로 일본어의 본래 모습을 보여주는 것이라 생각한다. 이 말들의 의미는 누구나 모두 알고 있다. 천한 인부나 파수꾼까지도 이 말과 같은 표현으로 많은 것을 사람들에게 전하고 또한 이해할 수 있는 것이다. 그런데도 이러한 말은 우스꽝스럽다고 하며 문장을 쓸 때 사용하지 않는다면 결국에는 한자만 사용하게 되어버릴 것이다. 그렇게 되면 한자를 읽을 줄

아는 사람이 적으므로, 그 사이의 도리를 생각한 끝에 이하와 같은 방식으로 쓸 것이다.

이 시기에 지엔에게는 어떻게 해서든 남기고 싶은 것이 있었다. 어쨌든 그는 천태종의 종주이면서 동시에 섭정 간파쿠인 구조 가네자네九条兼実의 아우이기도 했기 때문이다. 그러한 배경을 지닌 지도적인 지식인으로서 자신에게는 해내야 할 책임이 있다고 강하게 느끼고 있었던 것이다.

지금 우리 눈앞에 궁정 귀족을 대신하여 무사들이 새로운 지도자로 등장하고 있다. 이 변화를 거부하는 것이 아니라 역사의 '도리'로 받아들여, 귀족과 무사가 힘을 합쳐 새로운 시대를 구축해가야 한다.

이를 그 사람이 궁정 귀족을 대표하는 고토바인 측이든 그와 대립하던 가마쿠라막부 측이든 가능한 한 많은 사람에게 올바르게 납득시킬 필요가 있다. 그러나 만약 이것을 한문으로 쓴다면 지극히 빈약한 한자 능력밖에 가지고 있지 않은 현재의 평균적 지식인들은 충분히 이해할 수 없을 것이다. 그러므로 아무리 야비하게 느껴지더라도 나는 누구에게나 이해 가능한 일상 언어로, 즉 한자와 가나 혼용문으로 쓰기로 한다. 그 이외에 어떤 방법이 있다고 할 수 있는가? 그렇게 지엔은 거침없이 말했다. 대단하다. 마치 650년 후의 후쿠자와 유키치 같다.

다만 오스미의 번역판에는 히라가나가 사용되고 있는데, 동일한 가나 문자라고 하더라도 지엔이 선택한 것은 가타카나다. 즉, 한자와 가타카나를 조합하여 이 책을 썼다. 예를 들어 지금 인용한 곳

의 처음 부분에서 예를 들면,

"얼마 전 이것을 쓰려고 한 것은 사물을 잘 모르는 사람들을 위해서였다. 말세의 세상을 보니 문필에 종사하는 사람은 귀천이나 승속을 불문하고 그다지 학문을 하지 않고, 한자를 겨우 읽기는 하지만 그 의미나 이치를 깨달아 아는 사람이 없다"라고 했듯이…….

인용된 원문은 "先是ヲカクカカン思ヨル事ニ,物シレル事ナキ人ノ料也。此末代ザマノ事ヲミルニ、文簿ニタズサワレル人ハ、高キモ低キモ、僧ニモ俗ニモ、アリガタク学問ハサスルガ由ニテ、僅ニ真名ノ文字ヲバ読ドモ、又其義理ヲサトリ知レル人ハナシ"다.

가타카나는 히라가나보다 조금 일찍, 9세기 중반에 사원에서 한역 불전을 독해하는 기법의 일종으로 궁리된 것이었는데, 이윽고 사원을 나와 불전이나 한문 서적 등의 '딱딱한 책'을 일본어로 읽고 주석을 달기 위한 문자로 널리 정착해갔다. 사각의 한자와 섞어서 사용하기에는 구불구불한 히라가나보다도 한자의 부수나 구성에서 따와 만든 직선적인 가타카나가 딱 들어맞는다. 그러한 미감도 포함하여, 여성 문자로서의 히라가나와 구별되는, 남성 지식인의 '학자식 읽기'용으로 특화된 가나 문자가 가타카나였다.

앞에서 내가 불식간에 후쿠자와 유키치에 비유해버렸지만, 지엔은 당연히 후쿠자와일 수 없다. 당시의 귀족으로서는 예외적으로 그의 눈에는 분명히 '천한 인부나 파수꾼'의 존재가 비쳤던 것 같고, 그들이 일상적으로 사용하는 야비한 말이 가진 힘도 알아차렸다. 그것은 사실이다. 하지만 그가 자신의 책을 쓰는 데에 실제로 사용한 것은 히라가나가 아니라 그보다 주로 인텔리들이 쓰던 가타카나였다. 당연히 한자의 양도 많고, 천한 인부나 파수꾼은 물론 완만하게 이어지는 히라가나 문장에 익숙해진 여성이나 보통 무사들도 잘 읽어낼 수 없었다. 읽어낸다 하더라도 금방 경원시될 뿐이었다.

물론 후쿠자와가 아닌 지엔 승정은 그런 점을 신경 쓰지 않았을 것이다. 그러나 그 한편으로, 귀족이나 승려 등 종래 지식인층의 학력 저하는 누구나 민감하게 느끼고 있었다. 우리의 독서 습관, 즉 우리의 문명이 어딘가 바닥에서 큰 사태에 직면하고 있다. 그런 현상에 대한 차가운 두려움이라고도 할 수 있는 것이 이 추기에서 생생히 전해져 오는 듯하다.

히라가나에 의한 독서층 확대

궁정의 귀족이나 학승들에서 시작된 일본인의 독서 습관이, 오랜 시간에 걸쳐 우선은 궁녀로 대표되는 귀족계급의 여성들, 이어서 상층이나 중층의 무사들에게까지 확대되었다. 그러나 지엔이 『구칸쇼』를 쓴 13세기 초에는 그보다 하층의 일본인, 일반 서민은 아직 독서 세계의 바깥에 놓인 채였다. 문자를 읽을 줄 아는 힘이라고 할 수도 없다. 독서와 같은 비생산적 행위에 시간을 낼 여유조차 그들에게는 없었다.

그래도 시간이 지남에 따라 그러한 상황에도 조금씩 변화의 조짐이 보이기 시작했다. 그것이 앞에서 이야기한 제2의 변화다. 즉, 하층 무사나 촌락의 지도자 격 농민이 여러 가지 문서를 읽거나 쓰거나 할 수 있게 된 것을 가리킨다.

그 변화에 최초로 주목한 역사학자는 아미노 요시히코網野善彦다.

그는 중세에서 에도시대에 걸친 방대한 양의 문서를 뒤졌다. 공문서는 물론 소송이나 상거래와 관련된 사문서, 장부나 가계부, 일기나 편지 등등. 그의 경험에 따르면 10세기경에 드문드문 나타나기 시작한 히라가나 혼용 문서가 시간이 흐름에 따라 그 숫자가 증가하고, 특히 무로마치시대 이후에 폭발적이라고 할 정도의 기세로 급증했던 것 같다. 그것을 보고 아미노는『일본의 역사를 새로 읽는다日本の歴史をよみなおす』에 이렇게 쓰고 있다.

> 우선 14, 15세기가 일본 사회의 문자 보급에 있어서 지극히 중요한 획기였다는 것은 틀림없다고 생각한다. 가마쿠라시대 후기부터 무로마치시대에 걸쳐 하층 사무라이까지 히라가나 혼용 문서를 쓸 수 있게 되었다는 것은 확실한데, 무로마치시대의 촌락의 다이묘, 주를 이루었던 햐쿠쇼는 대체로 문자를 쓸 수 있었다고 생각해도 좋을 것이라 생각한다. 여성도 마찬가지였는데, 고케닌御家人, 비非고케닌 등과 같은 사무라이급 사람들의 아내와 딸은 히라가나로 편지를 썼다. 상층 햐쿠쇼의 여성이 문자를 썼던 사례도 기나이에서 가까운 지역에서는 확인할 수 있다.

그리고 또 하나, 이 과정과 병행하여 (관에서 민으로) 하달된 공문서 등에도 히라가나가 눈에 띄게 되었다. 이것도 역시 아미노 요시히코의 「일본 문자 사회의 특질」이라는 논문에서 볼 수 있다.

> 또한 (상달이나 하달 문서 이외에) 지배자들 간의 공문서에서는 한자가 지배적이라고는 하지만, 문서 세계 전체를 살펴보면 히라

가나 혼용 문서가 압도적으로 많아졌다고 해도 좋을 것이다. 말 그대로 히라가나야말로 문자의 사회 보급과 침투의 원동력이 되었고, 중세 후기 이후 문자 사회의 주류는 압도적으로 히라가나·한자 혼용 문서·문장이었다고 하지 않을 수 없다.

그때까지는 한자로 기록되었던 공문서에까지 히라가나가 들어갔다. 이 과정이 시작된 것은 역시 13세기다. 그에 따라 종래의 지식인도 '히라가나·한자 혼용문'으로 나아가던 사회의 큰 흐름에 불가항력적으로 휩쓸리게 되었다. 지엔이 일찍이 깨달았던 '문필에 종사하는 사람들'의 한자 능력 쇠퇴에도 이러한 배경이 하나 있었을지 모르겠다.

그렇다면 하층 무사나 상층의 햐쿠쇼, 그의 처자식은 물론이고 그 아래 계층의 사람들은 어떠했을까? 그 점에서 흥미를 끄는 것은 정토진종(일향종) 중흥의 인물이라 일컬어지는 렌뇨蓮如 대사의 '오후미御文'다.

1465년, 즉 오닌의 난이 시작되기 2년 전, 정토진종 혼간지本願寺의 제8대 법주였던 렌뇨가 히에이잔 엔랴쿠지延曆寺 등의 폭력에 쫓겨 어쩔 수 없이 포교의 무대를 교토에서 호쿠리쿠北陸로 옮긴다. 가마쿠라시대에 성행했던 정토종이나 법화종이나 시종 등의 신불교는 호국불교를 정면으로 내걸었던 구舊불교(나라불교나 헤이안불교)와 달리 비정한 난세를 살아가던 서민(상인, 농민, 장인, 어부 등)의 구제를 포교의 요체로 삼아왔다. 물론 '세상에 믿음을 가지고 있는 사람은 모두 형제'라고 설파한 정토진종도 그러했다. 그렇기 때문에 구불교의 대표라고도 할 수 있는 천태종 총본산인 엔랴쿠지의 격렬한 박해를 받아야 했다.

이때 렌뇨가 새로운 지역에서의 포교를 위한 최강의 도구로 생각한 것이 오후미였다. 아무튼 정토진종의 개조인 신란親鸞의 『교교신쇼教行信証』 등 저작의 대부분은 한문으로 쓴 '딱딱한 책'이었으므로 '한 글자도 모르는 우인'인 서민들은 도저히 이해할 수 없었다. 그래서 렌뇨는 개조의 난해한 가르침을 서민들도 알 수 있는 평이한 말로 요약한 편지 같은 전단지(오후미)를 스스로 만들기로 했다. 56세에서 83세까지 27년간 쓴 것이 200통이 넘었다. 그것을 필사한 엄청난 숫자의 오후미가 각지로 퍼져갔다.

'부처님의 구제에는 부귀나 빈궁, 선인과 악인, 남녀의 구별은 없다. 일체 평등하다. 다만 오로지 아미타여래에게 기도하면 된다.'

원래 렌뇨는 불전을 읽을 뿐 자신은 아무것도 생각하지 않고 아무것도 하지 않는 승려나 학자를 "성전을 읽는 자가 성전도 모르고"라고 경멸했다. 다만 그 자신도 절에서 자란 고승이었으므로 오후미도 인텔리를 위한 한자와 가타카나를 혼용으로 썼다. 그러므로 읽을 수 있는 것은 다소의 읽고 쓰기가 가능한 승려나 지역 지도자 격의 몬토門徒(일향종 신자)뿐이었다. 그들이 마을 총회 자리에서 모인 사람들에게 오후미의 복사본을 큰 소리로, 때로는 다소간 절을 끊어가며 읽어주는 구조가 되어 있었던 것 같다.

이러한 방식으로, 어떻게 하면 문자를 읽을 줄 모르는 사람들에게 구원의 길을 바르게 전해줄 수 있을까? 그래서 렌뇨는 인생의 마지막 순간까지 열심히 궁리하고 시도했다. 그의 수많은 아들 중 한 명인 지쓰고実悟의 기록(『지쓰고규키実悟旧記』)의 일절을 가사하라 가즈오笠原一男의 현대어 역으로 인용해둔다.

렌뇨 대사는 노무라 사원(야마시나 혼간지)에서 법경방 준세이順誓에게 "나는 무엇이든지 상대를 생각해서 열 개를 하나로 축소하도록, 시원시원하게 이해하기 쉽도록 하고 있다. 이러한 내 기분을 사람들은 잘 모르는 듯하다"라고 했다. 그리고 "오후미 등도 최근에는 말詞을 적고 짧게 만들게 되었다. 그렇게 하는 것은 요즘에는 무언가를 들어도 지겨워하기 때문에 아주 중요한 것을 금방 이해할 수 있도록 오후미를 짧게 한 것이다"라고 분부했다.

단순히 문장을 짧고 간결하게 하는 것만이 아니었다. 오후미의 사진판을 보면 가타카나의 문자열 여기저기에 작은 공백이 은근슬쩍 끼어 있는 것을 알 수 있다. 아직 문장에 구두점이 없던 시대에 '여기에서 잠깐 숨을 돌리시오'라는 신호. 낭독에 익숙하지 않은 사람이 오후미를 정확하게 읽어내기 위한 '띄어쓰기'를 궁리했던 것이다.

조금 거친 연상일지 모르겠으나 나는 소중한 자기 저서를 일부러 가나로 쓴 지엔의 결단을 생각해냈다. 시험 삼아 무로마치시대 후기의 오후미 옆에 『구칸쇼』를 두어본다. 자신이 하고 싶은 말을 상대(새 시대의 독자)에게 정확하게 전달하고자 거듭 고심한 점에서는 둘 다 같다. 다만 한자와 가타카나를 동등하게 섞어서 쓴 글이라 하더라도 『구칸쇼』가 남성다운 한문 읽기인 데 비해 오후미는 부드러운 구어문이라는 차이가 있다. 가마쿠라에서 무로마치로 250년이라는 시간이 흘러, 그 사이에 '문필에 종사하는 사람'(지엔)이 상정하는 독자층이 아래쪽으로 크게 확장되었다. 대강 그렇게 파악할 수 있지 않을까?

그와 관련하여 하나 더. 많은 중세 역사가들의 견해로는 공사를 불문하고 히라가나의 보급으로 문서 수가 증가함에 따라 문자에서 품격이 사라지고 급속도로 읽기 어려워져가는 경향이 두드러졌다고 한다. 아무래도 이 언저리부터, 사람들이 문자에 대해 품고 있던 경외의 감정이 엷어지고 '문자에 대한 사회의 감각'이 변한 것 같다. 아미노 요시히코도 『일본의 역사를 새로 읽는다』에서 지적하고 있다.

한자든 가타카나나 히라가나든 사람들이 문자에 대해 품고 있던 경외의 감정이 점차 엷어져갔다.

독서와 일본인의 관계를 생각할 때 이것은 지극히 중요한 변화일 것이다. 사경寫經이 전형적으로 그랬듯이, 필사書寫의 문화를 깊은 곳에서 뒷받침한 것은 손으로 쓴 문자가 지닌 정신성에 대한 경외의 감정이었다. 손으로 쓰기 때문에 복사는 한 번에 한 점밖에 만들 수 없다. 그만큼 마음을 담아 옮겨 쓴다. 스스로 필사하는 사람도, 부탁을 받고 필사를 해주는 사람도 그것을 강하게 의식하고 있었다. 소기와 사네타카의 사본업도 분명 이것과 무관하지 않았을 것이다.

손으로 쓴 그 문자에 대한 경외의 감정이 조금씩 엷어지기 시작한다. 그러면 어떻게 될까? 당연히 한 번에 한 점밖에 만들 수 없는 희소한 복사본을 떠받드는 심성도 사라져갈 것이다. 소기나 사네타카와 동시대인이었던 렌뇨의 오후미도 예외가 아니다. 그가 스스로 붓을 들고 쓴 오후미와 문도들의 손으로 때로는 1000매 이상 만들어졌다고 하는 복사본은, 비록 그 복사본이 손으로 쓴 것일지라도, 그 정신성(또는 영성)의 강도에 큰 차이가 있었음이 틀림없다.

그 차이가 점점 더 확산되어간다. 오후미의 힘으로 정토진종이 거대 교단화한 후라면 더욱 그러할 것이다.

그리하여 손으로 쓴 문자에 대한 경외의 감정이 엷어져가는 한편으로 문자를 읽을 줄 아는 사람들, 읽을 책을 구하는 사람들의 층이 급속하게 확대되어갔다.

그 결과라고 해도 좋을 것이다. 이윽고 사람들 사이에 '동일 복사본의 동시 대량생산 기술'인 인쇄를 적극적으로 받아들이는 새로운 심성이 뿌리를 내리기 시작했다. 유럽의 르네상스는 15세기 중반 구텐베르크의 활판인쇄술 발명과 깊이 결부되어 있다. 그것과 같다. 하라 가쓰로가 말하는 '아시카가 르네상스'도 그 안쪽에서 '필사에서 인쇄로'라는 운동을 확고하게 키우고 있었던 것이다.

인쇄 혁명과
데라코야

프로이스와 기리시탄판

오랫동안 귀족이나 승려 등의 남성에 한정되어 있던 독서 습관이 드디어 상층계급의 여성들에게, 이어서 무사와 상층의 햐쿠쇼에게 1000년 가까운 시간에 걸쳐 천천히 확산되었다. 그래도 일본인의 대다수를 차지하는 서민 대부분은 무로마치시대를 지나 전국시대가 되어도 독서에서 멀리 떨어져 있었다.

그러한 상태가 크게 변한 것은 17세기에서 19세기에 걸쳐서였다. 즉, 에도시대다.

다만 변화의 조짐은 그보다 조금 전부터 나타났다. 한자와 가나 혼용문의 보급에 따른 독자층의 확대와, 그로 인해 촉진된 인쇄에 대한 관심의 증대가 그 징후였다. 단 하나밖에 없는 육필 텍스트에서 인쇄 덕분에 일거에 다수의 복사본이 만들어지고, 그것이 사회 여기저기로 흩어졌다. 그때까지의 사본(또는 적은 부수의 목판본)에서는 찾아볼 수 없는 고성능 복제 기술이 지닌 엄청난 힘. 아마도 16세기 중반을 지날 무렵에는 그 힘에 대한 기대가 상당한 정도까지 고양되어 있지 않았을까?

그 증거로 1592년, 도요토미 히데요시의 조선 침략(임진왜란) 때에는 가토 기요마사加藤清正와 고니시 유키나가小西行長 등의 무장들이 조선의 선진적인 활판인쇄기, 대량의 동활자와 그 주조기를 모조리 약탈해 오는 난폭한 사태가 생겨나기도 했다. 그리고 기묘하게도 이와 같은 시기인 1590년에 예수회 선교사들이 구텐베르크식의 활판인쇄기와 활자주조기를 나가사키·고토열도의 거점(가즈사)으로 가지고 들어와, 주로 히라가나와 소수의 한자로 '기리시탄キリシタン판'으로 알려진 활판본을 간행하기 시작했다. '기리시탄'은 막부 시대의 기독교 신자들을 일컫는 말.

이것이 일본인과 활판인쇄술과의 최초의 만남이다. 일본인의 선조들은 매우 놀랐을 것이다. 그때까지의 일본에는 인쇄라고 하면 목판밖에 없었다. 주로 한자로 기록된 불교 경전이나 한시문을 그대로 한 장의 목판에 새긴 대형 도장으로 복수화하는 형태였다. 그것이야말로 인쇄라고 굳게 믿고 있었기 때문이다. 거기에 돌연 하나하나 독립된 문자를 따로따로 활자화하고 그것을 조합하여 인쇄용 판을 만드는 혁명적인 인쇄 기법이 등장했다. 게다가 조선식(한문)과 유럽식(한자 혼용 가나문), 두 가지 기법이 완전히 같은 시기에 등장했다.

다만 조선식은 원래가 따로따로 한자를 활자화한 것이었기 때문에 놀랐다고는 해도 그다지 큰 놀람은 아니었을지 모르겠다. 그에 비해 기리시탄판은 아무리 생각해도 활자형이라고는 생각할 수 없

독서와 일본인

는 히라가나의 초서연면체草書連綿體를 감히 활자로 재현하려고 했다. 불가사의한 것은, 예수회는 왜 이 시기에 일부러 이런 귀찮은 작업에 착수했을까 하는 점이다.

그 근본에는 아마도 1551년, 오다 노부나가織田信長의 등장으로 무로마치시대가 끝나기 20년쯤 전 일본에 파견된 프란시스코 사비에르Francisco Xavier의 '다른 아시아 국가들과 달리 일본인의 다수는 읽고 쓰기가 가능하다. 따라서 문자에 의한 포교나 선전이 효과적'이라는 판단이 있었으리라 생각된다. 1551년이라고 하면 산조니시 사네타카가 82세로 죽은 뒤 불과 14년 후. 이어서 그로부터 12년 후 일본에 온 루이스 프로이스Luís Frói s의『유럽 문화와 일본 문화ョ-ロッパ文化と日本文化』라는 소책자에도 이런 지적이 군데군데 쓰여 있다.

* 우리들 사이에는 여성에게 문자가 그다지 보급되어 있지 않다. 일본의 고귀한 여성은 그것을 알지 못하면 가치가 떨어진다고 생각하고 있다.
* 우리는 22개의 문자로 쓴다. 그들은 가나의 알파벳 48문자와 서체가 다른 무한의 문자를 사용해서 쓴다.
* 우리는 주로 세속의 스승들에게 읽고 쓰기를 배운다. 일본에서는 모든 아이가 스님의 사원에서 면학한다.

"서체가 다른 무한의 문자"란 한자를 가리킨다. 당시의 사원에서는 아이들을 '데라코寺子'로 받아들여 읽고 쓰기를 가르치는 습관이 있었고 그것이 후에 데라코야로 이어졌다. 그러나 대다수가 무가의 자제들이었던 듯하므로 아무리 뭐라 해도 '모든 아이'라고 할 수는 없다. 하지만 사비에르와 프로이스가 그렇게 강렬한 인상을 받았을 정도로, 독서라고까지는 못하겠지만 띄엄띄엄이라도 문자를 읽는 힘이 사회 내에 상당한 범위까지 뿌리를 내리기 시작했을 것이다.

그래도 당초에는 예수회도 그들의 기리시탄판 프로젝트를 로마자로 추진할 생각이었다. 그것을 완전히 바꾸어 일본 문자로 전환하는 데에는 예수회 총장에게 보낸 프로이스의 진언 서한이 하나의 계기가 되었던 것 같다.

게다가 프로이스가 그것만 한 것이 아닌 듯하다.

종래의 학설에서는 일본어판의 작성을 주도한 것은 선교사의 도우미로서 일본에 온 인쇄인 콘스탄티노 도라도Constantino Dourado(이전에 유럽으로 건너간 일본인)라고 여겨지고 있었다. 하지만 최근의 연구에 따르면 이 일본어 공방의 전 작업을 위촉받아 완벽하게 수행해낸 것은 실제로는 "서책의 편찬·출판 관계의 일을 오래전부터 경험해온 열 명의 일본인 형제神弟"(일본 예수회 협의회 회의록)였던 것 같다. 그렇다면 이 "열 명의 일본인"은 도대체 어디에서 어떻게 모았던 것일까? 서지학자인 오우치다 사다오大内田貞郎는 거기에는 틀림없이 프로이스의 힘이 크게 작용했을 것이라고 『활자 인쇄의 문화사活字印刷の文化史』에 수록된 논문에서 추정하고 있다.

그들의 정체는 실은 교토 사가노에서 '고잔판五山版'의 출판에 관여하고 있던 '유서 깊은 조각공'들이지는 않았을까?

이것이 오우치다의 생각이다. 고잔판은 중세를 통틀어 가마쿠라와 교토의 선종 대사원이 간행했던 목판본의 총칭이다. 그 교토에서의 중심지가 사가노의 덴류지天龍寺와 린센지臨川寺였고, 중국의 '송본宋本'으로부터 배운 고잔판의 정밀도 높은 인쇄에는 송나라에서 도래하여 이 땅에 살게 된 조각공이나 그 자손들의 공헌이 컸다. 아마도 이 사가노에서 자란 인쇄 기술자들을, 옛날부터 교제가 있었던 거상 스미노쿠라 소안角倉素庵의 중개로 프로이스가 나가사키로 보냈으리라 짐작된다.

그리고 현지에서 직면한 활자와 초서연면체와의 융합이라는 난제를, 그 숙달된 장인들은 '가나かな' '게리けり' '무카시むかし' '오토코をとこ' 등 복수의 히라가나를 하나로 조합한 연속활자를 만드는 방식으로 깨끗이 해결하고, 『도치리이나 기리시탄どちりいな・きりしたん』간행 연도, 간행지 모두 불명인, 예수회가 작성한 가톨릭교회의 교리서. 라틴어로는 Doctrina Christiana로 표기한다 등 몇 종인가를 간행한 후 가즈사의 코레지오(학교)포르투갈어로 collegio. 성직자 육성 및 일반교양을 위한 고등교육기관. 좁은 의미로는 예수회가 현재의 오이타시에 세웠던 것을 가리킨다. 그 시설은 가즈사를 거쳐 아마쿠사로 이전했다에서 키우던 제자들에게 뒤를 맡기고 사가노로 돌아온다. 그들이 가지고 돌아온 연속활자 기술은 후에 스미노쿠라 소안이 혼아미 고에쓰本阿弥光悦와 함께 같은 사가노 땅에서 목활자(동활자라는 설도 있다)로 시도한 '사가본＝고에쓰본'의 화려한 실험으로 되살려졌다. 그것이 오우치다가 그린, 실증에 근거한 대담한 가설이다.

사실 그대로인지 아닌지의 판단은 내게 무리다. 하지만 그때까지 기본적으로는 한자에 한정되어 있던 일본의 인쇄에, 일본인뿐 아니라 중국인과 유럽인까지 관여하여 가나 문자가 새롭게 추가되었다. 이것은 실로 매력적인 가설이라고 생각한다. 16세기 말 '일본 르네상스'의 열기가 후끈 전해 오는 듯하지 않은가?

사이카쿠와 출판의 상업화

이 조선식과 유럽식, 두 가지 활판 기술방식의 이례적 만남에 자극을 받아 이 나라 일본에 때아닌 활판인쇄 붐이 생겨났고, 그로부터 거의 반세기에 걸쳐 목판을 대신하여 활판(주로 목활자)이 인쇄의 중심을 차지하는 '고활자본 시대'가 이어진다. 『겐지 이야기』를 필두로 『고금 와카집』 『다케토리 이야기』 『이세 이야기』 『호조키方丈記』 『쓰레즈레구사徒然草』 등 지금도 계속 읽히는 고전의 인쇄본이 처음으로 간행된 것이 바로 이 시기의 일이다.

다만 '딱딱한 책'과 '부드러운 책' 모두 증대해가는 독자층의 요구에 충분하게 대응하기 위해서는 활판인쇄 출판에 분명한 한계가 있었다. 가장 큰 것이 기술적인 한계였다.

금속활자든 목활자든 활판인쇄로는 출판업자가 상시적으로 방대한 숫자의 활자를 갖추어둘 필요가 있다. 그러나 당시의 활자 제조 기술로는 그 수요를 충분히 충족시킬 수 없었다. 일정一丁(좌우 두 쪽)을 찍고는 판을 해체하고 또 일정을 찍고 판을 해체하는 번잡한 작업을 면치 못하고 있었다. 메이지 시대 이후의 이른바 '신활자본' 인쇄에는 납 합금 활자로 짜 맞춘 판면에 특수한 두꺼운 종이를 고열·고압으로 눌러서 지형을 만들고, 재판을 찍을 때는 거기에 뜨거운 납 합금을 부어 넣어 새로운 판을 만드는 비법이 있었다. 하지만 고활자본 시대에 그러한 해결책이 있을 리가 없다. 당연히 증쇄도 마음대로 안 되고, 대량 출판은 불가능했다.

활판으로 하면 생산비는 절감된다. 그러나 대량 인쇄는 불가능하다. 아무리 크게 견적을 내도 200부 정도까지다. 그러한 한계를 안고 있었기 때문에 시대의 요청에 부응하지 못하던 고활자본의 시대는 단명으로 끝나고, 17세기 전반, 도쿠가와 3대 장군 이에미쓰家光의 간에이寬永 · 쇼호正保기간에이는 1624~1645년, 쇼호는 1645~1648년의 기간 무렵에 인쇄는 다시금 목판으로 되돌아가버렸다.

목판이라면 히라가나의 초서연면체에도 간단하게 대응할 수 있고, 보존해둔 판이 닳아서 쓰기 힘들 때까지 증쇄할 수도 있다. 대량 인쇄라는 점에서도 미적 관점에서도 일본의 문화에는 무리해서 활판인쇄를 도입하기보다는 종래의 목판 기술을 한층 더 발전시키는 방식이 어울린 듯하다. 많은 실패를 거듭한 후 아마도 어느 단계에서 그러한 집합적 결단이 이루어졌을 것이다.

다만 목판을 위해 필요하다고 여겨지는 초기 투자를 회수하기 위해서는 주로 비영리 사업이었던 고활자본의 몇 배, 때로는 열 배 이상의 부수를 팔아야 한다. 그런 목적도 있고 해서, 간에이 시기가 되자 영리 목적의 시내 서사書肆(종종 출판사를 겸한 서점)가 잇달아 출현하여 오늘날까지 계속되는, 책의 대량생산과 안정된 유통망을 지향하는 움직임이 일본에서 시작된다. 그 변화를 추진하는 강력한 엔진의 하나가 된 것이 이하라 사이카쿠井原西鶴의『호색일대남好色一代男』이었다.

사이카쿠는 1642년, 활판에서 목판으로의 복귀가 진행되던 간에이 19년(1642)에 오사카 난바에서 상인의 아들로 태어났다. 시마바라島原의 난에도시대 초기에 일어난 일본 역사상 최대의 농민 봉기. 종교적인 반란이라고 재평가되고 있다. 진압한 지 1년 반 후에 포르투갈인들이 일본에서 추방되고 이른바 '쇄국'이 시작되었다이 진정되면서, 오닌의 난으로부터 계산하여 200년에 이르는 오랜 전란기가 끝나고 새로운 상업 도시 오사카의 기반이 확고해

지고 있었다. 그런 시대에 그곳에서 자란 사이카쿠는 "전쟁을 전혀 체험한 적이 없는, 전쟁이 막 끝난 전후의 고도 경제성장기에 청춘 시대를 보낸 단카이団塊 세대1947~1949년에 태어난 일본의 베이비붐 세대와 아주 닮은, 오사카의 새로운 세대"에 속해 있었다고 나카지마 다카시中嶋隆의 『사이카쿠와 겐로쿠 미디어西鶴と元禄メディア』는 설명하고 있다.

젊은 시절 전문적인 하이카이俳諧 작가를 지향하며 거듭된 '하이카이 오야카즈俳諧大矢数'오야카즈란 교토의 절에서 행해진 활쏘기 경기. 해 질 무렵부터 이튿날 저녁까지 1만 발 이상 쏘았다. 사이카쿠가 하이카이를 수없이 지어내는 것을 이에 비유한 말이다 등의 화려한 퍼포먼스로 명성을 떨쳤다. 그러한 남다른 능력을 지닌 인물이 1682년에 오사카의 작은 출판물 발행소에서 전여덟 권의 구사조시草双紙에도시대 중기에 에도에서 출판된, 그림이 들어간 오락 서적를 간행했다. 그것이 『호색일대남』이다. 주인공은 고겐光源을 풍자한 요노스케라는 인물로 교토 큰 부자의 상속자. 색정色道에 빠진 그 남자의 생애를 엄청난 에피소드로 묶은 해학인데, 그다지 정취가 있는 것 같지도 않은 그림이 삽입된 장편 현대소설이다.

그렇다면 이 시대에 도대체 어떤 사람들이 이 전대미문의 일대기를 즐겼던 것일까?

안타깝게도 그 정확한 독자상은 여전히 분명하지 않다. '아마도 그와 가까운 하이카이 네트워크를 중심으로 한 신시대의 지식층(무사나 상층 조닌町人)에 한정되어 있었을 것'이라는 사람이 있는가 하면 '아니, 판로를 교토와 오사카뿐 아니라 에도에까지 적극적으로 확대해갔던 신시대 사람 사이카쿠의 왕성한 비즈니스 의욕으로 볼 때 독자층은 서민 수준에까지 확대되었음이 틀림없다'라고 주장하는 연구자도 있다. 그러나 과거 『사라시나 일기』의 작자와 같은 이상적인 증언자가 눈에 띄지 않는 탓도 있어서 논의는 좀처럼 결론을 보지 못하고 있다. 그것이 현재 상황이다.

나 개인적으로는 후자 편에 끌린다. 예를 들면 조금 전에 언급한 『사이카쿠와 겐로쿠 미디어』에 나오는 나카지마 다카시의 설이라든가.

당초 사이카쿠는 『호색일대남』을 출판을 전제로 하지 않은 사적인 덴고쇼轉合書(일종의 낙서)로 썼다. 이 '현재의 통설'에 대해, 그게 아니라 당연히 처음부터 다수의 독자를 대상으로 하는 상품으로 썼다는 것이 나카지마의 설이다. 사이카쿠에게는 이미 동료나 친지들에게 '배부본'에 가까운 하이카이책을 다수의 독자를 대상으로 하는 상품으로 변질시키려고 노력해온 경험이 있다. 그런 인물이 책이 팔릴지 안 팔릴지조차 생각하지 않고 『호색일대남』을 출판하는 일이 있을 수 있는가 하는 것이다.

그것은 또한 최초의 오사카판에 전력투구하여 퇴고한 판목 밑글씨나 사이카쿠 자신이 직접 그린 삽화, 조각과 인쇄와 장정 등 '전문적인 장인의 손으로 만든 책 제작'의 높은 완성도를 보더라도 상품으로 제작했을 것이라 추측할 수 있다.

더욱이 1682년에 간행된 『호색일대남』은 재판 후에, 같은 오사카의 큰 서사에 판목을 매도했고, 그로부터 10년 이상이나 재쇄가 반복되었다. 이 오사카판과는 별도로, 초판 간행 후 불과 1년 5개월 후에 에도에서도 별판본이 간행되어 그것이 가게에서 매매를 통해, 그리고 판매뿐 아니라 대본貸本도 하는 행상 서점에 의해 일본 각지로 확산되었다. 이래저래 "가미가타上方교토와 오사카 일대를 가리키는 에도시대 용어·에도의 지역 차, 조닌·사무라이·부농과 같은 계층 차, 하이카이의 소양이 있고 없고와는 그다지 관계없이 사이카쿠의 작품이 많은 독자를 얻었다는 것을 알 수 있다"라고 나카지마는 주장한다.

그리고 이 책의 성공을 계기로 많은 추수본(질은 뚝 떨어지지만 잘 팔렸다)이 출판되어 그때까지의 가나조시仮名草子에도시대에 가나 또는 가나를 혼용하여 쓴 이야기·산문 작품의 총칭를 대신하는 우키요조시浮世草子에도시대에 생겨난 근세 문학의 주요한 문예 형식 중 하나. 『호색일대남』 이후의 일련의 작품을 부르는 명칭이다라는, 구사조시의 새로운 장르를 낳게 된다. 구사조시의 구사는 초망草莽(재야, 민간)의 초다. 잡초가 우거진 들판. 소시(조시)는 주로 히라가나로 표기된 목판인쇄본의 얇은 책. 즉, 민간에서 생겨난 일반 서민용의 그림이 들어간 가벼운 읽을거리가 구사조시로, 그것이 에도시대를 통해 구로혼黒本, 아카혼赤本, 아오본青本, 기뵤시黄表紙, 요미혼読本, 고칸合巻구사조시의 장르들인데 표지의 색깔로 구분한 것이다 등 다양하게 대상 독자나 형태를 바꿔가면서 계속 간행되었고, 그 결과 이 구사조시의 이름이 오락과 교양을 뭉뚱그린, 상업적인 그림이 들어 있는 대중본의 총칭이 되었다.

과연 얼마만큼의 사람들이 『호색일대남』을 사거나 빌려서 읽었을까? 그리고 거기에 보통 서민들이 얼마만큼 포함되어 있었을까?

전술했듯이 그 정확한 내용은 불분명하다. 아마도 앞으로도 알 수 없을 것이다. 그러나 과거에 『겐지 이야기』가 '독서하는 여성'이라는 새로운 독자층을 만들어낸 것처럼 여기에서는 『호색일대남』이 신시대의 『겐지 이야기』 역할을 하더니 이윽고 '독서하는 대중'이라는 새로운 독자층을 사회 표면에 일거에 부상시켰다는 것만은 분명하다. 그리고 그 단초를 귀족도 승려도 무사도 아닌 가미가타 상인의 아들, 이하라 사이카쿠가 제공했다는 것도 분명한 사실이다.

사무라이의 독서

그렇다면 같은 시기, 그때까지 귀족이나 승려가 담당해온 '학자식 읽기'의 전통은 어떻게 되었을까? 최대 변화는 시대사의 공기가 불교에서 유교로 변한 것이다. 그리고 그에 따라 무사가 새로운 독자로서 '학자식 읽기'의 반열에 본격적으로 추가되었다.

일본 전국이 휘말린 전란의 시대가 겨우 끝났다. 다시금 그 시대로 돌아가지 않으려면 무력이 아닌 방식으로 나라를 다스릴 강한 사상이 필요하다. 개인의 구원에 전념하는 불교는 더 이상 도움이 되지 않는다. 그래서 도쿠가와 이에야스가 선택한 것이 주자학이었다. 12세기 중국(남송)의 대학자 주희(주자)가 불교나 도교에 대항하여 재편성하고 이론화한 새로운 유교. 이 시기에 "수신·제가·치국·평천하라는, 개인부터 천하까지 하나의 도녁으로 관철하는 주자학만큼 적절한 사상은 없었다"라고 소아과 의사이자 평론가인 마쓰다 미치오松田道雄가 이야기했다.

단순히 지배(치국·평천하)의 사상일 뿐 아니라 개인의 '수신'에도 깊이 관련된 사상. 평화로운 시대의 행정 관료가 된 사무라이 개개인이 칼이나 창으로 모든 것을 해결하는 방법 대신 자신들의 동일성을 확립해가려고 했다. 주자학은 그런 그들의 정체성 재확립에 직접 관련된 사상이기도 했다.

그를 위해서는 유교에 한정하지 않고, 그 외에도 많은 책을 읽어 자신을 바꾸고, 자신을 갈고닦을 수밖에 없다. 그러나 무엇보다 전투로 날을 새우며, 책과 친숙해지는 습관과는 무연하게 살아온 사람이 대부분이었으므로 우선은 그를 위한 입문서, 책은 어떻게 고르고 어떻게 읽으면 좋은지 등 즉시 효과를 발휘하는 매뉴얼이 필요했다. 그래서 에도시대에는 지속적으로 그런 부류의 책이 왕성하게 출판되었다. 그중에서도 특히 많이 읽힌 것이 후쿠오카의 번사이자 유학자이기도 한 가이바라 에키켄貝原益軒의 일련의 저작이다. 1630년에 태어났으므로 사이카쿠보다 열두 살 위다.

예를 들어 그의『화속동자훈和俗童子訓』이라는 책. 본래는 아동교육을 위한 책이었는데 무사뿐 아니라 '세상의 무학자나 아이들이나 신분이 높지 않은 남녀' 사이에서도 독서 일반의 소양으로서 에도시대에 널리 읽히게 되었다. 그중 한 구절을 마쓰다 미치오의 현대어 번역판에서 인용해둔다.

대체로 글을 읽기 위해서는 우선 손을 씻고, 마음을 삼가고, 자세를 바르게 하며, 책상 위의 먼지를 털어내고, 책을 바르게 책상 위에 놓고 앉아서 읽는 것이 좋다. (…) 또한 책을 던지거나 책 위에 다리를 걸쳐 서서는 안 된다. 책을 베개로 삼지 말아야 한다. 책의 페이지 끝을 말아 접어서는 안 된다. 침을 발라서 책을 넘겨서도 안 된다.

그리고 독서의 형식에 대해서도, 빨리 읽기를 배제하고 천천히 읽는다, 반복해서 음독한다, 읽은 것은 기억한다, 복수의 책을 병행해서 읽지 않는다…… 등등 많은 '가르침'이 차근차근 설명하는 어조로 쓰여 있다.

하지만 에키켄 자신이 특별히 잔소리가 많았던 것은 아니다. 여기에서 주의해둘 것은, 그의 주장 근저에 유교의 전통적인 독서론이나 학문론, 그중에서도 특히 『주자어류朱子語類』라는 주희의 방대한 어록집이 있었다는 점이다. 실제로 어류의 「독서법편讀書法篇」을 보면, 독서할 때에는 "기분을 분발하게 하고, 등줄기를 꼿꼿이 세우고, 해이해지면 안 된다"라든가 "서적은 적게 읽되 철저하게 몸에 익히는 것이 좋다"라든가 목판인쇄 이전, 아직 필사본밖에 없던 시대의 학자는 "암송에 의지하고 있었기 때문에 제대로 기억했다"라든가, 도처에 에키켄의 '독서훈'과 통하는 기술을 발견할 수 있다.

그래서 내 경우 이러한 종류의 가르침을 접하면 반사적으로 떠오르는 것이, 독서대 앞에 똑바로 정좌하고 독서하는 구라마 덴구鞍馬天狗오사라기 지로大佛次郎의 시대소설 시리즈. 작품 내용 중에 주인공이 스스로를 칭하는 검사의 이름이다의 이미지다.

이것은 영화 탓일 것이다. 어린 시절 보았던 영화에, 아라시 간주로嵐寛寿郎가 분장한 구라마 덴구 역의 구라타 덴젠倉田典膳이 사방등行灯 곁에 그런 자세로 조용히 책을 읽고 있던 장면이 있었다. 아니, 덴구뿐 아니라 영화나 TV 시대극에 비슷한 장면이 반복되어 나오고, 나는 그래서 그것이 에도시대 사무라이 독서의 기본적인 스타일이었음을 알게 되었다. 그리고 사람이 보통 이러한 딱딱한 자세로 정말로 책을 읽을 수 있었을까 의아하게 생각했다.

그래도 읽을 수 있었다, 그런 자세로. 왜일까? '독서'라는 말의 의미가 지금의 우리가 생각하는 것과는 크게 달랐기 때문이다.

앞의 인용문에서도 알 수 있듯이 가이바라 에키켄이 상정한 독서는『겐지 이야기』나『호색일대남』을 즐기면서 단번에 읽어 내려가는 것과 같은 쾌락적인 행위가 아니었다. 중국에서 전해져온 '학자식 읽기'의 전통을 이어받아 사서오경 등의 유교 경전을 축으로 한자로 쓰인 소수의 역사서나 병서를 반복해서 읽고 확실히 기억하는 것. 그것이야말로 그들에게 독서였던 것이다. 특히 음독이나 암송이 장려되었다. 그 점에서는 성서나 코란도 마찬가지다. "귀로 제대로 듣고 마음으로 이해하고 자신의 말을 읊조리는 것과 같다. 지극히 노력하면 성현의 말을 암송하더라도 마치 자신의 말과 같이 된다"라고 주희도 이야기하고 있다.

다만 '자세를 바로 하고' '등줄기를 꼿꼿이 세우고'와 같은 독서의 자세에 대해서는 조금 더 생각해볼 필요가 있는 듯하다.

앞에서 나는 '독서대 앞에 똑바로 정좌하고'라고 썼는데 정좌, 즉 등줄기를 곧게 뺀고 양 무릎을 단정하게 모으고 앉는 그것이야말로 바르게 앉는 방식이라는 생각이 생겨난 것은 실은 에도시대 초기에 도쿠가와막부가 다이묘 등의 상급 무사들을 대상으로 제정한 무가 의례 때문인 듯하다. 그것이 중급이나 하급 무사를 거쳐 일반 서민들 사이에까지 퍼진 것이 에도시대 중기. 신체 기법의 연구자 야타베 히데마사矢田部英正의 도상학적 조사에 따르면 헤이안·가마쿠라·무로마치 시대의 두루마리 그림에서 정좌를 하고 있는 사람들의 모습은 극도로 적고, 이 시기가 되어 겨우 우키요에나 초상화에 정좌로 앉아 있는 사람들이 드문드문 나타난다고 한다.

그 이전에는 가회歌会나 다회茶会에서조차 한쪽 무릎을 세워도 상관없었다. 독서의 자세라 하더라도 헤이안 시대의 궁정 여성은 여유로운 겹옷 속에 자유롭게 앉아서 편하게 그림책을 즐기고 있었고, 중세에는 한쪽 무릎을 세우는 편이 많았으며, 무사도 승려도 책상이나 사방침에 팔을 기대고 때로는 세운 한쪽 무릎을 독서대 대신으로 하여 불전이나 한문 서적을 읽었다. 부드러운 와시和紙일본 전통 종이로 만든 가벼운 책이었기 때문에 그런 기묘한 자세로도 가능했을 것이다. 그렇게 보면, 이것은 한쪽 무릎 세우기는 아니지만, 14세기 전반에 쓰인 요시다 겐코吉田兼好의 『쓰레즈레구사』에 '품위 있는 주택의 깊숙한 곳'에서 독서하는 남자를 들여다보는 구절이 있다.

> 남향의 격자문은 완전히 닫혀 있어서 쓸쓸해 보이지만, 동쪽으로 쓰마도妻戸(양여닫이문)를 적당히 열어둔 것을 발이 열린 사이로 보면, 풍채가 말쑥한 남자가, 나이는 스무 살 정도로, 엄숙하지는 않지만 고상하고 유유자적한 모습으로 책상 위에 책을 펼쳐놓고 보고 있는 것이었다. 도대체 어떤 내력을 지닌 사람인지 알고 싶은 마음이 생겼다.(사토 하루오佐藤春夫 역)

『쓰레즈레구사』에는 독서에 관한 매력적인 기술이 몇 가지 있는데 나는 특히 이 장면을 좋아한다. 젊은 귀족이거나 혹여 (작자인) 겐코가 가마쿠라 체재 시에 본 교양 있는 무사였을지도 모르겠다. 아무튼 "유유자적한 모습으로"(원문은 "한가로운 모습을 하고")라고 하는 것을 보면 이때 그가 구라마 덴구같이 똑바로 정좌하고 있었다고는 도저히 생각할 수 없다.

게다가 야타베에 따르면 그 이전에는 물론이고 에도시대에도 '정좌'라는 말은 존재하지 않았다고 한다. 소세키 전집에도 '단좌端座'나 '딱딱하게'라는 말은 있지만 '정좌'는 보이지 않는다. 메이지 시대의 예법 교과서를 거쳐 이 말이 널리 일본 사회에 정착한 것은 다이쇼에서 쇼와 시대 초기에 걸친 시기였다고 한다. 그리하여 "오로지 '정좌'라고 하는 하나의 '올바른' 기준을 지키는 것으로 일본인의 사고가 경직되어갔다. 즉, '전통문화=정좌'라는 현대의 상식은 아무래도 이 시기에 형성되기 시작한" 것 같다고 야타베는 추측하고 있다.

자발적인 공부 붐

독서 습관이 사회에 널리 정착하는 데에는 두 가지 조건이 충족될 필요가 있다. 신분이나 성별을 불문하고 사회를 구성하는 사람들의 다수가 책을 읽는 힘, 즉 읽고 쓰는 능력을 지니고 있을 것. 그것이 첫째다. 그리고 둘째로, 누구나가 비교적 간단히 책을 구할 수 있는 유통 구조가 마련되어 있을 것. 이 두 가지 조건이 일본에서는 에도시대에 이르러 겨우 갖춰지기 시작했다.

우선 첫 번째인 읽고 쓰는 능력에 관해 이야기하면, 에도시대 서민의 경우 그 기반을 만든 것은 데라코야(데나라이주쿠手習塾) 교육의 전국적인 보급이다.

무사의 자제가 다니는 한코藩校와 달리 데라코야는 사립 초등교육 시설이었기 때문에 가난한 유자나 낭인이든 마을의 스님이든 풍요로운 농가의 삼남이든 나름의 읽고 쓰기 능력을 갖춘 인간이라면 누구나 자유롭게 시작할 수 있었다. 그것은 배우는 측도 마찬가지였다. 의무교육이 아니었기 때문이다. 그것이 필요하다고 생각한 부모들이 자발적으로 얼마간의 수업료를 내고 아이들을 데라코야에 보냈다. 그런 크고 작은 교육 시설이 도회지나 촌락에 속속 생겨났다.

　　그렇다면 왜 당시 대중들 사이에 이처럼 자발적으로 교육열이 높아졌을까? 가장 큰 이유는 역시 실리실익이었던 것 같다.

　　평화로운 시대가 시작되고 100년, 18세기가 되면 에도나 오사카뿐 아니라 전국의 촌락이나 도회지가 상품경제를 중심으로 움직이게 되었다. 요컨대 사이카쿠가 『일본영대장日本永代蔵』에서 묘사한 것처럼 "돈이 모든 것을 말하는 세상"이다. 그곳에는 당연히 상거래나 금전대차, 공물 징수, 집의 상속 등 생활의 모든 장면에서 문서 계약이 필요해졌다. 그러한 번거로운 사회를 살아나가기 위해서는 무엇보다도 '읽고 쓰고 셈하기'의 기본을 익혀두어야 했다.

　　하지만 이처럼 살기 위한 기초 기술로 읽고 쓰고 셈하기를 배우던 중에 한 걸음 더 나아가 '우리가 이 사회에서 올바르게 살아가려면 어떻게 해야 좋을까'라고 생각하고 스스로 유교나 역사나 경제 등의 '딱딱한 책'을 습관적으로 읽게 된 사람들 층이 생겨난다. 이른바 '학자식 읽기'의 확대, 나아가 그 대중화다.

　　그리고 한참 후에 그로부터 서민 출신의 새로운 타입의 사상가가 출현한다. 실제로 에도시대 중기 초까지의 유교 사상가는 하급 관리나 무사, 낭인이나 승려 집안에서 태어난 사람이 대부분이었다. 하야시 라잔林羅山, 후지와라 세이카藤原惺窩, 야마자키 안사이山崎闇斎, 나카에 도주中江藤樹, 이토 진사이伊藤仁斎, 오규 소라이荻生徂徠 등이다. 그리고 시대가 흐름에 따라 도미나가 나카모토富永仲基(간장 양조·쓰케모노 상인), 안도 쇼에키安藤昌益(도시 의사), 이시다 바이간石田梅岩(하쿠쇼, 상인), 미우라 바이엔三浦梅園(유학자, 의사), 야마가타 반토山片蟠桃(환전상), 가모노 마부치賀茂真淵(신관), 모토오리 노리나가本居宣長(포목상, 도시 의사) 등 호농이나 상층 상인을 포함한 서민 출신의 학자들이 에도 사상사의 중심을 차지하게 되었다.

아무리 가난한 집에서 태어났어도 배우고자 하는 의욕만 있으면 일류 인간이 될 수 있다. 그 희망의 상징이라고 할 수 있는 것이 과거에 전 일본의 초등학교 교정에서 볼 수 있었던, 바로 그 나뭇짐을 지고 독서에 열중하는 니노미야 긴지로二宮金次郎(손토쿠尊徳) 동상이다.

니노미야 손토쿠는 1787년 출생의 독창적인 농촌 개발 지도자다. 손토쿠옹은 소년 시절 가난 때문에 친척 집에 맡겨졌다. 밤에 일을 마친 후 공부를 하면 기름이 아깝다고 엄하게 혼이 났다. 그래도 지지 않고 산으로 나무를 하러 가면서 오고 가는 길에 책을 읽었다는 에피소드가, 메이지 시대가 되어 "바쁜 중에도 해이해지지 않고 배우는"(심상소학교 창가) 소년소녀의 모범으로 되살아나 결국에는 전국의 초등학교에 동상으로 설치되었다.

이 '부신독서負薪読書' 전설의 시작에는 손토쿠의 첫 번째 제자 도미타 고케이富田高慶가 스승의 사후에 저술한『호토쿠키報徳記』에 나오는 "나무를 하거나 또는 땔감을 베거나 (…) 그리하여 나무를 하러 오갈 때에도 『대학』 책을 가슴에 품고 도중에 걸어가면서 이것을 외우는 데 조금도 게을리하지 않았다"라는 기술이 있었던 듯하다.

하지만 건축사학자인 후지모리 데루노부藤森照信나 이노우에 쇼이치井上章一의 지적에 따르면 이 전설에 얼마만큼 사실적인 뒷받침이 있을지는 지극히 의심스럽다고 한다. 더욱이 이 동상의 바탕에는 『호토쿠키』를 본보기로 하여 고타 로한幸田露伴이 1891년에 출간한 소년소녀 대상 전기물 『니노미야 손토쿠옹二宮尊德翁』의 컬러 삽화가 있었다고 생각된다. 이것이 후지모리설이다. 그리고 그 컬러 삽화는 "보라, 누더기 옷을 입은 한 남자가 (…) 손에는 한 권의 책을 들고 등에는 큰 짐을 지고 어느 장소에 서 있었다"라는 존 버니언의 『천로역정』에서 힌트를 얻었을 것이다. 그것이 이노우에의 추리다.

그래도, 비록 사실은 그렇지 않다고 하더라도, 만약 니노미야 긴지로가 정말로 땔감을 등에 지고 걸어가면서 책을 읽었다고 한다면 그것은 어떤 책이었을까 하는 상상은 해볼 수 있다. 현실적으로 어린 시절의 나는 그것이 알고 싶어서 까치발을 하여 동상이 손에 들고 있는 책을 몇 번씩 들여다본 적이 있다. 아무런 글자도 없든가 문자 대신에 꼬불꼬불한 선이 몇 줄 새겨져 있을 뿐이었지만.

그 오랜 의문을 2007년, 에도 출판의 역사 연구자 스즈키 도시유키가 『에도의 독서열江戶の読書熱』이라는 책에서 풀어주었다. 만약 그것이 로한이나 도미타 고케이가 말하는 것처럼 『대학』이었다고 한다면, 그것은 필시 에도시대 후기까지도 스테디셀러였던 『게이텐요시経典余師』에도시대 중기에 간행된 경서의 간명한 주석서. 총 열 권이다. 다니 햐쿠넨

^{의 저서} 시리즈 중 한 권이었음이 틀림없다는 것이다.

보통은 서민이 데라코야에서 읽고 쓰기의 기본을 배운 후 공부를 더 계속하고 싶다고 생각하면 민간의 유학자가 연 사숙을 다닐 수밖에 없다. 그러나 돈과 시간이 든다. 그런 여유가 없는 사람들을 대상으로 다니 햐쿠넨渓百年이라는 유학자가 유교의 기본이 되는 사서(『논어』『대학』『중용』『맹자』)를 비롯하여 많은 경서를 자학자습하기 위한 새로운 스타일의 입문서를 궁리하여 출간했다. 그것이 『게이텐요시』다. 즉, '선생이 필요 없는 유교 경전 입문'인 것이다. 그 시초로 『게이텐요시 사서의 부四書之部』 초판에 실린 광고문에는 이러한 의미의 말이 적혀 있다.

> 이 책의 상단에는 읽는 방법(한문의 일본어식 읽기)을 히라가나로 표기하고, 하단에는 (한자의) 본문을 (큰 글자로) 인쇄하여 처음 공부하는 사람들도 이해하기 쉽도록 역시 히라가나로 주석을 붙여두었다. 통독이나 학문에 시간을 쪼갤 여유가 없는 사람들에게도, 선생이 드문 시골에서도 누구나 금방 '박식한 사람'이 될 수 있는 편리한 책이다.(필자 역)

이 시리즈가 최초로 간행된 것이 1786년, 니노미야 손토쿠가 태어나기 1년 전이다. 그러므로 그 점에서는 손토쿠가 아직 긴지로였던 시대에 그것을 읽었을 가능성도 없지는 않다. 다만 그가 실제로 『게이텐요시』를 입수한 것은 1812년, 25세 때였던 것 같다. 그래도 "손토쿠가 『게이텐요시』로 독학했다는 것은 사실 그대로 받아들여도 좋을 듯하다"라고 스즈키는 이야기한다.

그리고 이『게이텐요시』붐을 타고 18세기 말, 덴메이天明에서 간세이寛政에 걸친 시기덴메이는 1787~1789년, 간세이는 1789~1801년에 히라가나로 된 고전 자학자습본이 잇달아 간행된다.

이 자학자습본 중에, 에도시대를 대표하는 출판인 쓰타야 주자부로蔦屋重三郎가 관여한『효경 히라가나즈키孝経平仮名附』『약해 천자문略解千字文』『그림책 24효絵本二十四孝』등 히라가나로 쓰인 대중 계몽서가 있었다. 그것들을 놓고 판단해보면 당시 출판업에 막 들어선 쓰타야는『게이텐요시』의 성공에 "새로운 독자층, 즉 서적 구매층의 대두"를 간파했음이 틀림없다. 그렇게 스즈키는 논의를 전개해간다. 여기에서 말하는 새로운 서적 구매층에는 니노미야 긴지로와 같은,『게이텐요시』에 의해 "새롭게 등장한, 에도를 넘어 생겨난 지방 독자"가 포함된다. 그러한 "전국적인 시장 변화"에 주목하여 쓰타야는 "광역적 서적 유통을 시작하고 그 유통에 걸맞은 상품을 주도적으로 제작해갔을" 것이다. 그리고 그 신상품이야말로 쓰타야 주자부로가 산토 교덴山東京伝1761~1816. 에도시대 후기의 우키요에 작가과 합동으로 시작한 신종 구사조시, 즉 기뵤시였던 것이다.

아니, 보다 정확하게 이야기하면 기뵤시라는 장르 자체는 그 이전부터 있었다. 시작은 1775년,『게이텐요시』초판이 간행되기 10년쯤 전이다. 그때까지는 주로 아이들을 대상으로 하는 통속적인 그림책이었던 구사조시(표지의 색깔에 따라 아카혼, 구로혼이라 불렸다)가, 이해에 나온 고이카와 하루마치恋川春町의『긴킨센세이에이가노유메金々先生栄華夢』를 선구로 초기의 소박함에서 벗어나 어른들 대상의 오락적 읽을거리로 성숙해갔다. 일반적으로는 그것을 기뵤시의 탄생이라고 부르게 되었다.

따라서 정확하게는, 막 생겨난 이 새로운 장르를 더욱 세련되게 하여, 같은 시기에 일거 확산된 출판 시장에 걸맞은 대중용 상품으로 만들었다고 하겠다. 그 중요한 역할을 쓰타야가 짊어졌다는 것이다. 그리고 만일 그렇다면, 에도시대 후기의 기뵤시(샤레본酒落本에도시대 중기의 극작의 일종인 문학으로서 유곽 등에서의 놀이에 대한 내용이 대부분이다나 닌조본人情本에도시대에 서민들의 연애나 색정을 주제로 한 읽을거리의 총칭. 에도시대 후기부터 메이지 시대 초기까지 유통되었다)에서 고칸에 이르는 대중오락서가 이처럼 현란하게 꽃피게 된 토대에 실은 『게이텐요시』에 의한 대중의 자발적인 공부열이 있었다는 말이 된다. 이 사실의 지적이야말로 스즈키 도시유키 논의의 요점인 것 같다. 역시 너무나도 그러했음이 틀림없다고 나는 납득했다.

대중의 독서

　사비에르와 프로이스를 비롯하여, 일본인의 고도의 읽고 쓰기 능력이나 신분의 상하를 불문한 독서 습관 침투에 놀란 외국인은 매우 많다. 그중에서도 가장 잘 알려진 것이 제정러시아에서 망명 온 레프 메치니코프Lev Metchnikoff의 『메이지유신 회상回想の明治維新』 중 다음 구절이다.

　　(인력거꾼이나 전신에 문신을 한 마부나) 그리고 찻집이나 그 어떤 가게에서도 볼 수 있는 여자들—그들은 모두 예외 없이 몇 권이

나 손때 묻은 책을 가지고 있고, 짬만 나면 그것을 탐독하고 있었다. 그들은 일하는 중에는 그러한 책을 기모노의 소매나 품, 시타오비下帯, 즉 일본인이 미개인처럼 허리에 두르는 목면 수건의 주름 사이에 넣어두고 있다. 그 책들은 언제나처럼 외견뿐 아니라 내용까지 서로 닮은 소설 부류였다. 나중에 알게 되었지만, 일본 하층계급의 거의 유일한 정신적 양식이라고도 할 수 있는 이 통속적인 출판물은 상류계급 인간(양가의 자녀까지 포함하여)들도 읽었다.(와타나베 마사시渡辺雅司 역)

메치니코프는 1838년생. 젊은 시절부터 걸출한 어학 실력을 살려서 이탈리아와 폴란드, 터키의 혁명운동에 적극적으로 가담하고 게르첸Aleksandr Ivanovich Gertsen과 바쿠닌Mikhail Aleksandrovich Bakunin에게 깊은 신뢰를 받았던 행동파 지식인이다. 그런 인물이 일본의 혁명(메이지유신)에 강한 관심을 가지고 일본어를 집중적으로 공부하여, 파리에서 이와쿠라岩倉 사절단을 만난 것을 계기로 일본에 온 것이 1874년이었다.

그로부터 1년 반이라는 짧은 체류 기간 동안 도쿄외국어학교에서 러시아어를 가르치는 한편 대량의 자료를 수집하여 일본 연구에 매진했다. 그 성과라고 해도 좋을 듯한데,『메이지유신 회상』에서도 상당한 페이지를 할애하여 '일본의 혁명'의 기반이 된 '일본인 일반의 독서욕'과 '교양에 대한 경의'는 어떻게 형성되었는가에 대해 왕인백제 근초고왕 때의 학자. 397년에 일본에 건너가 한학을 알렸다이 건너오며 시작된 독서 통사를 당시로서는 경탄할 만큼 정확하게 기록하고 있다.

그러므로 단순한 여행자의 인상기가 아니다. 예를 들면 지금의 일본에는 "가나로 쓰인 서민적인 책"(부드러운 책)과 "일본어, 한자의 혼용문으로 쓰인 교양 계급 대상의 책"(딱딱한 책)이 있다고 하고, 전자의 대표로서 짓펜샤 잇쿠十返舍一九의 『동해도 도보여행기東海道中膝栗毛』와 류테이 다네히코柳亭種彦의 『니세무라사키 이나카겐지僞紫田舍源氏』의 두 종을 아주 짧지만 감각 있는 요약문으로 소개하고 있다. 그뿐만 아니라 1870년대 초 일본에서는 매년 평균적으로 1500종의 신간 서적이 출간되고 그중 190종이 "일본인이 희작(허구라는 의미)이라고 부르는" 소설이라고 한, 발족한 지 얼마 되지 않은 문부성의 조사 데이터까지도 제대로 참조하고 있다.

그리고 동시에 메치니코프의 증언은 메이지 초기의 대중 독서가 에도시대의 그것과 이어져 있는 상태라는 것을 보여주고 있다. 보다 정확하게 이야기하면 "간세이라는 시대, 무언가 크게 변하기 시작했다"라고 스즈키 도시유키가 말하는 간세이 이후의 시기, 에도시대가 점차 마지막에 가까워지던 60년 정도의 기간이다. 그중에서도 특히 『동해도 도보여행기』는 이 시대를 대표한다고 해도 좋을 만큼 전국 규모의 초베스트셀러였다.

변화한 것은 출판업계만이 아니었다. 그와 병행하여 "19세기에 들어서자 교육열이 일거에 고양되어 데라코야가 전국에 탄생"했다고, 근세교육사회사 학자인 다카하시 사토시高橋敏가 『에도의 교육력江戶の敎育力』에 기술했다. 그에 따르면 19세기 전반에는 "적어도 한 촌락에 하나 또는 두 곳"의 데라코야가 있었다고 한다. 예를 들면 1834년의 총 촌락 수는 6만 3562개였다. 그렇다면 그 이상의 크고 작은 데라코야가 "읽고 쓰고 셈하기 열기 시대의 바람을 타고 탄생했을" 것이라는 말이다.

이것은 그대로 일반 서민·농민이나 장인의 다수가 '소설 읽기'의 즐거움을 공유하는 조건이 갖추어졌음을 의미한다. 그런 와중에 데라코야에서 문자를 익힌 여성들도 대거 구사조시와 친숙해졌다. 성질이야 다르지만 '독서하는 여성'이 다수 등장한 점에서는 헤이안 시대 중기에 이어 눈부신 사건이라고 해도 좋지 않을까?

또한 유통 면에서는 크고 작은 서점 외에, 이 시기에 대본 제도가 만들어진 것이 크다. 쓰보우치 쇼요坪内逍遥가 소년 시절에 다녔던 나고야의 '다이소大惣' 같은 도서관급의 큰 서점도 있지만, 도시 지역이나 마을에서 보자기에 유행서를 몇십 권이나 싸서 짊어지고 단골손님들을 방문하던 대본업자의 모습이 눈에 띄게 되었다. 메치니코프가 말하는 인력거꾼이나 마부나 찻집의 여성이 읽었던 "손때 묻은 책"이라는 것도 대부분은 이 대본업자로부터 빌린 것이었으리라 생각된다. 그렇다면 이 시기의 서민은 도대체 어떤 식으로 책을 읽었을까? 그 광경을 출판사 연구자인 나가토모 지요지長友千代治가 방대한 교카狂歌에도시대 후기에 유행한, 풍자와 익살을 주로 한 단가와 잣파이雑俳(센류川柳 등)잣파이는 하이카이에서 나온 통속 문예의 통칭. 센류는 5·7·5의 음률로 된 단시로 풍자와 해학이 특색를 통해 생생하게 되살려주었다. 그중 아주 일부를 나가토모의 『에도시대의 서책과 독서江戸時代の書物と読書』와 『에도시대의 도서 유통江戸時代の図書流通』에서 인용해두겠다.

> 화목한 사방등을 사이에 두고 책과 바늘
>
> 에조시를 보기 위한 받침으로 삼은 솥 어깨
>
> 겐지는 몇 번 보아도 질리지 않는 서책이고
>
> 빌린 책 중 어디에 갈피를 꽂아두었던가

졸다가 본 책에는 침 흘린 자국만 있네

물론 정좌하고 읽는 것이 아니다. 뒹굴거리거나 부엌일을 하면서, 방자한 자세로, 그중에는 군기물軍記物을 탐독하는 뎃치丁稚(견습생) 등도 있었던 것 같다. 여기까지는 지금 우리의 독서 스타일과 거의 다를 바가 없다. 여하튼 무사들조차 틈만 나면 칠칠치 못하게 누워서 닌조본을 읽게 되었다고 하니까 말이다.

이어서 또 하나. 이것은『슈쇼쿠엔레이 무스메나나쿠사秋色艶麗処女七種』라는 기뵤시의 한 구절로, 두 여성이 인기 있는 책을 둘러싸고 수다를 떠는 장면을 역시 나가토모의『에도시대의 도서 유통』에서 인용한다.

> 두 여자가 마주 보고, 이야기책과 고칸 등을 어질러놓고, 비녀를 뽑아서 읽던 책 사이에 책갈피로 꽂고, 발아래에 두고,
> 오로쿠　　"오토요야, 이 책을 좀 읽어봐. 정말 귀여운 부분이나 슬픈 곳이 있을 거야."
> 오토요　　"응, 그래. 읽을거리네."
> 오로쿠　　"아아~ 호문사전好文士伝이라고 하는 다메나가為永의 신작이야."
> 오토요　　"나는 그런 책은 딱딱해서 싫어. 그거보다도 휘파람새나 매화의 봄이라든가, 얼마 전에 생긴 교쿤테이狂訓亭다메나가의 별호의 제자인 슌쇼春笑라는 작가가 쓴『슌쇼쿠모모치도리春色百千鳥』라는 닌조본 같은 게 요즘 세상 이야기가 쓰여 있어서 좋아."

13세기 초에 후지와라노 도시나리의 딸(즉, 후지와라노 사다이에의 언니나 동생)이라고 생각되는 여성이 『무메이조시無名草子』라는 책을 썼다. 거기에서는 귀족의 딸들이 『겐지 이야기』를 중심으로 『요와노네자메夜半の寝覚』 『하마마쓰추나곤 이야기浜松中納言物語』 『에이가 이야기栄華物語』 등의 이야기물에 대해 거리낌 없는 비평을 활발하게 교환했다. 그 장면, 속된 말로 된 서민판이라는 느낌이 없지는 않다.

이러한 독자층의 확대에 대응하여 산토 교덴의 『게이세이카이시주핫테傾城買四十八手』, 시키테이 산바式亭三馬의 『우키요부로浮世風呂』, 다메나가 슌스이為永春水의 『슌쇼쿠우메고요미春色梅児誉美』, 고바야시 잇사小林一茶의 『오라가하루おらが春』, 다키자와 바킨滝沢馬琴의 『난소사토미핫켄덴南総里見八犬伝』 등의 '부드러운 책'이나, 모토오리 노리나가의 『겐지 이야기 다마노오구시源氏物語玉の小櫛』, 히라타 아쓰타네平田篤胤의 『다마노미하시라靈能真柱』, 라이 산요頼山陽의 『일본 외사日本外史』, 스기타 겐파쿠杉田玄白의 『난학 입문蘭学事始』, 히라가 겐나이平賀源内의 『물류품척物流品隲』 같은 '딱딱한 책'이 속속 출판된다.

그에 따라 그 1000년 전 극소수의 상층 귀족 사이에서 시작된 독서의 습관이 에도와 교토, 오사카 등 대도시를 중심으로 이윽고 일반 서민을 포함해 일본 사회 내 모든 계층에 뿌리를 내리게 되었다. 메이지유신도, 그리고 뒤이은 문명개화도 그 배경에는 이처럼 에도시대 후기에 급속도로 두께를 더해간 독자층의 존재가 있었던 것이다.

새로운
시대로

후쿠자와 유키치의 『학문의 권장』

1867년에 다이세이호칸大政奉還1867년에 에도막부의 15대 쇼군 도쿠가와 요시노부德川慶喜가 정권을 메이지 천황에게 진상하고 이튿날 천황이 그 진상을 칙허한 것이 있었고, 이어서 이듬해인 1868년에는 원호가 '메이지'로 바뀌는 문명 개화의 물결이 밀려왔다. 그렇다고 해서 같은 곳에서 살아가는 사람들의 독서 습관까지 그것을 경계로 갑자기 일변한 것은 아니다. 그러므로 격렬한 절단이라기보다도 오히려 연속. 독서의 신시대는 전대에 시작된 출판 산업화나 독서층 확대의 흐름을 이어가는 방식으로 출발했다.

이러한 변화의 양상을 다양하게 보여주는 것이 1872년 후쿠자와 유키치의 『학문의 권장学問のすすめ』 1편의 간행이다. "하늘은 사람 위에 사람을 만들지 않았고 사람 밑에 사람을 만들지 않았다"라고는 하지만 현실적으로는 빈부나 지력의 차이 등 여러 가지 사회

적 불평등이 생겨난다. 그러한 세상을 살아가는 데에는 누구나 지리학, 물리학, 역사학, 경제학, 수신학 등 "인간 보통 일용에 가까운 실학"을 배워야 한다. 이렇게 주장하는 1편의 한 구절을 이토 마사오伊藤正雄의 현대어 번역으로 인용해둔다.

> 이 학문들을 하기 위해서는 (동양 고래의 서책은 안 되고) 항상 서양서의 번역을 읽을 필요가 있다. (무엇인가 쓸 때에도 어려운 한자 한문은 그만두고) 대체적인 것은 일본의 쉬운 가나로 때우는 것이 좋다. 그리고 전도유망한 젊은이로서 학문에 재능이 있는 사람에게는 본격적으로 서양 문자로 된 원서를 읽히는 것이 중요하다. (괄호 안은 이토의 주.)

그리고 후쿠자와는 다음과 같이 이어간다. 이 "인간 보통의 실학"이야말로,

> 적어도 사람인 이상은 상하 귀천의 구별 없이 모두가 갖추고 있어야 할 교양(원문에서는 "심득心得")이나 다름없다. 이 교양이 있어야만 비로소 사농공상 모두가 자신의 본분을 수행할 수 있다. 그에 따라 각각의 가업도 경영할 수 있고 일신일가의 독립도 할 수 있으며 나아가서는 천하 국가 전체가 진정한 독립 사회가 될 수 있는 것이다.

이 『학문의 권장』 전 17편을 완간한 것이 1876년이다. 그와 병행해서 대량의 해적판이 일본 전국에 널리 퍼졌다. 그것이 4년 후에

독서와 일본인

간행된 합본의 서문에 "가령 1편의 진본과 해적판을 합하여 22만 권이라고 한다면, 일본 인구가 3500만이므로 국민 160명 중 한 명은 반드시 이 책을 읽은 사람이다"라고 한 '해적판'이다. 각 편을 대략 20만 부로 하고, 17편으로 구성되어 있으므로 340만 부는 팔렸을 것이라고도 한다. 여기에 합본을 더한다면 아무튼 일본 출판 역사상 공전의 초베스트셀러였음은 틀림이 없다.

그렇다면 어떤 사람들이 이 『학문의 권장』을 읽었던 것일까?

아무래도 중심은 초판 간행 전해인 1871년의 폐번치현^{廃藩置県}과 산발탈도령^{散髪脱刀令}으로 수입과 자긍심을 완전히 박탈당한 무사(추정 200만 명)와 그 자제들이었을 것이다. 즉, 도쿠가와막부 성립 후 주자학으로 스스로를 개조하기 위해 '학문'에 진력하던 사람들의 후예다. 그들의 눈에는 '일신 독립하여 일국 독립한다'라는 후쿠자와의 가르침이 '수신'에서 시작하여 '치국·평천하'에 이르는 주자학의 가르침과 겹쳐서 비쳤는지도 모르겠다.

다만 실직한 사무라이(사족)들의 힘만으로 이 정도 베스트셀러가 됐다고는 생각할 수 없다. 거기에는 당연히 사농공상의 신분제도를 폐지한 신시대에 야심을 불태우던 지식층 서민(평민)이 상당수 포함되어 있을 것이다.

그리고 사족이든 평민이든 이 책의 독자는 후쿠자와의 '사민평등' 주장에 강하게 공명하는 사람들과, 그것을 입신출세의 전범(매뉴얼)으로 파악한 사람들로 크게 양분되어 있었다. 그것이 통설인 것 같은데, 그래도 중심은 역시 후자이지 않았을까? 그것은 『학문의 권장』 1편이 간행되기 전해에 나카무라 마사나오^{中村正直}의 번역으로 출간된 새뮤얼 스마일스^{Samuel Smiles}의 『서국입지편^{西國立志編}』

(구미의 성공담집스마일스의 『자조론Self Help』을 번역한 책이다) 전 8권이 같은 총계로 100만 부를 넘는 초베스트셀러가 된 것을 보더라도 분명히 알 수 있다.

그리고 또 하나 주목해야 할 것이, 이것과 같은 시기에 와시 목판본에서 와시 활자본, 그리고 그다음에 양지洋紙 활자본으로의 전환이 급속도로 진행되었다는 점이다.

막부 말기 나가사키의 모토키 쇼조本木昌造의 납활자 주조를 시작으로, 메이지 원년대부터 10년대에 걸쳐, 산업혁명기의 유럽에서 개발된 철제 인쇄기와 윤전인쇄기, 목재펄프를 이용한 제지 기술, 양식 제본술 등이 잇달아 수입되었다.

이러한 과도기의 어수선함을 체현하듯이, 당초에는 목판으로 출발했던 『학문의 권장』이 1874년 1월의 제4편부터 활판이 되었고 이듬해 6월의 제10편은 목판, 그런가 하면 다음의 제11편은 활판…… 등과 같은 양태로 어지럽게 변화해간다. 혼란은 계속 이어져 같은 해 12월에 간행된 제12편부터 1876년 8월의 제16편까지 목판, 11월의 제17편에서는 또다시 활판으로 돌아갔다. 모처럼 게이오기주쿠慶応義塾에서 최신예의 활판인쇄기를 구입한 것은 좋았지만, 기술이 미숙하고 게다가 증가하는 주문에 부리나케 대응해야 했기 때문에 모두가 적잖이 초조했던 것 같다.

그리고 이것이 1880년의 합본에서 겨우 활판인쇄로 통일된다. 다만 원래의 한자·가타카나 혼용문은 그대로였다. 지식인 대상의 가타카나가 히라가나로 변경된 것은 1898년의 지지신포샤時事新報社판 전집에서였을 것이다. 요컨대 그 저자처럼 『학문의 권장』이라는 책까지가 "한 몸으로 두 인생을 거치는"(『문명론 개략』) 기구한 운명에 맞닥뜨리게 된 것이다.

그래도 불가사의하다. 꾸불꾸불한 일본어 연속 글자에서 한 자씩 분리되어, 더욱이 한자와 가나 문자가 동일한 공간에 나란히 서는 활자본(또 하나의 생)으로의 비약을 왜 사람들은 그 정도로 원만하게 받아들일 수 있었을까?

몇 가지 이유가 생각나지만, 당시 사람들에게조차 목판에 비하면 활판이 훨씬 더 읽기 쉽게 느껴졌다. 역시 그것이 최대 이유이지 않았을까?

메치니코프는 일본어 습득 과정에서 "글자 자체를, 글자와 글자를 이어줄 뿐인 많은 엉긴 선과 소용돌이 모양으로부터 구별하는" 데에 큰 고생을 강요당했다. 그런 탓도 있고 하여, 활판인쇄가 도입됨으로써 일본의 인쇄 문자가 "외형의 명확함과 완성도를 획득하고 독서의 과정을 현저하게 용이하게" 했다고 하면서 『메이지유신 회상』에서 이 변화를 크게 환영하고 있다. 정도의 차이는 있지만 구사조시의 연면체 글자를 때로 읽기 힘들다고 느꼈던 점에서는 보통의 일본인도 동일했다. 데라코야에서 배우는 표준 서체(오이에류お家流. 에도시대의 공문서에 쓰인 서체)도 있기는 있었지만, 조금이라도 복잡한 글자가 되면 간단히 읽어내지 못했던 것 같다.

그리고 활판인쇄화는 한편으로 책의 소형화로 이어졌다. 일반인이 아니라 고급 지식인을 대상으로 하는 잡지로서 1874년에 창간된 〈메이로쿠잡지明六雜誌〉의 현물을 처음 보았을 때 예상외로 작은 것에 놀랐던 기억이 있다. 무엇보다 요즘의 '신서'를 가로로 1센티미터가량 키운 정도의 크기밖에 되지 않았기 때문이다.

반사적으로 나는 16세기 초 베네치아의 인쇄·출판인 알두스 마누티우스Aldus Pius Manutius의 사적을 생각했다. 구텐베르크의 활판인쇄술 발명으로부터 반세기 후 그는 그리스나 로마의 고전을 역시 신서 크기의 "말안장의 혁대에 들어갈" 정도의 소형본으로 간행했다. 그것이 전 유럽 지식인들의 마음을 끌어당겨 활자본이 그때까지의 양피지 사본을 대체하는 큰 계기가 되었다.

상상하건대 이와 많이 닮은 사태가 메이지 초기의 일본에도 생겨난 것이다. 모리 아리노리森有礼, 후쿠자와 유키치, 니시 아마네西周, 가토 히로유키加藤弘之, 니시무라 시게키西村茂樹, 나카무라 마사나오 등 당대 굴지의 논객들의 최신 논설을 여태까지의 목판본에서는 꿈도 꾸지 못할 작은 글자(게다가 "외형의 명확함과 완성도"를 비약적으로 증대시킨)로 빽빽이 밀어 넣은 소형 잡지. 그것을 손에 쥐고, 주로 관리나 학자나 그 병아리(서생)들로 이루어진 독자들은 자신이 조금 컸고 조금 더 새로워진 것 같은 기분을 남몰래 맛보고 있었음이 틀림없다.

새로운 머리와 오래된 몸

그렇다면 『학문의 권장』의 독자층, 넓은 의미로 '학자식 읽기'의 층과는 다른, 짓펜샤 잇쿠나 다메나가 슌스이의 구사조시를 즐기며 도회지의 '소설 읽기'를 하던 사람들은 이 변화에 어떻게 대처했을까?

예상과는 반대로 그들은 의외로 원만하게 그것을 받아들인 것처럼 보인다. 다만 그것은 어디까지나 장기적으로 보았을 때의 이야기이고, 최초의 20년 정도는 역시 나름 버둥거린 흔적이 각처에서 눈에 띄었던 듯하다. 구사조시나 고칸 등 전대의 출판물도 왕성하게 읽히고 있었고, 대본업자를 축으로 하는 대중 유통 구조도 물론 그대로 계속되고 있었다.

이 과도기의 독서 상황에 최초로 강한 빛을 비춘 것은 1960년대에 나타난 특별한 문학사학자 마에다 아이의 일련의 작업이었다. 그중 하나인 「메이지 초기의 독자상明治初年の読者像」이라는 논문에 따르면, 소설을 좋아하던 그 서민들의 독서 습관을 바꾼 직접적인 계기는 책이 아니라 신문—그것도 1872년에 창간한 〈도쿄니치니치신문東京日日新聞〉 등 한문조의 대신문(인텔리 대상)에 이어 그 후에 창간된 〈요미우리신문読売新聞〉〈히라가나삽화신문平仮名絵入新聞〉〈가나요미신문仮名読新聞〉 등의 히라가나 중심, 후리가나한자 등의 독음을 작게 적어놓은 것가 붙은 소신문(대중 대상)이었다고 한다.

그중에서도 특히 가나가키 로분仮名垣魯文, 다카바타케 란센高畠藍泉, 소메자키 노부후사染崎延房(2세 슌스이) 등의 극작가가 알기 쉬운 구어체로 쓴 연재물이 "여성 독자와 일반 대중"의 인기를 끌었다. 〈요미우리신문〉의 발행 부수가 메이지 10년대에는 2만 5000부에 달했다고 한다. 이러한 '연재물'의 인기가 그때까지 사람들에게 읽을거리를 "제공하는 회로를 독점해온 대본업자의 퇴장"을 촉진했고, 이윽고 사람들이 "매일 정량의 활자를 소화하는 습관을 체득"하는 것으로 이어졌으리라고 마에다는 추정하고 있다.

이 「메이지 원년의 독자상」이라는 논문은 1966년에 발표되었고, 같은 시기에 집필된 논문들과 합쳐서 1973년에 『일본 근대 독자

의 성립近代讀者の成立』이라는 책으로 출간되었다. 그 후 막부 말기와 유신기를 포함한 근현대의 '독자' 연구가 아카데미즘의 틀을 넘어, 널리 책의 문화에 관심을 가지는 사람들의 주목을 끄는 계기가 되기도 한 획기적인 저작이라 할 수 있다.

그리고 이 책에는 중심이 되는 주장이 또 하나 있었다. 당시의 서민이 소신문에 의해 "활자를 소화하는 습관을 체득"한 것은 거의 확실하다고 생각해도 좋을 것이다. 그러나 그렇다고 해서 그들 다수가 처음부터 활자본을 혼자서 묵독한 것은 아니다. 그 이전에 한 단계 더, 가까운 누군가 소리를 내어 책이나 신문을 읽는 것을 주위에서 듣고 있던 시기가 있었음이 틀림없다는 가설이 그것이다.

앞장의 말미에 나는 '에도시대 말기에 책을 읽는 사람들의 숫자가 비약적으로 늘어났다'라고 했다. 하지만 늘어난 게 사실이라 하더라도 거기에는 여전히 큰 격차가 있었다. 하나는 도시와 농촌의 격차. 그리고 또 하나는 남녀 간의 격차. 이것 또한 여러 설이 있어서 엄밀하게는 말하기 힘들지만, 로널드 도어Ronald Philip Dore의 『에도시대의 교육江戸時代の教育』에 따르면 유신 당시 일본인 남자의 40퍼센트 이상, 여자의 10퍼센트가 데라코야 등에서 초보적인 읽고 쓰기 교육을 받았다는 것이다. 다만 이것은 전국 평균이다. 그는 또한 다른 자료에 근거하여 같은 무렵의 남자 100명에 대해 에도에서는 여자 40명, 교토·오사카에서는 30명이 데라코야에 다니고 있었는데 도호쿠 지방에서는 불과 다섯 명밖에 없었다는 점도 지적하고 있다.

이러한 격차는 1879년에 발포된 교육령으로 전국 각지에 소학교가 급증한 후에도 그다지 급속도로 해소되지는 않았다. 마에다

독서와 일본인

아이는 『일본 근대 독자의 성립』에 수록된 「음독에서 묵독으로音読から黙読へ」에서, 예를 들면 이시카와현의 경우 이 신학제하에서 교육을 받은 최초 세대가 성년이 된 1888년, 우선 어느 정도 독서 능력을 갖춘 남성이 41퍼센트라고 기술하고 있다. 즉, 절반 이하다. 그리고 여성은 그것의 절반 정도였던 것 같다.

그래도 도쿄나 교토나 오사카 등의 대도시에 한정해서 이야기한다면 에도시대 말기에 시작되는 여성의 독서열은 그 후에도 조금씩 높아졌다. 한 예로서 마에다는 1877년의 〈독서신문〉에 실린, 오사카 혼마치에서 살던 유예遊芸를 좋아하는 16세 소녀 오토라에 관한 다음과 같은 기사를 인용하고 있다.

> (건너편 집의) 무라카미 신사이라는 사람은 신문을 너무 좋아하여 근처에 살던 외손자들에게도 항상 읽어주었는데, 오토라도 와서 듣고는 점점 더 신문에 마음이 가서, 샤미센도 관두고 무용도 중단하고, 세 종의 후리가나 신문을 주문하여 보게 되었고, 처음에는 부모님도 신문 등을 읽으면 오만해져서 나쁘다고 말렸으나, 오토라는 그 말을 듣지 않고 (…) 아버지도 결국 빠져들었고, 나아가 〈오사카일보 가쿠민신지大阪日報攪眠新誌〉 등을 주문하여 보았으므로 세상 돌아가는 것도 잘 알게 되었는데, 이는 모두 무라카미 씨 덕분이라고 기뻐하고 있다.

더불어, 도시와 농촌을 불문하고 에도시대에 서민들의 집에는 '자기 혼자의 방'이 없었다. 일부 명가에는 있었다고 하더라도 그것은 '침실寝間'이라든가 '오난도お納戸귀인의 옷가지나 도구를 넣어두는 방'라

불리는 가장家長 부부의 방에만 있을 뿐이었다. 그렇게 다나카 유코田中優子가 『미래를 위한 에도학未来のための江戸学』에서 지적하고 있다. 쇼인? 그런 것은 상당한 상급 무가에만 있었을까?

그렇다면 오토라도 그 부친도 각자의 개별 방이 아니라 같은 하나의 거실에서 가족 사이에 섞여 소신문의 연재물 읽기에 푹 빠졌고, 입헌파(〈오사카일보大阪日報〉)나 민권파(〈가쿠민신지攪眠新誌〉) 같은 대신문의 논설을 읽거나 한 것이 된다. 거기에서는 당연히 그들이 가족들을 위해 소리를 내어 신문을 읽는 등의 일도 극히 자연스럽게 이루어지고 있었을 것이다. 즉, 입을 다물고 혼자서 읽는 독서가 아니라 단란한 가족 내에서 "공동의 독서"(「음독에서 묵독으로」)라는 작은 즐거움. 신시대라고는 하지만 유신 후 오랫동안, 종래에 아이들이 할머니나 어머니를 졸라서 에조시絵草紙장마다 그림이 들어 있는 목판본 소책자를 읽어달라고 하던 책과의 관계 방식이 형태를 조금 바꾸어 그대로 계속되고 있었던 셈이다.

물론 읽는 것은 할머니나 어머니뿐이 아니다. 예를 들면 쓰보우치 쇼요의 일기에는 "오후에 세키코(아내)를 위해 히자쿠리게를 읽다"라는 기술이 종종 나온다. 그녀의 전신은 네즈根津 유곽의 창기였고, 만족스럽게 문자를 읽지 못했던 것이다. 또는 고명한 아나키스트인, 사이타마현 혼쇼의 선착장 도매상 아들이었던 이시카와 산시로石川三四郎. 그도 소년 시절에 아버지가 도쿄에서 사 온 후쿠자와 유키치의 『학문의 권장』을 형에게 읽어달라고 하고 기쁜 듯이 귀를 기울이던 광경을 훗날까지 그리운 마음으로 기억하고 있었다.

그리고 집 바깥에서도 신문종람소新聞縱覽所나 신문회화회新聞会話会

등의 시설이 각지에 출현하여, 비치해둔 신문을 단골손님이 읽기도 하고 모여든 사람들에게 마을이나 동네의 지식인이 그것을 읽어주는 행위가 일상적으로 이루어지고 있었다. 더욱이 이러한 공동의 독서는 단순히 서민 수준에서의 읽고 쓰기 능력의 부족분을 보충한다는 사회적인 필요 때문만이 아니라, 보다 적극적으로, 음독이라는 행위가 읽는 사람과 듣는 사람 쌍방에 가져다주는 즐거움과 기쁨에 의해서도 뒷받침되고 있었던 것 같다.

그 점에서 무시할 수 없는 것이 원래 사무라이였던 사람이나 중상층 서민의 집에서 이어져온 '통독'의 습관이다. 남자, 때로는 여자도, 철이 들까 말까 할 무렵부터 아버지나 할아버지 앞에 정좌하고 사서 등의 한문 서적을 반복해서 읽고 암기했다. 통독인 이상 의미나 배경 설명은 없다. 오로지 큰 소리로 텍스트를 읽을 뿐이다.

다만 단순히 고행을 강조하는 것 외에, 통독에는 이러한 획일적인 훈련에 의해 아이들이 "말의 울림과 리듬을 반복해서 복송하는" 쾌락에 눈을 뜬다는 또 다른 일면도 있었다. 이러한 환경에서 자란 청소년이 시를 음미하거나, 학교, 기숙사, 사숙 또는 결사체 모임에서 화려한 4·6병려체를 구사한 『미녀의 기구한 만남佳人之奇遇』이나 『경국미담経国美談』 등의 정치소설을 거칠고 조잡한 목소리로 낭송하고 도취하는 버릇을 몸에 익히든가 하여, 결국에는 그것이 "자유 민권의 무드를 고양하는 촉매 역할"을 하는 데까지 이른다. 좋든 나쁘든 그러한 사태도 한편으로는 생겨났던 것이라고 마에다는 「음독에서 묵독으로」에서 주장하고 있다. 확실히 그럴 것이다. 날카로운 지적이다.

음독에서 묵독으로

어머니나 할머니가 읽어주는 에조시에서 아버지나 할아버지의 통독 교육까지, 전통적인 음독 문화의 기반은 시대가 메이지로 바뀐 후에도 한동안 그대로 유지되었다.

그렇다면 이 과도기는 사실상 언제 끝났던 것인가? 바꾸어 말하면 '가정이나 지역, 학교 등의 장에서 종종 음성으로 읽는' 책과의 공통적인 교제 방식은 '책은 혼자서 묵묵히 읽는다. 자발적으로, 대개는 자신의 방에서'라는, 오늘날까지 이어지는 우리의 개인적인 독서 방식으로 어느 단계에서 어떻게 대체되었던 것일까?

아마도 1890년 전후, 메이지 20년대 중반에서 30년대에 걸쳐서 일 것이다. 아무래도 그 무렵에 변곡점이 있었다고 생각하는 점에서는 마에다 아이를 비롯한 연구자들의 의견이 대략 일치하고 있는 듯하다. 그리고 그 변곡점을 선명하게 상징하는 사건으로서 마에다가 들고 있는 것이 후타바테이 시메이二葉亭四迷의 「밀회あひびき」 번역이다.

「밀회」는 19세기 러시아 작가 이반 투르게네프의 자전적인 단편 연작 『사냥꾼의 수기』 중 한 편으로 1852년 출간되었다. 그로부터 36년이 지난 1888년에 후타바테이 시메이(당시 24세)가 번역하여 도쿠토미 소호德富蘇峰가 주재하던 잡지 〈국민의 벗国民之友〉에 발표했다. 그리고 그 400자 원고용지로 불과 20여 매의 짧은 작품이 당시 젊은 독자들에게 지금 생각하면 상상도 하지 못할 정도의 강렬한 충격을 주게 된다. 구체적으로 이야기하면 구니키다 돗포国木田独歩(17세), 시마자키 도손島崎藤村(16세), 다야마 가타이田山花袋(16세),

간바라 아리아케蒲原有明(13세), 야나기타 구니오柳田国男(13세) 등 후에 유명한 시인이나 작가가 되는 일군의 소년들이다.

그렇다면 이 세대의 감성이 예민한 소년들은 「밀회」의 무엇에 그렇게나 격렬하게 마음을 빼앗겼던 것일까? 주요한 이유는 두 가지다. 첫째, 이 작품을 특징짓는 서정적인 자연묘사다.

'좋네. 이런 문장. 나 지금까지 읽은 적이 없어.'

그런 소년들의 순진한 감동이 9년 후 후타바테이 자신에 의해 철저하게 개고될 때까지 구니키다 돗포의 『무사시노武蔵野』(1898)나 다야마 가타이의 『시골 교사田舍教師』(1909) 등의 자연주의적인 산문이나 「지쿠마가와千曲川 스케치」(1912)로 시작되는 시마자키 도손의 「사생문写生文」의 실험으로 이어지고, 나아가 그것이 일본인의 문장관을 크게 바꾸어간다. 다야마 가타이 자신도 후에 "메이지 문단에서 천연(자연)을 보는 새로운 시선은 실로 이 「밀회」 번역에 힘입은 바가 많다"(후타바테이 시메이)라고 이야기하고 있다.

게다가 청신한 자연묘사뿐이 아니다. 그들 메이지의 소년들이 이 작품으로 인해 비로소 체험한 문학적 감동이 또 하나 있다. 이 감동에 대해서는 간바라 아리아케의 흥미로운 증언이 남아 있다.

그 무렵은 아직 중학교에 막 들어갔던 때라 문학에 대한 감상력도 아주 유치했고 『미녀의 기구한 만남』 등을 소리 높여 읽던 시대였으므로 러시아 소설가 투르게네프의 번역이란 것조차 불가사의했으며, 무심코 읽어보면 교묘하게 속어를 사용한 언문일치체—아주 진귀한 문체가 귓전에서 맴돌고 끊임없이 속삭이는 느낌이 들어 형언할 수 없는 쾌감과 그리고 마음속 어디선가 그것에 반발하려고 하는 생각이 싹터왔다. 너무나 친숙하게 이야기되는 것이 까닭도 없이 싫었던 것이다. (…) 아무튼 내가 기억하는 이 한 편의 자극은 전신으로 다가왔고, 음악적이기도 하면서 또한 당시에는 독특한 것이었다.

이 수년 전부터 이미 후타바테이 시메이의 『뜬구름浮雲』이나 야마다 비묘山田美妙의 『나비蝴蝶』에 의해 신시대에 걸맞은 새로운 문장체, 즉 '언문일치체'를 향한 모색이 시작되었다. 그러나 '좋아, 이제부터 일본어 문장은 이 선으로 가자'라는 확신을 가질 수 있을 만큼의 성과는 올리지 못했다. 그런 와중에 나타난 것이 후타바테이가 번역한 「밀회」였던 것이다. 그 일본어 번역을 읽으면서 어린 나는 자신의 귓전에서 누군가 "친숙하게 끊임없이 속삭이고" 있는 것 같은 "형언할 수 없는 쾌감"에 잠겼다고 간바라는 회고하고 있다.

여기에서 속삭이고 있는 것은 작가다. 페이지를 넘기다 보면 작가가 새긴 문자가 소리가 되어 독자에게 말을 걸어온다. 거기가 포인트다. 이 소리는 이미 '공동의 독서'의 소리가 아니다. 시간적으로도 공간적으로도 멀리에 있는 작가가 나의 머릿속에서, 다른 그 누가 아니라 나 혼자 '속삭이면서' 보내오는 특수한 소리다. 그 속삭임이 너무나도 친숙하게 느껴지고 엉겁결에 쑥스러워서 "반발" 하고 싶어진다. 그만큼 은밀하고 섬세한 쾌감—아, 이런 독서, 지금까지 한 번도 체험한 적이 없어! 라는 뜻이다.

전술한 「음독에서 묵독으로」의 한 구절을 인용한 후 마에다 아이는 "독자는 타인을 끼우지 않고 고독하게 작가와 마주하며 그가 속삭이는 내밀한 이야기에 귀를 기울인다. 이와 같은 비밀 의식에 참여할 자격을 허락받은 독자야말로 '근대'의 소설 독자이지 않을까?"라고 자문해 보인다. 물론 답은 '그렇다'. 그렇게 이 시기가 되어 드디어 일본의 독서사에도,

　'음독에 의한 향유에서 묵독에 의한 향유로'

　'균일적·공동체적 독서에서 다원적·개인적 독서로'

라는 돌이킬 수 없는 변화가 생겨났고, 개인으로서의 작가와 개인으로서의 독자가 일대일의 관계에 기초한 "근대 독자"가 탄생한 것이라고 마에다는 단언했다. 그것이 1900년 전후, 메이지 20년대부터 30년대에 걸쳐서 일어났다.

　간바라 아리아케 이하의 소년들은 「밀회」 덕에 새로운 문장이 아니면 표현할 수 없는 감정, 아름다움, 미묘함, 정치한 사고의 움직임 등이 있다는 것을 깨닫고 그에 예민하게 반응했다. 이러한 문장은 독자에게 높은 집중도를 요구하기 때문에 혼자서 입을 다물고 읽을 때에 최대의 효과를 발휘한다. 그러한 독서를 한 번이라도 체험하면 『미녀의 기구한 만남』을 "소리 높여 읽던" 부류의, 종래의 '공동의 독서'가 얼마나 조잡하고 '유치한' 것이었던가를 뼈저리게 알게 된다.

　다만 1888년, 즉 메이지 21년의 단계에서는 그들과 같은 "근대 독자"는 시대의 최첨단을 가는 선택된 소수자에 불과했다. 그러나 일단 이 과정이 시작되어버리면 그다음은 일사천리. 이러한 종류의 근대 독자('책은 혼자서 묵묵히 읽는다. 자발적으로, 대개는 자신의 방에서'라는 타입의 독자)가 일본인의 다수를 차지하게 된 것이다. 실제로

10년 후에는 그 방향이 사람들의 눈에도 분명히 보였다. 이 전환기를 상징하는 것이 후타바테이 시메이가 번역한 「밀회」의 출현이라고 선뜻 이야기해도 되지 않을까?

이 견해에는 설득력이 있다고 생각한다. 이 시기, 즉 돗포의 『무사시노』나 가타이의 『시골 교사』가 출간된 무렵 그들과는 다른 장소에서, 후타바테이와 거의 동년배(세 살 아래)인 나쓰메 소세키가 『나는 고양이로소이다』(1905)와 『도련님』(1906)을 통해 등장했다는 점을 함께 고려하면 더욱더 그렇게 생각된다.

다만 그렇게 단정하기에는 아무래도 거리끼는 점이 하나 있다. 마에다는 '묵독'을 근대 독자의 특유한 독서 스타일이라고 간주하고 있는데, 만일 그렇다면 예를 들어 『사라시나 일기』는 어떻게 생각하면 좋을까. 단적으로 이야기해서, 메이지 20년대의 소년들이 「밀회」에서 맛본 '쾌감'은 그보다 900년쯤 전에 한 소녀가 『겐지 이야기』를 읽고 맛본 행복한 체험과 너무나도 많이 닮아 있지 않은가?

의무교육의 힘

마에다 아이가 「음독에서 묵독으로」를 발표한 무렵, 다마가미 다쿠야의 겐지음독론에 대항하여 사이고 노부쓰나가 독자적인 겐지묵독론을 주장했다. 이에 대해서는 이미 전술한 바 있다. 주로 구두로 전승되는 공동체의 '오래된 이야기'를 대신하여, 개인적이고 집중적인 읽기 방식이 아니면 충분히 즐길 수 없는 '새로운 이야기'가 일본에 처음으로 등장했다. 그것이야말로 『겐지 이야기』이고, 『사라시나 일기』의 작가야말로 이 새로운 겐지 독자의 대표였던 것이라는 설이다.

이 설을 인정한다면, (사실 나는 인정했는데) 묵독은 반드시 "근대 독자"만이 점유하는 독서 습관은 아니게 된다. 그럼에도 한편으로 묵독의 시작을 메이지 후반기로 보는 마에다설에 동의를 표하는 것은 모순이 아닌가? 당연히 그렇게 생각하는 사람도 있을 것이다.

자세한 설명은 생략하고 여기에서는 결론만 이야기하자면, 음독 문화를 배경으로 만들어진 시나 단문을 때와 장소에 따라, 어느 개인(예를 들어 오토모노 야카모치大半家持나 야마노우에노 오쿠라山上憶良 같은)이 소리 내지 않고 혼자서 읽는다. 그 정도는 『만요슈万葉集』 시대였던 그 옛날부터 얼마든지 있었을 것이라고 나는 생각한다. 그렇지 않은 것이 오히려 이상하다. 복수의 텍스트의 비교나 주석 달기를 수반하는 '딱딱한 책'의 '학자식 읽기'라면 더욱더 그럴 것이다.

그와 같은 이른바 내면 독서(묵독)의 흐름을 밖으로 끌어내어, 혼자서 소리 내지 않고 읽는 것이 가장 잘 어울리는 타입의 이야기를 무라사키 시키부가 처음으로 완성해, 다카스에노무스메로 대표되는 민감한 독자가 그에 재빨리 반응했다. 다만 그렇다고 해서 그것과 맞바꾸는 형태로 음독의 습관이 사라진 것은 아니다. 그게 아니라, 그러한 독서의 이중성(음독과 묵독의 공존)이 그로부터 오랜 시간 점차로 확대되면서 에도시대 말기 다양한 독자의 읽기 방식에까지 계승되었다. 「밀회」의 소년 독자들이 느낀 '감동'의 배후에도, 반드시, 이런 장기간에 걸친 묵독 체험의 축적이 있었음이 틀림없다. 대략 이 정도가 내가 상정하는 '일본인의 독서사'의 기본적인 흐름이라 할 수 있다.

그러나 말할 나위 없이 스가와라노 다카스에노무스메부터 오사카 혼마치의 오토라에 이르는 구시대의 독서와, 젊은 가타이와 아리아케로 대표되는 신시대의 독서 사이에는 단순히 연속이라는 것만으로는 끝나지 않는 큰 비약이 있다.

가장 알기 쉬운 것이 양적인 비약일 것이다. 즉, 이 시기에 일본 사회 각층에서 독서하는 사람들의 숫자가 그전까지와는 비교가 되지 않을 정도의 기세로 증가했다. 이 비약을 가능하게 한 최대 요인 중 하나가 문해율의 향상이다. 즉, 1879년에 발표된 교육령이 러일전쟁 후 메이지 말년에 드디어 열매를 맺었고, 일본인의 문해율이 90퍼센트에 점점 가까이 다가간 것이다.

쇼와 시대를 대표하는 문학자 중 한 명, 나카노 시게하루中野重治의 자전적 장편소설 『배꽃梨の花』에 이 시기 시골에서 자란 소년의 독서 양상이 생생하게 그려져 있다.

나카노는 1902년, 후쿠이현 사카이군 다카보코무라(현재 사카이시 마루오카마치)의 상층 자작농의 집에서 태어났다. 하지만 그러한 촌락에서 손꼽는 오래된 집안조차, 일가가 신앙하는 정토진종의 문장이나 경문御和讃을 제외하면, 열 살 위의 형이 애독한 〈소년세계〉 〈중학세계〉 〈모험세계〉 등의 옛 잡지나 『러일전쟁 사진 화보日露戦争写真画報』 등 "집 안에는 모두 합쳐도 30권 정도"의 책밖에 없었던 것 같다.

그 시게하루(작품에서는 료헤이良平) 소년이 마을의 초등학교에 입학한 것이 1908년이고, 이윽고 하숙하며 가나자와의 제4고등학교(현재의 가나자와대학)에 다니기 시작한 형이 신간 〈소년세계〉나 〈일본소년〉을 보내주게 되었다. 그 잡지들과 책(오시카와 슌로押川春浪의 『해저 군함海底軍艦』 등)을 질리지도 않고 반복해서 읽었기 때문에,

> "책만 보지 말고……." 어머니가 그렇게 말한 적도 있다.
> "예"라고 해놓고 역시 료헤이는 어디선가 읽는다. 이 무렵에 료헤이는 학교의 독본에, 문장 옆에 연필로 줄을 긋는 것도 익혔던 것이다.
> "검붉게 탄 삼나무 울타리의……."
> "수풀 저쪽 삼나무의……."
> 그 옆에 주욱 줄을 친다.
> "선생님한테 혼날 거야……."
> 사와다라는 옆자리 학생이 걱정스럽게 말해주었지만 료헤이에는 자신이 있었다. 들키더라도 시마다 선생은 분명히 화내지 않을 것이다. 주욱 연필을 당기면, 선을 그은 만큼, 끌어당기는 손과 함께, 거기가 한층 더 마음에 드는 것을 스스로도 잘 느끼게 되어 기분이 좋아진다.

여기에서 말하는 "독본"이란 『심상소학독본尋常小学読本』이라는 당시의 국어 교과서를 가리킨다.

국력을 증강하기 위해서는 읽고 쓰기 교육을 충실히 하고, 모든 국민이 구미인들에게 지지 않을 독서력을 지녀야 한다. 그를 위

해 1872년의 학제 발포로 초등교육이 의무화되고, 전 국민을 대상으로 '문맹 퇴치'가 시작되었다. 그러나 전술한 바와 같이 조금도 눈에 띄는 성과가 나타나지 않는다. 그래서 러일전쟁 개전 전해인 1903년에 그때까지는 검정제였던 교과서를 국정화하고, 문부성이 스스로 작성한 『심상소학독본』을 전국의 초등학교에서 일률적으로 사용하도록 했다.

그리고 그 제1기 독본이 1910년에 나왔으나 초등학교의 연한이 4년에서 6년으로 늘어나기도 하여 새로운 독본으로 바뀐다. 이해에 시게하루 소년은 3학년이 되었다. 그러므로 여기서 그가 읽고 있는 것은 제2기 『심상소학독본』인 것이다.

료헤이가 교과서에서 마음에 든 부분에 연필로 '주욱' 선을 긋는다. 대단히 인상적인 장면인데, 그가 감동한 나머지 생각지도 않고 그렇게 그어버린 것은 아니다. 어느 날 다케누키 가스이竹貫佳水의 『소년백과총서 제3편 독서법少年百科叢書 第三編 読書法』이라는 책을 읽고 있었고, "우선 비평을 하거나 선을 긋거나 해두었다면 그것이 얼마간 초록抄錄을 대신하는 것"이라는 한 줄에 부딪쳤다. 직접적으로는 어쩐지 이 한 줄이 소년의 급작스런 행동의 방아쇠가 된 듯하다.

재미있는 이야기다. 과거에 사본이나 목판본의 시대에 고안해낸 "초록"이라는 학자용 '지적 생산의 기술'이 아동교육의 장에 도입되었고, 게다가 그것이 책 자체에 직접 방선을 긋는 간편한 작업으로 대체되려 하고 있다. 옆자리 친구가 걱정한 것처럼, 옛날 데라코야의 선생이라면 처음부터 혼을 냈을 법한 대목이다. 그래도 지금은 시대가 다르다고 한 다케누키의 가르침에 고무된 소년은 자신만만하게 생각했다. 즉, '시마다 선생은 분명히 화내지 않을 거야'라고.

다케누키 가스이는 1875년생. 『선철지언면학훈先哲至言勉学訓』이나 『유년회화백번幼年絵話百番』 등의 아동용 교양서 저자로 알려져 있지만 그 외에도 도쿄 아오야마의 자택에 '다케누키 소년 도서관'이라는 작은 도서관을 설립했고, 후에 장서를 도쿄 시립 히비야도서관에 기증했으며, 그 도서관의 고문이 되어 아동관의 내실을 위해 노력했다는 독특한 실천력을 가진 인물이다. 게다가 그 이전에 대해서 살펴보면, 하쿠분칸博文館에서 〈소년세계〉와 〈중학세계〉의 편집 일을 했다고 한다. 시게하루 소년의 입장에서 보면 어린 시절부터 애독해온 잡지를 만든 사람이다. 아마도 그런 인연도 있고 해서 가스이의 가르침을 따르고자 하는 마음이었을지 모르겠다.

교과서에 꾸불꾸불 밑줄을 긋거나 메모, 감상을 여백에 써두거나 한다. 그런 난폭한 독서 방식을, 시골의 초등학교 교실에서도, 언제부턴가 너그러이 봐주게 되었다.

요컨대 과거의 필사본이나 목판본에 깃든 정신성이, 좋든 나쁘든 활판인쇄의 보급이 초래한 출판 대량화로 희석되어버렸던 것이다. 선을 그을 뿐 아니라, 시게하루 소년이 중학교에 입학할 무렵에는 그은 선을 지우는 도구, 즉 지우개까지 등장했다. 다른 사람한테서 빌린 책을 발초하는 대신에, 연필이나 지우개라는 새로운 도구를 사용하여 자신이 소유한 책의 한 면을 자신의 취향이나 필요에 맞추어 가공해버린다. 그러한 새로운 독서법과 공부법이 천천히 사회에 정착하기 시작했다. 아마도 그러했을 것이다.

다만 료헤이(시게하루 소년)는 다케누키의 독서론에 전적으로 감명을 받은 것은 아니다. 굳이 말한다면, 읽으면서 '이게 뭐야?'라고 반감을 가지는 편이 더 많았던 것 같다.

예를 들면 "잔무늬가 들어간 기모노를 입은 료헤이 정도의 아이가, 책상 위에 턱을 괴고 책을 읽고 있는" 권두화 사진이 실려 있다. 그러나 그들 도회지 지식층의 아이들과 달리 지방에 사는 "료헤이에게는 료헤이의 책상이라는 것도 없고 료헤이의 책장도 없다. 료헤이의 방도 없다". 따라서 "료헤이는 어디서든 읽는다. 더욱 많이 읽게 되고부터는 한층 더 어디서건 읽는다. 료헤이가 『독서법』에서 익힌 것은 책에 연필로 밑줄을 치는 즐거움뿐이었다".

여기에서도 알 수 있듯이 도회지와 지방의 격차는 아직 충분하게 해소되지 않았다. 남녀 간의 격차도 그러하다. 그러나 그러한 현실 한편에서는 일본인의 읽고 쓰기 능력이 이 시기에 전국 규모로 급속히 확대되었다는 것도 의심의 여지가 없는 또 하나의 사실이었다.

그것이 러일전쟁 종전 후 메이지 시대 말기.

라고 쓰면 이제 알 것이다.

메이지 33년이 1900년이므로 메이지 말년이라 하면 시대가 마침 19세기에서 20세기로 전환되는 무렵에 해당한다. 이 시기에 일본인의 독서 습관이 크게 일변하고, 대중화가 진행되는 사회를 토대로 한, '20세기 독서'라고도 할 수 있는 새로운 독서 유형이 형태를 갖추어간다. 왕인이 일본에 온 지 1500년, 『겐지 이야기』의 성립으로부터 900년이라는 오랜 시간을 거쳐, 드디어 여기에서, 지금으로 이어지는 독서의 시대가 본격적으로 시작되었던 것이다.

독서의 황금시대

20세기
독서의 시작

누구나 책을 읽는 시대로

메이지 말기의 10년 정도 기간에 일본인의 독서사에 큰 변화가 생겨났다. 그것이 마침 20세기의 시작과 겹친다. 그렇게 막을 올린 20세기가 곧 '독서의 황금시대'라고도 할 수 있는, 지극히 특수한 시대로 변모해간다. 그 발견과 놀라움이 이 책의 후반에 발을 들여놓기 위한 안내의 실마리가 될 것이다.

어떤 사회의 먼 과거에 해당하는 최전성기를 이상화하는 말. 그것이 '황금시대'다. 따라서 독서의 황금시대라고 하면 역사상 그 이전에는 없었고, (그리고 이것이 더욱 중요한데) 앞으로도 아마 없을 독서의 빛나는 최전성기라는 의미가 된다. 1938년생인 나뿐만 아니라 우리 다수가 그때부터 책을 읽기 시작했다. 지속적으로 책과 친숙해온 20세기라는 시대는 어쩐지 그런 특수하고 예외적인 시대였던 것 같다.

그렇다면, 만약 그렇다고 한다면, 도대체 무엇이 그 특수한 시대의 핵심이었을까? 과감하게 단순화하자면 독서 사회의 한복판에 '대중'이 거대한 덩어리가 되어 등장했다는 것. 그것이야말로 20세기를 독서의 황금시대로 만든 최대의 사건이지 않았을까? 나는 그렇게 생각한다.

즉, 이런 것이다.

책은 혼자서 묵묵히 읽는다. 자발적으로, 대개는 자신의 방에서.

이미 몇 번이고 이야기했듯이, 그것이 지금 우리가 보통 독서라고 부르는 행위다. 그래서 여기까지는 그러한 행위로서의 독서가 언제 일본에서 시작되었고 어떻게 확대되었는가를 중심으로 써왔다. 그러나 이야기가 근현대에 이르면 책을 읽는 우리 안에 어느새인가 또 하나 다른 의식이 생겨났다는 것을 깨닫게 된다.

나는 이 책을 혼자서, 그러나 다른 장소에 있는 미지의 타인들과 함께 읽고 있다.

라는 의식이 바로 그것이다.

책을 사든 도서관에서 빌리든 지금 우리가 생활하는 사회에서는 어느 정도 경제적 여유나 열의만 있으면 누구나 읽고 싶은 책을 자유롭게 읽을 수 있고, 실제로 읽고 있다.

그리고 그로부터 두툼한 역사서나 사상사든 그때그때의 베스트셀러든 '이 책을 읽고 있는 것은 나만이 아니다. 나 말고도 계층이나 지역이나 성별을 불문하고 적지 않은 수의 사람들이 같은 책을 읽고 있을 것'이라는 의식이 생겨난다. 이미 알고 있는 바와 같이, 역사적으로 보면 이것은 결코 당연한 것이 아니었다. 『사라시나 일기』 작가는 물론 겐코 법사도 사이카쿠도, 아마도 후쿠자와 유키치조차 확실히 그런 식으로 느낀 적은 한 번도 없지 않을까?

'혼자서 읽는다'라는 의식이 개인의 자유와 관련되어 있다면 '알지 못하는 사람과 함께 읽는다'라는 또 하나의 의식은 오랜 역사 끝에 20세기가 되어 비로소 실현된 독서의 평등화라는 국면과 대응하고 있다.

이미 이야기한 바와 같이, 이 평등화를 현실화한 요인의 첫째는 메이지 정부가 국책으로서 강력하게 추진한 문해 교육일 것이다. 그리고 둘째로, 읽고 쓰는 능력의 향상으로 가속도가 붙어 확대된 독자층이 필요로 하는 만큼의 책을 만들고(책의 대량생산), 그 책들을 그들 앞에 신속하게 배달하는 구조(전국적인 유통망)를 갖춘—즉, 오늘날까지 계속되는 자본주의적 산업으로서의 출판의 구조가, 이 시기에 놀랄 만한 기세로 충분히 마련되었다는 것.

말할 필요도 없이, 이 두 가지 요인 사이에는 밀접한 관계가 있다. 책을 읽을 줄 아는 사람의 증가에 따라 출판되는 책의 양이 증가한다는 비례관계다. 시험 삼아 아래의 통계를 보자.

1900년(메이지 33년)	21.7%	1만 8281종
1905년(메이지 38년)	10.9%	2만 7095종
1910년(메이지 43년)	4.3%	2만 2889종
1915년(다이쇼 4년)	2.2%	2만 4448종
1920년(다이쇼 9년)	1.2%	9848종
1925년(다이쇼 14년)	0.9%	1만 8028종
1930년(쇼와 5년)	0.5%	2만 2476종

가운데 숫자는 정부가 징병을 위해 실시한 '장정교육정도조사'에서 교육학자인 사이토 야스오斉藤泰雄가 인용한 것으로서, 당해에 20세인 남자 중 '독서, 산술을 알고 있는 자'의 비율을 5년 단위로 보여주고 있다.

이것을 보면 메이지 시대 말기의 10년 동안 문자를 읽을 줄 모르는 청년 남자의 숫자가 대폭적으로 줄고 있고, 나카노 시게하루가 성년이 된 다이쇼 시대가 되면 한없이 제로에 다가가고 있다는 것을 알 수 있다. 그렇다면 젊은 여성은 어땠을까? 1910년경까지 남녀의 소학교 취학률이 동일하게 90퍼센트까지 도달한 것으로 보아 '청년 여성 문맹자마저도 남자의 경우와 비교할 때 10년 정도의 지체는 있지만, 1935년경이 되면 거의 사라졌다'고 생각된다는 것이 사이토의 추측이다.

그 옆의 숫자는 시미즈 히데오清水英夫·고바야시 가즈히로小林一博의『출판업계出版業界』라는 책에 실린 '메이지 시대의 출판물 발행 종수' '다이쇼-쇼와 전기의 출판물 간행 종수'라는 연표에서 옆의 항목과 같은 시기의 종수를 역시 5년 단위로 산출한 것(저작물과 번역물을 합산). 1920년의 종수가 갑자기 대폭 줄었다. 이 책의 주기注記에 따르면 그 2년 전에, 상기한 연표의 바탕이 된 내무성(처음에는 문부성)에 납본한 통계자료에서 관청 출판물을 제외하고 통상의 상업 출판물로만 한정했기 때문인 듯하다. 즉, 일본의 출판업이 드디어 이 시기에 자본주의적 산업으로서 독립하여 국가가 굳이 출판에 관여할 필요성이 줄어든 것이다.

그리고 이 상품으로서의 책의 발행 종수는 이후에도 급상승을 계속하고, 2·26 쿠데타1936년 2월 26일부터 29일까지 황도파의 영향을 받은 육군 청년 장교들이 1483명의 하사관을 이끌고 일으킨 쿠데타 미수 사건. 이 사건의 결과 사상범보호관 찰법이 성립되었다**와 아베 사다**阿部定 **사건**여관의 하녀였던 아베 사다가 1936년 5월 18일에 도쿄시 아라카와구 오구마치의 대합실에서 성교 중에 애인을 사살하고 국부를 절단한 사건이 일어난 1936년에는 3만 1996종에 이른다. 이것이 전전·전시기(거의 20세기 전반에 해당한다)의 정점으로, 그 후 오랫동안 2만 종대를 유지한 후 태평양전쟁의 격화와 함께 눈 깜짝할 사이에 하강하여, 일본이 패전한 1945년에는 878종으로까지 줄어들었다.

그러나 그에 대해 이야기하는 것은 아직 너무 이르다. 전쟁에 의한 출판 종수의 급강하와 그 이후(20세기 후반)에 생긴 변화에 대해서는 후에 다시 언급하기로 하고, 그전에 20세기 초의 독서 환경에 생겨난 이 종류의 격변이 그 무엇도 일본에 한정된 것이 아니라 세계적인, 엄밀히 말하면 구미권의 반 정도에서 병행하여 생겨난 현상이기도 한 점에 주목해두는 것이 나을 것이다.

우선 첫 번째로 문해율인데, 프랑스의 역사인구학자 에마뉘엘 토드Emmanuel Todd에 따르면 유럽에서는 1900년이 되면 여성을 포함하여 인구의 90퍼센트 이상이 문자를 읽을 수 있게 되었다고 한다. 따라서 그 시기가 일본과 앞서거니 뒤서거니 했다. 다만 이것은 독일, 스칸디나비아, 스코틀랜드, 네덜란드, 잉글랜드 동북 및 남부, 프랑스 동부 등의 선진 지역에 한정된 것이고, 같은 유럽이라도 포르투갈이나 스페인 등의 지중해 지방, 이탈리아 남부 등에서는 겨우 50퍼센트, 지역에 따라서는 25퍼센트 이하인 지역도 있었다고 한다.

그렇다면 미국은 어땠을까? 이탈리아의 경제사가 카를로 치폴라Carlo Maria Cipolla에 따르면 같은 1900년, 합중국에서도 백인과 비백인을 합쳐 인구의 약 90퍼센트가 유럽의 선진 지역 정도로 문자를 읽을 수 있게 되었다. 문해율에 있어서는 일본도 구미 선진권도 거의 같은 수준으로 20세기를 맞이한 것이다.

다만 두 번째 요인, 출판의 근대산업화는 구미 지역이 상당히 앞서 있었다. 이에 대해서는 주로 저명한 서적사가 로제 샤르티에의 연구에 의거하고 있는데, 예를 들어 그의 모국 프랑스에서는 1830년대에 증기기관 인쇄기, 연속 용지 공급기, 공업용 제본 프레스기 등이 잇달아 등장했고, 구텐베르크에서 시작된 전통적인 인쇄 기술을 눈 깜짝할 사이에 근대 공업화했다.

그와 동시에, 그때까지는 서점이나 인쇄업과 일체였던 출판사가 철도와 우편 시스템의 보급 덕택에 독립 업종으로서의 면을 강화했고, 그 흐름이 19세기 후반에 맹렬한 속도로 진행되었다. 그 결과 1850년대에 1만 2000종 정도의 연간 간행 종수가 19세기 말에는 1만 5000종에 이르렀고, 그에 따라 인쇄 부수도 50년 사이에 네 배까지 증가했다. 그리고 그 서적 시장의 확대를 밑바닥에서 뒷받침한 것은 다름 아닌 아이와 여성과 민중이라는 "새로운 서책 소비자 계급"의 출현이었다고 샤르티에는 『독서의 문화사』라는 저서에서 설명하고 있다.

> 학교(이것뿐만이 아니고)는 프랑스인에게 읽고 쓰기를 가르치고, 도시와 농촌 간에 과거부터 존재해온 격차를 좁히고, 읽는 것을 거의 보편적인 능력으로 만들었던 것이다.
> 아이와 여성과 민중, 19세기 상상력의 기초를 이루는 이 3자는 쾌락 또는 교양, 기분 전환 또는 공부를 위해 읽기를 바라는 새

　　　　　　　　　　　　　독서와 일본인

로운 서책 소비자 계급을 확실히 상징하고 있다. 그들의 기대와 희망은 제2제정기 출판업계의 전면적 재편에 의해 충족되었다.

제2제정은 1852년에 루이 나폴레옹의 쿠데타에서 시작되어 1870년에 끝났다. 즉, 일본의 막부 말기 및 유신기와 그대로 중첩되는 시기다. 전술한 것처럼 출판 근대화의 핵이 되는 대량 인쇄 기술이 프랑스에 정착한 것이 제2제정 이전인 1830년대. 그에 비해 일본이 같은 단계에 도달한 것은 유신 후인 1870년대부터 1880년대에 걸쳐서다. 그러므로 프랑스와 비교하면 반세기 가깝게 뒤처졌다는 계산이 된다. 다만 오랜 역사 안에서 그 정도의 지체는 지체라고 할 수 없다고 생각할 수 있다. 실제로 샤르티에가 말하는 "새로운 서책 소비자 계급"의 등장을 포함하여 20세기가 시작될 무렵 일본인의 독서 환경은 구미 선진국과 족히 어깨를 견줄 정도로까지 이르렀기 때문이다.

그렇다면 어떻게 그렇게 재빨리 이루어낼 수 있었을까? 말할 필요도 없이 이미 일본에서는 17세기에 시작된 목판본 출판의 상업화가 18세기 말에는 성숙의 극치에 이르고, '딱딱한 책'과 '부드러운 책'을 불문하고 사회 곳곳마다 일상적으로 독서하는 사람들의 두꺼운 층이 형태를 갖추어갔기 때문이다. 요컨대 목판인쇄에서 시작되었든 활판인쇄술의 발명이 계기가 되었든, 수백 년의 시간이 지나 결국 사람들의 독서가 같은 지점에 봉착하게 된 것이다.

독서의 황금시대라고 하더라도 일본만 그랬던 것이 아니다. 유럽이나 미국에서도 동일한 시기에 황금시대를 맞고 있었다. 아니,

오히려 구미 중심의 세계에서 본격적으로 시작되고 있던 독서의
황금시대로서의 20세기에 일본도 뒤늦게 참가하게 되었다고 하는
것이 더 정확한 표현이리라 생각한다.

백만(국민) 잡지의 등장

1923년 9월 1일, 도쿄를 중심으로 한 관동 지방을 거대 지진이 급
습하여, 겨우 자립의 길에 들어서기 시작한 일본의 출판 산업이 심
대한 피해를 입었다. 그러나 그 막대한 피해 회복은 예상을 훨씬
뛰어넘어 신속하게 이루어졌다. 대지진에 뒤이은 4년 동안 아래의
세 가지 사건이 연이어 발생했고, 그에 견인되어 하마터면 좌절할
뻔했던 출판 산업의 자본주의적 재편이 다시 시작되었다.

① 대지진 이듬해인 1924년에 고단샤講談社가 대중 종합지 〈킹キ
ング〉을 창간. 모든 국민을 독자 대상으로 하는 '백만 잡지'가 탄
생한다.

② 1926년, 가이조샤改造社가 『현대일본문학전집現代日本文学全集』
63권의 배본을 개시. 타사도 이를 따르게 되면서 전국적인 '엔
본円本 붐'이 시작되었다.

③ 1927년, 그때까지 소수의 사람들이 점유해온 인류의 지적 자
산을 염가의 소형본으로 대중에 보급한다는 이상을 내걸고 이
와나미문고岩波文庫가 발족한다.

그리하여 '백만 잡지'와 '엔본'과 '문고'라는 신종 출판 형태가 한꺼번에 출현함으로써 일본인의 독서 환경이 송두리째 변화한다. 일본의 독서 역사에서 유수의 대사건이라고 해도 과언이 아니다. 우선 ①의 백만 잡지에 관해서 살펴보기 전에 파악해두어야 할 것이 하나 있다. 〈킹〉의 성공에 앞서, 메이지 30년대부터 다이쇼 시대(1890~1920년대 중반)에 걸쳐 잡지 미디어가 눈부시게 대두했었다는 점이다.

메이지 초기가 '신문의 시대'였다는 것은 이미 전술했다. 그다음이 바로 이 '잡지의 시대'이고, 그것을 뒤에서 밀어주는 형태로 '서적의 시대'가 찾아온다. 다만 만일을 위해서 첨언해두는데, 이것 또한 일본에서만 볼 수 있는 특수한 현상은 아니었다. 로제 샤르티에에 따르면 19세기의 프랑스에서도 '신문 → 잡지 → 서적'이라는 단계를 밟아 생산이나 유통의 근대화가 진행되었다고 하고, 미국에서도 똑같은 현상이 일어났다고 한다.

이 '잡지의 시대'를 일본에서 선도한 것이 하쿠분칸의 대중 종합잡지 〈다이요太陽〉다. 청일전쟁 중에 간행된 클럽 잡지 〈청일전쟁실기日清戦争実記〉로 성공한 하쿠분칸이 "구미 국가들에 지지 않는 종합잡지를!"이라는 캐치프레이즈로 대대적으로 팔아 눈부신 성공을 거두었다. 그로부터 3년 사이에 창간된 잡지 중 주요한 것을, 샤르티에가 19세기에 출현한 "새로운 서책 소비자 계급"이라고 규정한 "아이와 여성과 민중"으로 분류하여 열거해보면 다음과 같다.

▲ 어린이
〈소년세계少年世界〉〈소녀세계少女世界〉〈중학세계中学世界〉〈문장

세계文章世界〉〈포켓ポケット〉〈소년소녀담해少年少女譚海〉(이상 하쿠
분칸),〈일본소년日本少年〉〈소녀의 벗少女の友〉(이상 지쓰교노니혼샤
実業之日本社),〈소년구락부少年倶楽部〉〈소녀구락부少女倶楽部〉(이상
고단샤)

▲ 여성
〈부인화보婦人画報〉(긴지가호샤近事画報社),〈부인의 벗婦人之友〉(후진
노토모샤婦人之友社),〈부녀계婦女界〉(도분칸同文館),〈청탑青鞜〉(세이토
샤青鞜社),〈부인공론婦人公論〉(주오코론샤中央公論社),〈주부의 벗主婦
之友〉(슈후노토모샤主婦之友社),〈부인구락부婦人倶楽部〉(고단샤) 등

▲ 민중
〈다이요〉〈문예구락부文芸倶楽部〉〈모험잡지冒険雑誌〉〈신청년新
青年〉(이상 하쿠분칸),〈주오코론中央公論〉(주오코론샤),〈강담구락
부講談倶楽部〉〈킹〉(이상 고단샤),〈키네마준포キネマ旬報〉(구로카메샤
黒甕社),〈분게이슌주文藝春秋〉(슌요도春陽堂 발매) 등

　소수의 예외는 있지만 이 잡지들의 다수가 대량출판·대량판매
를 전제로 하는 대중잡지로 발간되었다. 지식층을 대상으로 〈주오
코론〉〈가이조改造〉 등의 딱딱한 종합지도 있었지만 중심은 역시
대중을 대상으로 하는 것이었다. 그리고 이 대중 지향의 큰 바람을
타고 선행 잡지인 〈다이요〉를 추월하여 모든 잡지의 독자들을 한
꺼번에 모두 묶어버리고자 했던 고단샤가 새로운 대중 종합지를
창간했다. 그것이 〈킹〉이다. 내로라하는 '모든 잡지의 왕'이다, 라

고 과감하게 대대적으로 내세웠던 것이다.

여기에서 '백만'은 잡지의 발행 부수를 가리킬 뿐만 아니라 동시에 '전 국민'이라는 의미도 함께 가지고 있었다. 이 일본 최초의 '백만(국민) 잡지'에 대해서는 사토 다쿠미佐藤卓己의 『〈킹〉의 시대〈キング〉の時代』나 나가미네 시게토시의 「초기 〈킹〉의 독자층初期〈キング〉の読者層」 등의 연구가 있다. 그에 따르면 1924년 11월 창간에 즈음하여 고단샤는 〈도쿄니치니치신문〉(후의 〈마이니치신문毎日新聞〉)에 아래의 문구를 포함해 "억지스러울"(사토) 정도로 단단히 마음먹고 선언문을 게재했다.

> 천하 만민 모두가 똑같이(一列一帯), 연령·직업·계급의 구별 없이 전원 생활자에게나 도시 생활자에게나 태양 빛이 필요 불가결하듯이, 어떤 일이 있어도 없어서는 안 될 정신적 위안을 주고 그에 따라 탁월하게 솟아오르는 흥국적 기분을 분발하게 하는 민중 잡지, 달리 말하면 적어도 일본어가 통하는 곳은 집집마다 국기를 갖추고 있듯이 반드시 갖추어두어야 한다.

물론 〈도쿄니치니치신문〉뿐만이 아니다. 발족한 지 얼마 되지 않은 광고 회사인 덴쓰電通와 함께 창간 1개월 전부터 전국의 유력지에 1페이지 전면 광고를 연달아 내고, 그것을 중심으로 포스터, 전단지, 우편 광고, 대형 팸플릿, 전보, 판매점 앞의 깃발, 불꽃, 종국에는 목욕탕의 포스터에서 가두의 광고쟁이(진돈야チンドン屋북을 울리거나 나발을 불며 사람들의 시선을 끌어 상품이나 가게를 선전하는 청부 광고업)에 이르기까지, 스스로 '미국형'이라고 칭하는 대규모 선전 캠페인을 전개했다.

선전도 그만큼 대대적이었고 잡지의 내용도 잡다할 정도로 아주 많았다. '재미있고 도움이 된다'라는 기치 아래 새 강담講談 일본 전통 예능의 하나. 주로 역사 관련 이야기를 관중에게 읽어준다이나 신작 라쿠고落語, 그것들을 압도하는 인기를 모으기 시작했던 대중 문예, 그리고 동화, 수양 강좌, 종교론, 전기, 정국이나 경제 논설, 의식주를 비롯한 가사 기술, 예의범절, 미용 기사 등이 두꺼운 잡지 안에 가득 채워져 있었다.

그리하여 만전의 태세를 갖추고 초판 50만 부에서 시작한 창간호는 증쇄를 거듭하여 74만 부를 팔았고, 농민이나 노동자에서 여성·청년단원까지, 어린이와 학생도 포함하여 모든 사회계층에 눈 깜짝할 사이에 침투해갔다. 비즈니스적으로는 특히 "피라미드로 치면 정상 아래에서 조금 올라간 곳을 노렸다"라고 한 어느 편집부원의 증언을 인용하여 나가미네 시게토시가 애독자들로부터 날아온 투서를 몇 통인가 소개하고 있다.

> * 온종일 덜컹덜컹 흔들리고 흔들리다가 집에 돌아오면 10시가 다 된 시각. 피곤해서 픽 쓰러지기 일쑤이지만, 잠자기 전 한 시간 정도, 아름다운 〈킹〉을 손에 들고 조용히 탐독하는 것이 나에게 유일한 위로입니다.(버스 여차장)
> * 뭐라고 해야 할 재미일까? 그 이래로 〈킹〉의 애독자가 되어 매호를 기다리고 기다려 사면, 내가 즐길 뿐만 아니라 어머니와 동생들에게도 읽어주고 있습니다. 덕분에 지금까지 쓸쓸했던 농가의 밤이 너무나 즐거워졌습니다.(농민)

이와 같은 기층 독자들의 호응 덕택에 〈킹〉의 발행 부수는

1926년에 90만 부, 1928년에는 140만 부로 비약적인 증가세를 보였다. 그리고 이 20세기 초 일본에 대거 출현한 잡지를 읽는 대중, 즉 "쾌락 또는 교양, 기분 전환 또는 공부를 위해 읽는다"라고 샤르티에가 말한 "새로운 서책 소비자 계급"을 타깃으로 삼아 이번에는 잡지가 아니라 서적 분야에서 새로운 타입의 대량 출판이 시도되었다. 그것이 ②의 '엔본'의 등장이다.

엔본 붐

갑자기 '엔본'이라고 하면 이제는 잘 모르는 사람이 많을 것이다. 조금은 설명해둘 필요가 있을 듯하다. 쇼와 시대 초기에 간행된 균일한 1엔 전집본, 그것이 엔본이다. 공무원이나 큰 회사 샐러리맨의 초임이 75엔이던 시대에, 통상 장편소설 세 권이 담긴 박스를 불과 1엔이라는 저가로 구입할 수 있었다. 그로부터 이 이름이 생겨났다.

1926년 연말, 붐의 선구가 된 『현대일본문학전집』을 발족했을 때, 발행처인 가이조샤는 당시 조간 8페이지, 석간 4페이지가 보통이던 신문에 2페이지에 걸친 전면 대광고를 연달아 게재했다. 그 광고 카피의 일부를 우선 읽어보자.

좋은 책을 싼 값에 읽게 한다! 이 표어 아래 우리 회사는 출판계의 대혁명을 단행하여 특권계급의 예술을 전 민중 앞에 해방시켰다.

한 집에 한 부씩! (…) 우리 회사가 우리 나라에 전례 없던 '100만 부 출간'이라는 장대한 계획을 단행하여 전국 각 집의 애독을 기대하는 까닭이다.

일본 제일의 자랑! 메이지·다이쇼의 문호를 한 사람도 남기지 않고 그들의 대표작을 모은 이 사업은 현대 제일의 경이로운 일이다. 그리고 한 권당 1200매 이상의 명작집을 단 1엔으로 읽을 수 있는 것은 현대 일본 최대의 경이이다.

그때까지 소수자가 독점하고 있던 책을 상식에서 벗어난 저가로, "전 민중"에게 해방시킨다. 이 기회를 놓치지 않고 반드시 집집마다 한 세트의 대전집을…….

누구나가 "응?" 하고 놀라지 않을까? 그렇다. 이 선전 방식, 2년 전 〈킹〉을 창간할 때와 너무나도 닮았다.

그뿐이 아니라 예약 구독의 마감일을 미리 정하고 그날까지 수주일 전부터 조간·석간 관계없이 계속 광고를 실어 독자의 구독을 더욱더 부채질하는 작전도 같고, 그것을 중심으로 덴쓰와 함께 포스터, 팸플릿, 입간판, 큰 현수막 등을 사용하여 대대적인 선전 캠페인을 전개한 것도 꼭 같다. 요컨대 백만 잡지를 가능하게 한 '미국형' 선전 방식을 과감하게 모방했던 것이다. 이 두 마리째의 미꾸라지 작전은 멋지게 들어맞았고, 예약 신청이 출간일까지 40만 세트를 가볍게 넘어섰다.

이 가이조샤판 『현대일본문학전집』을 시작으로 이듬해인 1929년부터 2년간만 한정해서 보더라도 『세계문학전집世界文学全集』(신초샤新潮社), 『세계대사상전집世界大思想全集』(슌주샤春秋社), 『일본명저전집

日本名著全集』(고분샤興文社), 『현대대중문학전집現代大衆文学全集』(헤이본샤平凡社), 『근대극전집近代劇全集』(다이이치쇼보第一書房), 『세계희곡전집世界戯曲全集』(긴다이샤近代社), 『일본아동문고日本児童文庫』(아르스ァルス), 『소학생전집小学生全集』(고분샤, 분게이슌주샤文芸春秋社), 『메이지다이쇼문학전집明治大正文学全集』(슌요도), 『세계미술전집世界美術全集』(헤이본샤), 『메이지문화전집明治文化全集』(니혼효론샤日本評論社), 『강담전집講談全集』(고단샤), 『마르크스·엥겔스 전집マルクス・エンゲルス全集』(가이조샤) 등의 전집을 각 출판사가 경쟁적으로 출간함으로써 방대한 양의 엔본이 시장에 넘쳐나는 미증유의 대소동이 휘몰아쳤다.

이 엔본 독자들 중에 아직 중학생이었던 마루야마 마사오丸山真男가 있었다. 왜 엔본이 이렇게까지 붐을 일으켰을까? 그런 말을 들어도 "아무래도 그것은 '제국 신민'의 변질과 대중사회화 현상의 개화와 관련되어 있을 것 같다 (…) 라는 정도의 어설픈 대답밖에 할 수 없"지만, 그러나 자신에게는 분명히 "주변을 통해 실감할 수 있었다"고 마루야마는 후에 이렇게 적고 있다.

이러한 문학 전집이 새롭게 배본되면서 학교 휴식 시간에도 "너 그거 벌써 읽었어?"라는 대화가 오고 갔다. 즉, 엔본 유행의 파문은 중학생에게까지 미쳐 소설을 일상의 화제로 삼는 일이 민망하기는커녕 오히려 '이번 달 배본'을 모르는 것이 무언가 지적인 유행에서 뒤떨어진 것 같은 분위기가 생겨난 것이다. 또는 그것은 대도회지의 중학교에 한정된 경우일지는 몰라도, 특별히 학생으로 이야기를 한정하지 않더라도, 일본이나 세계 유명 작가의 이름 혹은 유명한 작품의 제목 정도는 읽었는지 여부와

관계없이 알고 있는 게 일반적으로 '세상의 상식'이 된 것은 뭐니 뭐니 해도 엔본 시대 이후라고 생각된다.(「나의 중학교 시절과 문학わたしの中学時代と文学」)

엔본 붐으로 인해 알지도 못하는 타인과 같은 책을 함께 읽고 기초적인 교양(마루야마가 말하는 "세상의 상식")을 익힌다는 새로운 습관이 전국 규모로 정착하기 시작했다고 마루야마는 말한다. 그렇다면 실제로는 어떠했을까?

1987년 사망한 마에다 아이의 뒤를 이어, 근대 일본 독자 연구를 더욱 실증적으로 심화시킨 연구자로 앞에서 언급한 나가미네 시게토시가 있다.

〈킹〉의 경우가 그랬던 것처럼 엔본 붐에 대해서도 나가미네는 그 실상을 제대로 파악하기 위해 작가와 출판사 등 '책을 만드는' 측이 아니라 그들이 만든 책을 '읽는' 사람 측부터 강한 조명을 비춰 보였다. 유신 후 일본이 반세기에 걸쳐 활자화하고 축적해온 대량의 지적 자산을 엔본이 '대중 지향의 예약 염가판 전집'이라는 형태로 새롭게 편집하여 '전국의 여러 계층' 사람들에게 제공했다. 그것은 분명한 사실이지만, '다만'이라는 단서를 붙여 그는 1990년에 발표한 「엔본 붐과 독자円本ブームと読者」라는 논문에서 대략 다음과 같은 주장을 했다.

보다 정확하게 이야기하면, 이 엔본의 이상은 '붐 시기'와 '붐 종료 후'라는 두 단계를 거쳐 겨우 달성되었던 것이다. 아무리 저가라 해도 쇼와 대불황 상태에서 가난한 농민이나 노동자를 포함한 일본인 모두가 '1엔이라는 금액을 매월 정기적으로 서책 구입에 지출하는 예약 구매'라는 출판 방식에 적응할 수 있던 것은 아니다. 그 결과 창간 당초 '붐 시기'에는 '월정액 1엔을 어떻게 해서든 지출할 수 있을 정도의 현금 수입이 보장된 사람'—즉, 도시에서 급증한 지적 중간층, 샐러리맨이나 교원 또는 학생이 독자의 중심을 차지하게 되었다.

그러나 1930년을 경계로 엔본 붐이 급속도로 그 기세를 상실했다. 그 결과 팔다 남은 방대한 재고가 덤핑 책방을 통해 고서점이나 노점 등의 2차 시장으로 흘러가 10전에서 30전 정도의 싸구려 가격으로 판매되는 사태를 초래하고 말았다. 그리고 역설적이게도 '붐 종료 후'의 철저한 가격 파괴로 인해 '경제적으로 여유가 없는 계층의 사람들도 쉽게 살 수 있다'라는 최초의 이상이 드디어 현실이 되었다.

이러한 엔본 붐의 의외의 형편을 꼼꼼히 추적한 끝에 나가미네는 그 논문을 다음과 같이 끝맺고 있다.

> (이러한 단계로 전개된) 엔본 붐을 경험함으로써 일본 사회의 독서 풍경은 급변했다. 엔본 붐 이전에 일상의 독서 재료로 존재하던 것은 신문·잡지를 제외하면 강담본뿐이었다. 그러나 엔본 붐 이후에는 동서고금의 문학 사상과 관련된 양질의 거대한 저장품이 각 계층의 바로 곁에 대량으로 축적되었다. 사람들의 독서 환경은 현격히 향상되었다. (…) 엔본이라는 이름의 독서 혁명으로 초래된 것은, 강담을 대신하여 『부활』『레미제라블』이 마을의 술집 여성이나 온천 여관 여급의 일상적인 읽을거리가 된 독서 세계였다.

붐이 예상보다 일찍 끝나버렸기 때문에 각 출판사는 다대한 손해를 입었다. 그 '책을 만드는' 측에서는 끝났다고밖에 생각할 수 없는 붐이, 의외로, '책을 읽는' 측에게는 거꾸로 일상적인 독서 습관이 대중 규모로 시작됨을 의미하게 되었다.

윗글에서 언급된 "마을의 술집 여성"이나 "온천 여관 여급"이 실제로 있었는지 여부는 조금 미심쩍기는 하다. 그러나 그때까지 독서로부터 먼 곳에 있던 사람들 중 상당 부분이 엔본 붐과 그 후의 가격 파괴를 거치면서 책을 스스로 소유해서 읽는 즐거움에 눈떴고, 그것이 20세기라는 독서의 황금시대의 도래를 저변에서부터 지탱하게 되었다. 이 판단에는 충분한 설득력이 있다고 생각한다. 후에 다시 설명하겠지만, 엔본이 출현한 지 15년 후에 태어난 사람(나를 가리킴)도 그렇게 실감하고 있다.

문고의 힘

같은 시기, 이렇게 형성된 새로운 독서 시장에 또 하나의 큰 사건이 발생했다. 이와나미문고로 시작되는 ③의 '문고 붐'이다.

문고가 기획되기 14년 전인 1913년에 이와나미쇼텐岩波書店이 설립되었고, 이듬해인 1914년 나쓰메 소세키의 『마음』을 시작으로 실질적인 출판 활동을 시작했다. 그에 이은 아베 지로阿部次郎의 『산타로의 일기三太郎の日記』, 구라타 햐쿠조倉田百三의 『출가와 그 제자出家とその弟子』 『사랑과 인식의 출발愛と認識との出発』, 니시다 기타로西

田幾太郎의『자각에 있어서 직관과 반성自覚に於ける直観と反省』, 와쓰지 데쓰로和辻哲郎의『고사 순례古寺巡礼』, 나카 간스케中勘助의『은수저銀の匙』,『쾨버Raphael von Koeber 박사 소품집ケーベル博士小品集』등의 단행본과『이와나미 강좌 철학岩波講座哲学』을 위시한 강좌류, 잡지〈사상思想〉등의 간행을 통해 관학 아카데미즘을 배경으로 하는 '다이쇼 교양주의'의 중심 출판사로서 명망을 일거에 높였다.

그리고 이 신흥 출판사가 엔본 붐이 꺼져가는 와중에, 같은 독자층을 대상으로 하는 '문고'라는 소형 저가본으로 건곤일척의 대승부에 도전했다. 그때 사용된 선전용 문서가「모든 독자들에게 부친다」다. 한 세기 후인 지금도 문고의 최종 페이지에 게재되어 있으므로 본 적 있는 사람이 많을 것이다.

진리는 만인이 구하는 것을 스스로 원하고, 예술은 만인에게 사랑받는 것을 스스로 바란다. 과거에는 백성을 우매하게 만들기 위해 학예가 가장 좁은 부류의 사람들에게만 폐쇄된 적이 있었다. 지금은 지식과 미를 특권계급의 독점으로부터 탈환하는 것이 진취적인 민중의 절실하고 지속적인 요구다. 이와나미문고는 그 요구에 대응하고, 그로부터 격려를 받아 태어났다. 이것은 생명이 있는 불후의 책을 몇 안 되는 서재와 연구실로부터 해방시켜, 거리거리마다 빠짐없이 세워서 민중과 큰 대오를 짓게 할 것이다.

지금이라면 '대중'이라든가 '국민'이라고 할 만한 곳에 "민중"이라는 말이 사용되고 있다. 이미 살펴본 바와 같이 고단샤의〈킹〉은 "민중 잡지"였고, 가이조샤의『현대일본문학전집』도 '좋은 책을 전 민중에게 해방시킨다'라고 장담했다. 그것이 더욱 과격해져서 드디어 '진취적인 민중이 지식과 미를 특권계급의 독점으로부터 탈환한다'가 되어버렸다.

그렇다면 왜 그들은 한결같이 '민중'이라는 말을 사용했던 것일까? 더 말할 필요도 없다. 그것이 이 시대, 즉 다이쇼 데모크라시(민본주의) 시대의 분위기가 낳은 유행어였기 때문이다.

일반인들을 연령이나 성별, 지역이나 계층을 불문하고 '국민'도 '대중'도 아닌 '민중'이라 부르자, 그것이 그들 안에 잠재해 있던 지적 열망에 불을 붙였다. 그리고 그 새로운 민중의 손이 닿는 장소에, 책이라는 도구를 사용하여, 국내외 '순문학'을 비롯해 그때까지 소수의 엘리트가 독점해온 철학과 과학과 미술 등의 고급문화를 끌어냈다. 그것이 올바른 것이라는 시대의 분위기를 이와나미쇼텐도 강하게 공유하고 있는 것이다. 다만 비즈니스의 방식은 엔본 판매방식과는 다르다. 「모든 독자들에게 부친다」에서 또 인용하면,

> 요즘 대량생산·예약출판의 유행을 보고 있다. 그 광고 선전의 광태는 잠시 접어두더라도, 후대에 남기겠다고 과장하는 전집이 그 편집에 만전을 기하고 있을까? 옛 고전을 번역할 때 경건한 태도를 빠뜨리고 있지는 않은가? 그리고 낱권 판매를 허락하지 않고 독자가 꼼짝없이 수십 권을 강제로 사게 하는 것이 과연 그들이 제언하는 학예 해방의 이유가 될 수 있는가? 우리는 천하 명사의 소리에 맞추어, 이것을 추천하기를 주저하고 있다.

요컨대 '좋은 책을 전 민중에게 해방시킨다'라고 하지만 돈을 벌

려는 저의가 너무나 눈에 띈다는 엔본 비판이다. 자사가 간행하는 책을, 비록 '딱딱한 책'이더라도, 매월 간행되는 잡지처럼 대량으로 안정적으로 팔고 싶다. 그래서 '분매'를 하지 않고 사전에 '예약 출판'하여 전량 구입을 독자에게 강요한다. 그것이 엔본 판매방식인데, 우리는 그러한 고식적인 방법은 쓰지 않는다. 갖고 싶은 책을 한 권 한 권 누구나 저렴한 정가로 자유롭게 골라 구입할 수 있도록 한다. 이것은 바로 그러한 선언인 것이다.

그러나 아무리 타사와는 다르고 '옛 고전'에 대한 '경건한 태도'를 올바르게 관철한다고 해도 이와나미쇼텐 또한 도서관과 같은 공공 기관이 아니라 자본주의적 사기업이므로 돈 버는 것에 대한 관심을 그리 간단하게 버릴 리 없다.

사실 20세기도 이 근처까지 오면, 일본에 선행하여 구미 세계에서도 책이나 잡지의 분명한 상품화가 눈에 띄게 두드러진다.

출판의 근대화를 추진해온 엔진은 이윤의 추구. 그리고 일단 기동한 엔진을 멈추지 않기 위해서는 오로지 매상을 지속적으로 늘리는 길밖에 없다. 20세기 초, 그 방향으로 가장 힘차게 내달린 것이 미국의 출판계다. 그리고 일본의 백만 잡지나 엔본도 그들이 선행적으로 만들어낸 대량생산·대량선전·대량판매, 즉 '미국형' 비즈니스 모델을 통째로 도입함으로써 눈부신 성공을 거둘 수 있었다.

이와나미쇼텐이 본보기로 선택한 것은 신흥국가 미국이 아니라 오래된 유럽, 구체적으로는 독일의 레클람^{Reclam} 문고다.

19세기 후반에 발족한 이 문고는 국내외 고전을 간소한 소형본으로 만들어 계속 간행하는 방식으로 눈부신 성공을 거두었다. 이

레클람 방식을 이와나미문고가 그대로 답습하여, 제1회 배본으로서 31종의 고전(『신쿤만요슈新訓万葉集』, 플라톤에서 바쇼芭蕉, 지카마쓰近松, 칸트, 도스토옙스키까지)과 근대 일본 문학의 명작(『도손 시초藤村詩抄』『오층탑五重塔』『탁류 / 키 재기にごりえ・たけくらべ』『병상 육척病状六尺』 등)을 일거에 출간했다. 그것이 1927년 중반이었다.

그리고 이 대담한 작전이 주효하여, 고전이나 근대 고전(19세기 이후의 명작)을 호주머니에 들어가는 크기의 저렴한 소형본으로 시장에 내보낸다는 문고판 출판의 모델이 확립되었다. 그 후에 크게 사이를 두지 않고 금방 가이조문고, 슌요도문고, 신초문고 등의 대형 및 준대형 출판사가 뒤를 이었고, 그와 병행하여 센신샤대중문고先進社大衆文庫, 붓쿄문고仏教文庫, 가미노쿠니문고神の国文庫, 반유문고万有文庫, 슌요도소년문고春陽堂少年文庫 등 다종다양한 문고가 줄지어 등장했다. 그 어수선함은 선행했던 엔본 붐의 경우와 거의 다를 바가 없었다. 즉, 문고 붐의 도래다.

이와나미문고 발족 시에 독자로부터 온 '감사장과 격려문'이 이와나미쇼텐에 쇄도했다. 그 한 예로서 출판 저널리스트인 야마자키 야스오山崎安雄가 『이와나미문고 이야기岩波文庫物語』라는 책에서 이 편지를 소개하고 있다.

> 소위 한 푼 가진 것 없는 농민에게도 세상 사람들과 같은 지식욕이 싹트고 있다. 독일의 레클람이라고 하는 것이 일본에도 있었으면 하는 바람은 나만의, 가난한 우리들만의 바람은 아닐 것이다. 이와나미문고 만세다. 우리들은 가난한 지갑으로 귀 문고를 지지하겠다. 잘해주세요.(동북 지방의 농민 보냄)

엔본이든 문고든 누워 뒹굴면서 편안히 읽을 수 있는 '부드러운 책'은 아니다. 내용은 국내외 고전이나 근대 고전을 중심으로 하는, 굳이 말하자면 '딱딱한 책'이다. 그것이 맹렬한 기세로 팔렸다. '책에서 멀어지고 있는' 지금 생각하면 믿기 어려운 기분도 들지만, 도시와 농촌을 불문하고 이 시기, 샤르티에가 말한 '교양'이나 '공부'를 위해 읽겠다는 욕구가 많은 일본인들 사이에서, 조금 과장해서 이야기하면 폭발 직전까지 고양되었던 것이다.

그리고 이러한 욕구의 고양에 호응해 책이라는 오랜 역사를 지닌 미디어의 철저한 상품화가 진행되어 불과 수년 사이에, 오늘날까지 계속되는 대량생산·대량선전·대량판매라는 자본주의적 산업으로서의 출판의 기본이, 순식간에 그 형태가 만들어졌다. 앞에서 '일본 출판 역사상 유수의 대사건'이라고 썼던 이유다. 정말 진심으로 놀랄 만한 시대였던 것이다.

우리의
독서법

촛불에서 전등으로

다이쇼 시대에서 쇼와 시대에 걸쳐, '딱딱한 책'과 '부드러운 책'을 불문하고, 낮에도 밤에도 일상적으로 책을 읽는 것이 계층을 넘어 일본인의 생활 습관이 되었다. 어쩌면 그리될 것이라고 예측했던 방향이 선명히 보이기 시작했다.

이 변화를 단적으로 보여주는 것이 백만 잡지와 엔본(염가판 전집)과 문고라는 새로운 출판 형태의 출현이었는데, 그뿐만 아니라 같은 시기에 사람들의 독서와 직접 관련된 몇 가지 변화가 병행해서 일어났다. 그중에서 가장 큰 것이 일반 가정에 전등이 보급된 것이다.

문명개화 이전, 어두운 밤에 책을 읽으려면 촛불이나 등롱(사방등)에 의존할 수밖에 없었다. 그러다가 메이지 시대가 되어 석유램프가 들어온다. 그러한 시대에 독서를 시작한 젊은이 중 한 사람으로 미키 기요시三木清가 있다. 쇼와 시대 전반기를 대표하는 신세대 사상가로서 이와나미문고의 「모든 독자들에게 부친다」의 숨은 작가이기도 했다. 1897년, 효고현 이보군 히라이무라(지금의 다쓰노시)의 반농반상(쌀가게)의 집에서 태어났다고 하므로 나카노 시게하루보다 다섯 살 위다.

나카노의 생가와 마찬가지로 그가 자란 집에도 책은 없었고, 소학교 6학년 때에 마을의 의사집 아들이 〈일본소년〉을 보여주기 전에는 세상에 잡지라는 것이 있는지조차 몰랐다고 한다. 그런 소년이 이윽고 중학교 3학년이 되어 선생이나 친구들의 영향을 받아드디어 책을 읽게 되었다.

> 겨울밤, 고타쓰炬燵숯불이나 전기 등의 열원 위에 틀이나 테이블을 놓고 그 위에 이불을 덮은 난방 기구 안에 발을 넣고, 컴컴한 램프 빛 아래에서 어머니의 의심을 받아가며 밤을 새워 (도쿠토미 로카德富蘆花의)『추억의 기록思出の記録』을 탐독한 적이 있는데, 소설이라는 것을 처음 읽은 것이다.

이『추억의 기록』을 시초로 모리 오가이, 시마자키 도손, 기타하라 하쿠슈北原白秋 등의 일본 문학부터 투르게네프나 오스카 와일드 등의 번역본, 야마지 아이잔山路愛山과 도쿠토미 소호의 역사서까지, "중학교 시절의 후반은 나의 혼돈스러운 다독 시대였다"라고 후에 미키는 「독서편력読書遍歴」이라는 수필에서 회고하고 있다. 그리고 당시에는 5년제였던 중학교를 졸업하고 상경하여, 구제일고旧制一高현재의 도쿄대학 교양학부, 지바대학 의학부 및 약학부의 전신인 구제도하의 고등학교를 가리킨다에서 기숙사 생활을 시작한다. 그것이 바로 구라타 햐쿠조의 『사랑과 인식의 출발』이나 아베 지로의 『산타로의 일기』가 인기를 모아 다이쇼 교양주의의 파동이 크게 확산되어가던 시기에 해당한다.

> 지금 내가 직접 경험한 범위 내에서 당시 일본의 사상계를 회고해보면 우선 모험적이고 적극적인 시대가 있고, (…) 다음으로 그 반동으로서 내성적이고 회고적인 시기가 나타났으며, 그리고 그러한 공기 안에서 '교양'이라는 관념이 우리 나라의 인텔리겐치아 사이에 나타났던 것이다. 그러므로 이 교양의 관념은 그 유래로 보면 문학적 내지 철학적이었고, (…) 의식적으로 정치적인 것을 외면적인 것으로 취급하여 제외하고 배척했다고 할 수 있을 것이다. (…) 아베 지로의 『산타로의 일기』가 그 대표적인 선구로, 나도 기숙사에서 소등 후 촛불 빛 아래에서 탐독한 적이 있다.

'교양'이라는 것은 독일어의 '빌둥Bildung(인간 형성)'을 번역한 말로서, 그 당시에 스스로 독서를 통해 인간으로서의 품위(인격)를 내면으로부터 고양하고 균형 잡힌 이해력을 익히는 것을 의미했다. 미키가 기숙사에서 읽었다고 하는 『산타로의 일기』에 이런 구절이 있어서 대강 요약해둔다.

"내게는 나의 '개성'이 있다. 그 개성으로서의 내게는 일본인이라는 '민족적 특질을 초월하여 세계의 모든 타 민족'과 공통되는 '세계인'으로서의 면이 있다. '석가나 그리스도나 공자나, 소크라

테스나 세네카나 셰익스피어, 루소나 괴테' 등 시간적으로나 공간적으로나 아주 먼 곳에 있는 '천재'들의 저작을 접함으로써 일본인의 내면에 있는 세계인으로서의 나를 각성하고, 시공을 초월한 '보편적인 인간'으로서의 풍요로운 인격을 만들어가자."

여기에서도 알 수 있듯이 다이쇼 교양주의의 요체는 열렬한 독서 장려 운동이었기 때문에 그 열기에 휩쓸린 구제 고교생들이 기숙사나 하숙집에 파묻혀 국내외 고전을 맹렬한 기세로 읽기 시작했다. "단테의 『신곡』이나 괴테의 『파우스트』 등 어려워서 알기 힘든 것도 많았지만 여하튼 열심히 읽었다"라고 미키도 「독서편력」에 썼다.

서양의 명저를 읽고 진정으로 독립한 개인이 되자. 그렇게 정면에서 젊은이에게 호소한 점에서 다이쇼 교양주의의 독서론에는 후쿠자와 유키치의 『학문의 권장』의 다이쇼·쇼와판이라고도 할 수 있는 경향이 있었다.

다만 아베는 '개인'이 아니라 '개성'이라고 했다. 개인은 사회적인 개념이기 때문에 자칫하면 자기 혼자만의 방 안에 사회나 국가를 끌어넣어버린다. 아마도 그렇게 되는 것을 기피하여, 독서와 내적 성찰에 의한 '자기 연마'의 길을 추천한 것일 터이다. 미키도 넌지시 암시하듯이 그의 마음 저변에는 적어도 정치적인 것, 특히 같은 시기에 영향력을 증대시키고 있던, 사회적 실천에 무게를 두는 사회주의나 마르크스주의에 대한 반발심이 숨어 있었던 것이다.

다만 이러한 사상이나 정신 면과는 별도로, 지금 다시 '독서와 일본인'이라는 관점에서, 중학생 시절 석유램프와 촛불의 어슴푸레한 빛 아래서 독서를 시작한 시골 소년이 불과 수년 후에는 상경을 해 눈부신 백열전구 아래서 책을 읽게 되었다. 그 독서 환경에 생겨난 이른바 물질 면에서의 변화가 너무나 빨랐다.

도쿄, 나고야, 오사카 등 대도시권의 전기 보급은 20세기 초에 이미 시작되었다. 다만 중심이 된 것은 여전히 석유램프였고, 도쿄의 경우에는 1920년경, 관동대지진 직전이 되어서야 겨우 시내 전역에 집집마다 전등이 켜진다. 물론 그때까지도 고등학교와 같은 공적인 장소의 전기 보급은 나름대로 진척이 되어 있었다. 다만 사용 시간에 제한이 있었기 때문에 미키처럼 가난한 학생은 밤늦게까지 책이 읽고 싶어지면 옛날같이 촛불에 의존할 수밖에 없었다.

그리고 이 전등의 보급과 관련하여 같은 시기의 대도시권에서도 주목할 만한 하나의 변화가 나타났다. 특수한 계층이 아닌 보통 사람들의 집에 '서재'가 출현한 것이다.

대지진 이후 도쿄 교외에서, 관서 지방에서는 한신阪神오사카와 고베를 의미한다 지역에서 택지 개발이 진행되면서 6조 크기의 양실에 복수의 화실을 조합한 화양和洋 절충의 소주택이 눈에 띄게 늘어났다. 당시의 말로는 '문화주택'이다. 거주자의 중심은, 일본 경제의 축이 농업에서 공업으로 옮겨 감에 따라 고향 마을과 동네를 떠나 아주 최근에 화이트칼라 사무원이 된 사람들이다. 그들에 의해 이 나라에 새로운 사회의 중견이 될 고학력(대학이나 구제 고교, 고등전문학교 출신)의 중산계급이 처음으로 형성되었다. 이것이 일본 근대사의 정설이다.

하지만 '고학력'이나 '지적 중간층'이라 하더라도 그 실태는, 부모로부터 물려받은 자산이나 농촌의 공동체적 생활 유지 시스템에 더는 의존하지 않되, 수입은 아직 부족해서 있는 것이라곤 다소의 학력과 왕성한 성취욕뿐인 신참 도시 주민에 지나지 않았다. 그런 사람들이 결혼해서 가정을 꾸리고 이리저리 돈을 마련하여 교외의 신개발지에 신식의 판매용 주택(문화주택)을 사든가 많은 경우 그것을 빌리든가 했다.

이러한 자가의 화양 절충 중 '양'의 부문, 문화주택의 현관 옆에 있는 작은 양식 방이 앞에서 이야기한 서재다. 학생 시절에 익숙했던 교양주의의 영향도 있고, 이 사람들에게는 차분히 독서에 몰두할 수 있는 '자기 혼자만의 방'에 대한 동경심이 있었다. 이것이 그들을 '서재가 있는 집'인 문화주택으로 유인했던 것이다. 보다 정확하게 이야기하면 서재 겸 응접실이다. 과거 무로마치시대 귀족들의 쇼인이 종종 모임 공간의 기능을 함께 하고 있었던 것과 같다.

말할 필요도 없이 이 새로운 서재에는 전등이 밝게 켜져 있었다. 그래도 전등만으로는 부족하다. 서재라고 하려면 그 외에도 서양풍의 책상이나 의자 등 그들의 쾌적한 독서를 뒷받침하는 새로운 가구가 필요해진다. 특히 책장. 출판사 연구자인 시바노 교코柴野京子에 따르면 책등이 보이는 방식으로 장서를 세로로 세워두는 서양식의 책장이 일반 가정까지 보급된 것이 전등이 보급된 시기와 같은 다이쇼 시대였다. 예를 들면 도쿄 교외에 있는 신혼 가정의 경우 다이쇼 시대 말기 곧 와지로今和次郎가 수행한 고현학考現学 조사에 따르면,

현관 앞의 서재 공간에 조립식이라 생각되는 책장 하나, 침실의 옷장 둘 곳에 한 칸짜리 책장과 '주인이 학생 시절에 사용했던 책장을 이용한 찻장'이 있다. 마지막에 이야기한 찻장은 문이

독서와 일본인

달린 가구이지만 다른 것은 죄다 조립식과 같은 오픈장이다. 동시대에 제작된 메이커의 양산품이 확인되는 것을 봐도, 이 무렵의 일반적인 중류 가정에는 책장이 보급되었다고 여겨진다.(『책장과 평대書棚と平台』)

    만일 이보다 몇 년 후에 조사를 했더라면 이 "양산품"의 책장에는, 반드시, 가난한 가계를 쪼개서 샀던 엔본 전집이나 문고판 등 '양산품'이 놓여 있었을 것이다. 아니, 그 정도를 넘어 책장 그 자체도, 가이조샤의 『현대일본문학전집』과 같이, 전권 예약자에게 출판사가 사은품으로 배포한 것이었을지 모른다.

    귀족과 무가와 대농민·대상인에서 승려와 학자까지, 종래에 일본에서 자기 집에 대량의 책을 가지고 있는 것은 지극히 좁은 계층의 사람들에게 한정되어 있었다.

    이 점유 상태에 균열이 생겨나 신흥 중산계급을 필두로 하는 일반 서민, 이른바 '소시민'이 역사상 처음으로 자택의 책장에 수십 권 수백 권씩 책을 소유하는 즐거움을 맛보게 되었다. 하지만 사는 집도 전등도 책장도 거기에 꽂혀 있는 책도 대부분이 염가의 양산품—즉, 20세기의 대량생산과 대량 소비 혁명의 산물이다. 기탄없이 말해버리자면, 우리의 독서사가 한 세기 전에 체험한 큰 변화는 실은 이러한 특수한 성질을 띠고 있었다는 것이다.

책장이 있는 집

오랜 꿈을 실현한 소시민들은 기대했던 대로 자신의 서재에서 많은 명저와 차분히 교분을 나눌 수 있었을까?

동기야 어떻든 유감스럽게도 그들의 서재 생활의 꿈은 의외로 일찍 시들어버린 것 같다. 무엇보다 일이 바빴고, 읽기보다는 겨우 손에 넣은 새로운 생활과 그 미래를 보증해줄 문화적인 누름돌로서의 장서, 그런 상징적인 의미가 더 강했다. 현실적으로 1929년에 신주쿠 오쿠보의 기업 샐러리맨의 아들로 태어난 작가 가가 오토히코加賀乙彦도 자서전에서 유소년 시절의 독서에 대해 이렇게 이야기하고 있다.

> 읽을거리로는 야마나가 미네타로山中峯太郎를 좋아했다. 그 외에 미나미요 이치로南陽一郎, 운노 주자海野十三, 다카가키 히토미高垣眸를 들 수 있는데 이 작가들은 소학교에 들어가고 나서 좋아했다. (…) 그 무렵에는 모두 루비ルビ일본어 문장에서 한자 옆이나 위에 다는 덧말 또는 읽는 방법가 달려 있었으므로 어린이들도 잘 읽을 수 있었다. 아버지의 취미로 당시 유행했던 신초샤의 『세계문학전집』, 가이조샤의 『현대일본문학전집』, 다이이치쇼보의 『근대극전집』 등 이른바 엔본 전집이 응접실에 장식되어 있었는데, 아무리 봐도 장식해두었을 뿐 읽은 흔적이 없다. 책장에서 책을 꺼내 읽어보면 책장이 들러붙어 있기도 해서 '안 읽었구나' 하고 웃었다. 4학년 여름방학에는 세계문학전집에 들어 있던 『몬테크리스토 백작』 등의 장편에도 도전했다.

나는 가가 오토히코보다 열 살 정도 아래인데, 같은 신주쿠에서 자랐다. 말하고 보니 패전 후 타고 남은 문화주택이나 그 모조품 같은 집에 살던 내 친구들의 아버지(왕년의 젊은 고학력의 지적 중간층)들도 그다지 책을 읽는 것 같지는 않았다. 우리 아버지도 비슷했다. 하지만 과연 그뿐이었을까, 라고 묻는다면 반드시 단언할 수는 없었다. 왜일까? 그들의 서재에는 동시에 또 다른 사건이 천천히 진행되고 있었기 때문이다.

구체적으로 이야기하면, 비록 자신은 읽지 않더라도 그들의 장서는 아들이나 딸, 나아가 손자 대에까지 계승되었고, 그 결과 가가같이 '여하튼 책이 있는 가정'에서 자란 아이들의 숫자가 비약적으로 증가하고 있었다. 실제로 가가보다도 한 세대 위의 사람들(예를 들면 마루야마 마사오)부터 우리 바로 다음에 오는 단카이 세대까지의 사람들 다수가 여러 장소에서, 어린 시절 자택이나 남의 집 책장에 있던 엔본 전집이나 문고판으로부터 자신의 독서 역사를 시작한 경험에 대해 뜨겁게 이야기하고 있다. 바로 그런 것이다. 경품으로 받은 책장에 공허하게 장식되어 있던 엔본이나 문고판에도 미래로 이어지는 문화 자산으로서의 힘이 굳건히 깃들어 있었다.

여기서 생각나는 것이 가이조샤의 야마모토 사네히코山本実彦와 이와나미쇼텐의 이와나미 시게오岩波茂雄 등이다. 거기에 고단샤의 노마 세이지野間清治를 더한 이 시대 출판계의 리더들이 왕성한 비즈니스 의욕의 한쪽에 순진할 정도로 강렬한 교육 욕구를 공유하고 있었던 점이다.

노마도 이와나미도 출판업을 시작하기 이전에는 중학교나 여학교 교사를 했었다. 그 덕도 있는지 그들은 "국내외의 고전을 읽고

스스로의 품격을 고양한다"라는 교양주의적 독서의 이념에 공명하고, 한 걸음 더 나아가 그런 독서 습관을 "몇 안 되는 서재와 연구실" 등의 "좁은 부류의 사람들"(「독서인에게 부쳐讀書者に寄す」)에서 보다 넓은 세계로 해방시키고자 생각하기에 이르렀다. 즉, 엘리트적인 교양주의의 민중화·대중화다. 그를 위해서도 일본의 가정 집집에 동서고금의 고전이나 명작의 처소를 만들자. 바꾸어 말하면 충분히 신뢰할 수 있는 '가정 도서관'의 실현—그것이야말로 우리가 제공하는 엔본 전집이나 문고가 진정으로 지향하는 목표라고 생각했다.

아니, 그들만이 아니었다. 기타하라 하쿠슈가 관여한 『일본아동문고』와 기쿠치 간菊地寬이 기획한 『소학생전집』이 과열된 엔본 붐안에서 전설적인 이전투구를 벌였다. 이때에도 전자가 신문광고에서 '모범적 아동도서관의 출현'이라고 호언한 것에 대해 후자가 바로 '아동용의 일대 도서관'이라 대응하고 있다. 가정 도서관의 이미지가 엔본 판매 때 수행한 역할의 규모뿐 아니라 지금 막 발흥하고 있는 자본주의적 출판 산업의 기개라고 하는 것까지, 이러한 응수에서 생생하게 전해져 오고 있지 않은가?

결국 책장의 책들은 단순히 아버지의 장서였을 뿐만 아니라 처음부터 세대나 시간을 넘어 살아남을 수 있도록 구성된 가정 도서관이기도 했던 것이다. 그리고 사실 대지진 후 1920년대부터 1930년대에 걸쳐, 지천에 깔려 있는 가정의 장서라는 형태로, 일본 사회에 방대한 책의 "양질의 거대 저장소"(나가미네)가 조용히 축적되어갔다.

더욱이 이 시기에 잊을 수 없는 또 하나의 큰 사건이 있었다. 말하지 않아도 다 아는 관동대지진이다. 그로 인해 이 지역에 축적된 방대한 양의 목판본이나 활자본이 맥없이 사라졌다.

산시로나쓰메 소세키의 장편소설 제목이면서 동시에 그 소설 주인공의 이름가 이용하던 도쿄제국대학 부속 도서관도 전소되었고, 구막부로부터 물려받은 귀중한 역사 자료를 포함한 일본 최대의 장서(약 76만 권) 대부분이 한꺼번에 망실되었다. 도쿄시의 크고 작은 시립 도서관도 열두 개가 모두 소실되었고, 전 장서의 50퍼센트가 재로 변했다. 그 외에 개인이나 모든 시설의 장서를 합쳐서, 앞에서 '유신 후의 일본이 반세기에 걸쳐 축적해왔다'라고 했던 '대량의 지적 자산' 다수가 흔적도 없이 사라져버렸던 것이다.

전쟁이나 독재정치나 대화재나 자연재해로 인해 대량의 책이 파괴됐다. 그것을 가리키는 '리브리사이드libricide'라는 신조어가 있다. 말할 것도 없이 대량 살육을 의미하는 '제노사이드'를 패러디한 것이다.

대지진 후 이 '책의 대량 살육'에 맞서 몇 가지의 시도가 이루어졌다. 그중에서 유명한 것이 1927년부터 1930년에 걸쳐 니혼효론샤에서 출간한 『메이지문화전집』이라는 전 34권의 엔본 전집이다. 요시노 사쿠조吉野作造, 오사타케 다케키尾佐竹猛, 미야타케 가이코쓰宮武外骨, 이시이 겐도石井研堂 등이 '메이지문화연구회'라는 실행 단체를 조직하여 다음에 올지도 모를 위기에 대비해 타다 남은 메이지 시대의 역사 자료를 수집·분류했고, 그것을 엔본의 대량생산 방식으로 집성해두고자 온 힘을 쏟았다.

나카무라 구사타오中村草田男가 "내리는 눈과 메이지는 멀어지고 있다"라고 한 유명한 구절이 있다. 그것이 바로 이 시기의 작품이다. 이 구절에서도 알 수 있듯이 다이쇼 교양주의에 엔본·문고 붐이 겹쳐진 쇼와 초기는, 대지진을 계기로 '메이지'라는 근과거가 비로소 역사화되고, 사람들이 의식적으로 멀어지는 시대의 지적 산물을 보존하기 시작한 시기이기도 했다. 하나는 그러한 시대의 공기가 주변에 농후하게 깔려 있었기 때문에 보통의 서민들까지 무의식중에 저장소로서 책이 지닌 힘에 이끌려 갔던 것이다.

그리고 그 과정과 병행하여 사회 각층에서, 독서를 건전한 생활을 어지럽히는 악덕의 일종이라 간주하던 종래의 관습이 그 힘을 상실해갔다. 도시뿐 아니라 농촌에서도 무조건 독서를 금했던 니노미야 긴지로의 친척 아저씨나, '책만 읽어서 어쩌냐'라고 꾸짖던 나카노 시게하루와 미키 기요시의 모친들 같은 사람들의 숫자가 줄고, 그를 대신하여 '우리의 인생에서 독서라는 것은 기본적으로 좋은 습관이다'라고 생각하는 새로운 상식이 사회에 뿌리내리기 시작했다. '20세기 독서'의 기본이 되었고 지금도 아직 무언가 살아남아 있는 것이 이 새로운 상식인 것이다.

일용 노동자의 독서

그렇다면 지적 중간층 이외에 국민의 대다수를 차지하는 저학력의 대중은 날마다 어떤 독서 생활을 보내고 있었을까? 그 실태를 알고 싶은데 적절한 자료가 보이지 않는다. 그때 알게 된 야마구치 데루오미山口輝臣가 편집한 『일기로 읽는 근대 일본 3—다이쇼日記に読む近代日本3 大正』라는 책에서 만난 것이, 도쿄시 사회국이 1928년에서 이듬해까지 출간한 『일용 노동자의 일기日雇労働者の日記』라는 보고서였다.

다이쇼 시대의 일본에서는 학력 엘리트뿐 아니라 많은 젊은이들이 궁핍해진 농촌을 버리고 도회지로 떠났다. 하지만 대지진 전후로 단속적인 불황이 계속되었고, 안정된 직장을 얻지 못한 젊은이들은 어쩔 도리 없이 하루살이 육체노동자로 일할 수밖에 없었다. 그래서 이 젊은이들을 포함한 자유노동자(지금식으로 말하면 프리터, 일용 노동자를 의미)의 생활을 실태에 따라 조사해두고자 도쿄시 사회국이 어느 한 주간을 택해 시내의 노동자 숙소와 싸구려 여인숙에 살고 있는 270명의 사람들에게 일기를 쓰게 하여 두 권의 소책자로 묶었다. 그것이 이 『일용 노동자의 일기』다.

그 실물을 국립국회도서관의 '근대 디지털 라이브러리'에서 읽을 수 있다는 것을 알고 얼른 들어가보았다. 기대했던 대로 독서에 관한 기술을 많이 발견했다. 그 일부를 아래에서 짧게 인용해둔다. 오탈자는 그대로 둔다. 괄호 안의 숫자는 기술자의 연령이다.

① 오늘 오후 무료해서 『소설 미쓰히데 여행 일지小説光秀旅日誌』를 읽었다. (…) 노부나가를 살해한 것을 제외한 다른 점 미쓰히데는 우리의 모범이 된다고 생각한다.(40세)
② 오늘도 변함없이 나가서 일을 했다. (…) 부근 공장의 기적이 운다. 잠시 쉰다. 저녁 무렵의 태양이 새빨갛게 되어 아름답다. 귀가한다. 기쿠치 간의 작품을 탐독하다 잔다.(21세)
③ 오전 10시경부터 히토쓰바시의 도서관에 가서 이와노 씨의 『지구는 흐림地球は曇る』을 읽다. 그다지 대단한 책이 아니었다.

역시 기쿠치나 구메의 작품이 우리에게는 더 재미있게 느껴진다.(33세)

④ 맑음. 결원이 모두 보충되어 허탕을 치다. 우에노에서 아동생활박람회를 보다. 아사쿠사도서관에서 종일 독서를 했다. (…) 아침부터 구름, 오후부터 비가 내렸다. 나쓰메 소세키 전집을 읽다.(30세)

⑤ 밤에는 11시까지 독서를 하며 보냈다. 이런 생활을 하면서도 책을 펼 수 있는 것은 실로 우리의 행복이다. 좋은 책을 통해 얻는 지식은 그 사람의 장래를 지배한다고 해도 과언이 아닐 것이다. 노동 생활, 특히 자유노동의 생활을 하고 있으면 자연스레 책과 멀어지기 쉽다. 사실 격심한 하루 노동을 마치고 집에 돌아오면 자는 것 외에 다른 생각이 나지 않는다. 어떤 계급이든 모두 독서라고 하는 것은 필요하다고 생각한다.(26세)

⑥ 3시경 귀가. 숙소의 목욕탕에서 피로를 풀고, 저녁 식사 후에 시립 주와中和도서관에 갔다. 혼마 히사오本間久夫가 저술한 문학개론을 읽다. (…) 얼마 전 구입한 〈가이조〉(1927년 9월 호)를 읽다. 아쿠타가와 류노스케의 추도문을 읽고 묘하게 흥분했다.(19세)

아주 놀랐다. 모두가 내가 어렴풋이 생각하고 있던 이상으로 책 읽기를 좋아했던 것 같다. 게다가 읽고 있는 것이 모두 신간이고, 딱딱한 것에서 부드러운 것까지 매우 다양하다.

①의 『소설 미쓰히데 여행 일지』는 아마도 『장편강담 미쓰히데 기행 일기長編講談光秀旅日記』(하쿠분칸, 1920)를 잘못 표기한 것인 듯

독서와 일본인

하다. 메이지 초기의 산유테이 엔초三遊亭円朝의 「강담속기講談速記」
에서 시작되어 이 무렵에도 아직 '쓰는 강담書き講談'이나 '신강담'
등 여러 가지 타입의 강담본(유명한 다치카와문고立川文庫를 포함)이 대
중 독서의 중심에서 인기를 모으고 있었다. 그 독자가 문득 적어둔
보기 드문 메모가 있다.

　하지만 그 한편으로 신문이나 잡지를 읽는 사람들의 층이 확산
됨에 따라 새로운 타입의 대중용 읽을거리에 대한 광범위한 기대
가 생겨났다. 그래서 등장한 것이 시라이 교지白井喬二의『후지에 선
그림자富士に立つ影』, 오사라기 지로의『아코로시赤穂浪士』, 요시카와
에이지吉川英治의『나루토 비첩鳴門秘帖』, 나오키 산주고直木三十五의
『아다우치조루리자카仇討浄瑠璃坂』, 구니에다 시로国枝史郎의『쓰타
카즈라키소노카케하시蔦葛木曽栈』, 노무라 고도野村胡堂의『미남 사
냥美男狩』, 하야시 후보林不忘의『신판 오오카 정담新版大岡政談』등과
오카모토 기도岡本綺堂의『한시치 체포록半七捕物帳』, 나카자토 가이
잔中里介山의『대보살 고개大菩薩峠』까지 포함하여 그 다수가 무명이
든가 무명에 가까운 작가들이 집필한 시대소설의 걸작군이다.

　그리고 1927년, 이 신작가들을 결집하여 헤이본샤에서『현대대
중문학전집』이라는 엔본 전집이 출간되었다. 전 60권. 1권 시라이
교지집은 초판이 33만 부가 팔리는 대성공을 거두었다. 이어지는
권들도 잘 팔려서 그것을 계기로 '대중문학'이라는 새 명칭(시라이
의 명명이라고 여겨지고 있다)이 널리 사회에 정착했고 오늘날까지 이
어지는 대중문학의 역사가 시작되었다.

　다만 현재와는 달리 이 단계의 '대중문학'이라는 말은 주로 오
래된 강담본을 대신할 만한 새로운 시대소설을 의미했다. 그러므

로 기쿠치 간의 초베스트셀러『진주부인真珠夫人』과 같은 연애소설이나 현대소설은 이 헤이본샤 간행 전집에는 수록되어 있지 않다. 그것들은 '통속소설'이라는 또 다른 명칭으로 불렸다. ②의 필자가 '탐독'했다고 하는 기쿠치 간의 작품도, 읽어나가다 보면 말 그대로 그『진주부인』이었다는 것을 알 수 있다. 그 필자는 21세. 그에 비해『소설 미쓰히데 여행 일지』를 읽은 ①의 필자는 그 두 배인 40세. 독자의 기호는 이 시기에 빠른 속도로 변화하고 있었음이 분명한 듯하다.

③의『지구는 흐림』은 작가가 "이와노 씨"라고 되어 있는데, 이것은 대역 사건으로 살해된 오이시 세이노스케大石誠之助의 친구로서 목사였던 오키노 이와사부로沖野岩三郎의 오류.『지구는 흐림』은 부산의 일본어학교 교사로 부임한 일본인 청년 이야기인데, 같은 현대소설이라고는 하지만 기쿠치 간이나 구메 마사오의 연애소설에 비하면 너무 수수해서 별다른 감이 오지 않았다고 한다.

그다음으로 ④의 나쓰메 소세키 전집은『나는 고양이로소이다』『도련님』『풀베개』외에 주로 중·단편과 수필을 수록한 작품집으로, 그 전해에 가이조샤판『현대일본문학전집』의 제19편으로 막 간행된 참이었다.

전술한 야마구치 데루오미에 따르면 같은 도쿄시 사회국이 수년 전에 실시한 조사에서는 "남성 자유노동자의 대다수는 적어도 의무교육(당시는 소학교까지)만은 받았고, 그 이상의 학력을 가진 자도 10퍼센트 이상"이었다고 한다. ⑤의 필자는 아마도 그 "10퍼센트 이상"에 속해 있었던 것 같다. 이 구절을 인용하여 "독서를 통한 자기 형성이라는 다이쇼 교양주의적 생각은 싸구려 여인숙에까지 일부 뿌리내리고 있었다"라고 야마구치는 지적하고 있다. 나도 같은 인상을 받았다.

⑥의 필자도 "10퍼센트 이상"의 일원이었을지 모른다. 혼마 히사오는 와세다 계통의 연구자로서 윌리엄 모리스를 소개한 사람으로 알려져 있었다. 아쿠타가와 류노스케는 같은 해 7월 24일에 사망. 일기의 날짜는 11월 4일이므로 2개월 이상의 간격이 있다. 그가 사온 〈가이조〉는 아마도 헌책이었을 것이다.

그러나 불가사의하다. 일기에 따르면 그들은 이 책들을 주로 도서관에서 빌려서 읽은 것 같다. 하지만 한 세기 전의 일이다. 그 무렵 일본의 도서관 서비스가 노동 숙박소나 싸구려 여인숙의 주민들이 거리낌 없이 이용할 수 있을 정도로 개방된 시스템이 갖춰져 있었을까?

성급하지만 결론을 먼저 내린다면, 그 시스템이 정비되어 있었다.

도쿄의 경우 시립 '중앙 도서관'에 해당하는 히비야도서관의 개관이 1908년. 그 후 후카가와, 히토쓰바시, 교바시 등 세 곳의 중규모 '독립 도서관'이 있었고, 그와 병행하여 우시고메, 니혼바시, 고이시카와, 혼고, 아사쿠사, 시타야다이미나미, 아자부, 혼조, 시바芝, 요쓰야, 간다, 아카사카, 주와, 료고쿠…… 등 '간이 도서관' '통속 도서관' '자유 도서관'이라고 불리는 작은 도서관이 속속 개설되었다. 일기에서도 알 수 있듯이 평소에 그들이 다니던 것은 근처의 소학교 등에 병설되어 있던, 그 지역 주민들을 위한 미니 도서관이었던 것이다.

게다가 거기에는 그들이 가볍게 이용할 수 있는 규칙이 제대로 정해져 있었다.

그 첫 번째가 '야간 개관'이다. 밤 9시까지 개관하고 있었기 때문에 낮 시간의 힘든 육체노동을 끝낸 후 근처 도서관에서 상당히 늦게까지 책이나 신문을 읽을 수 있었다. 둘째는 '관외 대출'이다. 도서관의 책은 관내에서 읽는 것이 보통이었던 시대에 여기에서는 책을 노동 숙박소 등의 자기 방에 가져갈 수 있었다. 그리고 세 번째로 '무료 원칙'이다. 입장료도 이용료도 없다. 그래서 휴일이나 비가 와서 일이 없을 때 많은 자유노동자가 지역 도서관에 놀러 가게 되었고, 그래서 "거지도 있는 간이 도서관"이라는 기사가 신문에 실리기도 했다.

만약을 위해 기록해둔다. 패전 전의 도서관이 모두 무료였던 것은 아니다. 관외 대출이나 야간 개관도 그랬지만, 일본에서 공공 도서관은 무료라고 정식으로 정해진 것은 패전 후 미군이 점령했던 1950년에 현행 도서관법이 제정된 후다. 그럼에도 그 훨씬 이전, 비록 일부 지역에 한정되었다고는 하지만, 구미에서도 완전히는 실시되지 않았던 근대 도서관의 서비스 원칙이 상당히 철저한 방식으로 실현되고 있었다. 자랑하기에 충분한 역사적 사실이라고 생각하는데, 그런 셈치고는 그다지 주목을 받지 못했다. 조금은 아쉽다는 생각이 든다.

자본주의 상품으로서 책의 가치가 당치도 않을 지경까지 표면으로 드러났다. 그것이 20세기. 다만 이 세기는 동시에 영미를 중심으로 하는 선진 제국에서 상품으로서뿐 아니라 공공의 문화 자산으로서 책의 가치가 제도로서 확립되었던 시대이기도 했다.

즉, 이런 말이다.

　　　　　　　　　　　　　　　　　　　　　독서와 일본인

책에는 실은 두 개의 얼굴이 있다. 하나가 상품으로서의 얼굴, 그리고 또 하나는 공공의 문화 자산으로서의 얼굴이다. 출판사는 책을 사고파는 상품으로서 생산하고, 도서관은 그 책에서 상품성을 떼어내 누구나가 자유롭게 이용할 수 있는 공공의 문화 자산으로 취급한다. 그러므로 서점에서는 돈을 지불하고 사야 하는 책도 도서관에 가면 무료로 읽을 수 있다. 실현 불가능할 것처럼 보이는 이 두 얼굴의 공존을, 출판사와 도서관 쌍방이 함께 나란히 공식적으로 승인했다.

'일면식도 없는 타인들과 함께 책을 읽는다'라는 20세기 독서의 기반에는, 하나는 이러한 이중성을 허용하는 관용과 대담한 제도적 결단이 있었던 것이다.

다이쇼 중기에 도쿄의 시타마치(서민 동네)에 "거지도 있는 간이 도서관"이 잇달아 출현했다. 이것도 같은 결단의 발로다. 도쿄 지역에서 날마다 증가하는 자유노동자의 모습은 도서관인의 눈에도 비치고 있었다. 이 사람들로부터 "쾌락 또는 교양, 기분 전환 또는 공부를 위해 읽을"(샤르티에) 기회를 빼앗아버리면 그만큼 사회의 안정이 무너질지 모른다. 그러한 위기의식도 작용하여 우선은 시립 도서관 내부에 '자유노동자도 도서관 이용자로서 적극적으로 받아들이자'라는 기운이 생겨났을 것이다.

그러므로 당시의 도서관이 그렇게 생각한 것은 충분히 이해할 수 있다. 그러나 끊이지 않는 이윤 확대를 지향하는 출판 산업인들까지 왜 도서관의 무료 원칙에 대해 그 정도로 관용적으로 행동할 수 있었을까? 그 부분이 조금 알기 힘들다. 도서관인과 마찬가지로 그들도 다이쇼 데모크라시의 공기를 깊이깊이 호흡하고 '학자와 연구자의 전유물을 민중에게 개방하자'라고 진지하게 생각했다. 그것은 사실이다. 하지만 그 이유만으로 소중한 상품을 무료로 공개할 수 있을까?

생각되는 답은 하나밖에 없다. 그들의 동의에는 다이쇼 데모크라시라는 저변 외에 또 하나의 저변이 있었다. '책을 읽는 대중'이 계속 증가하지 않는 한 자신들의 비즈니스에도 안정적인 성장이 없다는 확신이 그것이다. 그를 위해서는 소학교의 의무교육만으로는 부족하다. 그 외에도 빈부의 차 없이, 모든 사람이 일상적으로 책을 접하고 독서하는 습관을 익힐 수 있는 열린 장소가 필요하다. 그렇다면 비록 다소간의 손실을 입더라도 자신들이 만든 상품을 예외적으로 무료로 이용하게 할 권리를 도서관에 부여하는 것을 거절할 이유가 없다. 아마도 그것이 그 관용성을 지탱하는 출판산업 측의 또 하나의 인식이었을 것이다.

그리고 관동대지진. 그로 인해 도쿄의 도서관은 심대한 피해를 입었다. 하지만 시립 도서관, 특히 간이 도서관군의 부흥은 지극히 신속했다. 말 그대로 엔본이나 문고 붐을 날개로 삼은 출판계의 부흥이 그랬던 것처럼. 그것은 대지진 5년 후 『일용 노동자의 일기』에 기록된 것과 같은 평온한 독서 생활이 어떻게든 원래대로 되돌아간 일 등에서도 추측할 수 있는 것이다.

전철에서 책을 읽는 사람들

문해율의 눈부신 향상. 그에 따라 독서에 대한 욕구가 계층의 벽을 넘어 확산되고, 그것을 대량생산·대량선전·대량판매의 기술과 유통의 구조가 부채질하고 또한 뒷받침한다.

그리하여 독서의 황금시대로서 20세기의 기본 구조가 만들어지고, 일본인의 다수가 일상적으로 책과 친숙해지게 되었다. 그리고 어느덧 그로부터 우리에게 특유한 책과의 교제 방식—내 표현으로는 '20세기 독서'가 되는데, 그 새로운 버릇(습관)이라고도 할 수 있는 것이 생겨난다.

예를 들면 '차내 독서'—지금이야 대폭적으로 줄었지만 이전에는 전철 안에서 남녀노소 불문하고 많은 사람이 책이나 잡지를 읽었다. 이 집단적인 습관은, 한 번 더 나가미네 시게토시의 연구를 빌려 이야기하면, 아무래도 대지진 후 10년 정도 사이에 도쿄와 관서의 대도시권에서 처음으로 생겨난 듯하다.

도쿄의 경우 이 시기에 황거 중심의 구도쿄가 야마노테선의 외측까지 확대되어, 현재의 도큐이케가미선東急池上線, 도큐메카마선東急目蒲線, 도큐토요코선東急東横線, 세이부이케부쿠로선西武池袋線, 도부철도東武鉄道, 오다큐小田急, 게이오선京王線, 게이오이노카시라선京王井の頭線 등의 전신에 해당하는 새로운 교외 전철이 잇달아 운행을 시작했다. 그리고 선로를 따라 새로운 주택지가 조성되고, 거기에 전술한 고학력 샐러리맨이 이사 온다. 이 사람들을 중심으로 하는 신주민의 급증으로 1919년에는 도쿄 총승객 수의 20퍼센트에 지나지 않던 교외 노선의 승객이 1928년에는 50퍼센트까지 늘어났다. 그리하여 "그들은 종래보다 훨씬 더 먼 거리를 긴 통근 시간으로 이동해야" 했고, 그것이 "필연적으로 통근 독서의 발달"로 이

어졌던 것이다. 이런 내용을 나가미네는 2001년에 출간한 『모던 도시의 독서 공간モダン都市の読書空間』이라는 책에서 논하고 있다.

다만 소형에 가벼운 문고판이라면 몰라도 작은 활자로 소설이나 평론을 빽빽이 적어 넣은 두꺼운 엔본을 통근 전철에서 읽는 것은 상당히 불편하다. 그래서인지 그들의 관심은 '그만큼 집중력을 필요로 하지 않고 가볍게 읽을 수 있는 것이나 짧은 시간 안에 다 읽을 수 있는 것'으로 흘러갔고, 그에 대응하여 새로운 장르의 읽을 거리가 등장했다.

하나는 수필, 탐방, 좌담회, 실화, 수기 등 한마디로 '잡문'이라 불린 가벼운 읽을거리. 1923년에 창간된 후 이 흐름을 타고 매상을 늘렸고 이윽고 신시대의 국민 잡지라 여겨지게 된 것이 기쿠치 간이 편집한 〈분게이슌주〉다. 그리고 또 하나 신흥 대중소설. 앞에서 언급한 시대소설이나 통속소설이다. 또 에도가와 란포江戸川乱歩의 『2전짜리 동전二銭銅貨』이나 『D언덕의 살인사건D坂の殺人事件』을 비롯한 탐정소설, 요시야 노부코吉屋信子의 『꽃 이야기花物語』를 선구로 하는 소녀소설 등도 있다.

따라서 총괄해서 이야기한다면, '딱딱한 책'에서 '부드러운 책'으로, 그 반세기 후인 1980년대의 유행어로 이야기하면 '중후장대'형 독서에서 '경박단소'형의 독서로 이행한 것이다.

아무리 어려워도 '어쨌든 열심히 읽었다'라는 것이 젊은 날의 미키 기요시다. 그를 위시하여 같은 농촌 출신의 젊은 자유노동자까지 '자기 연마'의 수단으로서 어려운 책을 열심히 읽게 되었다. 하지만 이런 교양주의적 독서의 자세도 어느샌가 흐트러지기 시작하여, 교양주의의 본래 담당자였던 젊은 지식층 사이에서도 중

독서와 일본인

후장대에서 경박단소로 독서 경향의 전환이 눈에 띄게 되었다. 그 변화의 양상을 여실히 보여주는 것이 전철 내의 독서 광경이었던 것이다.

그것과 관련하여 또 하나 예를 들면, '천천히 읽기'에서 '빨리 읽기'로의 변화가 있다. 이것도 20세기에 들어 우리의 독서에 생겨난 특유한 습관이라고 해도 좋을 것이다.

일찍이 메치니코프가 지적한 것처럼, 전대의 목판본에 비해 문자의 개성을 지우고 규격화한 활판인쇄본은 압도적으로 읽기가 쉽다. 거기에다 구독점이나 후리가나의 채용, 글자 수 맞추기나 행간의 궁리, 활자서체의 세련화, 인쇄 기술의 향상과 같은 혁신이 겹쳐져 읽기 쉬운 책이 한층 더 읽기 쉽게 되었다. 그에 따라 읽는 속도도 빨라졌다. 그뿐 아니라 출판 유통이 정비되어 읽고 싶은 책을 구하기 쉽게 되었고, 전기 보급 덕분에 밤에도 책을 읽을 수 있게 되었다. '천천히 읽기'에서 '빨리 읽기'로의 변화는 무엇보다도 우선 이러한 근대화 과정이 초래한 필연적인 결과였던 것이다.

그리고 '빨리 읽기'는 바로 '다독'으로 이어진다. 소수의 책을 반복해서 읽는다. 그것이 전대의 독서의 기본적인 자세였지만, 그것이 출판 근대화 이후에는 대량생산된 책을 가능한 한 많이 읽는 것으로 바뀐다. 그 변화가 결정적이었던 것이, 대략 말해서, 역시 교양주의 독서의 시대였던 것이다.

1938년 니혼효론샤에서 나온, 가와이 에이지로河合榮治郎가 편집한 『학생과 독서学生と読書』라는 실용서가 학생 대상이라는 틀을 훌쩍 넘어 초베스트셀러가 되었다. 거기에 어떻게 독서를 할 것인가

하는 문장을 쓴 미키 기요시는 '독서가란 다독가의 별칭이다'라고 거침없이 단언했다.

> 닥치는 대로 읽기를 경계하는 것은 중요하다. 그러나 사람들은 이런 읽기의 위험을 통해 자신의 기질에 적절한 독서법에 이를 수 있다. 한 권의 책을 정독하라고 해도, 특히 자신에게 필요한 한 권이 과연 무엇인가는 많이 읽어보지 않으면 알 수 없지 않은가? 고전을 읽으라고 해도, 이미 그 고전이 동서고금에 걸쳐 수없이 존재하고 게다가 새로운 것을 알지 못하면 고전의 새로운 의미를 발견하는 것은 불가능할 것이다.

과거의 유교적인 '수양'의 시대라면 한권의 책을 경전처럼 반복해서 읽으면 된다. 그러나 '세계인'이 되려고 하는 현대인의 지적 · 윤리적 기초가 되는 '교양'이 되면 그렇게만 할 수는 없다. 미키뿐 아니라, "동서고금에 걸쳐" 대량의 책을 읽는 것은 교양주의적 독서에서는 필수적인 전제가 되어 있는 것이다.

"아니, 20세기 독서랄 것 없이 '다독의 권장'은 전대에도 있었잖아!"

물론 그러한 의견도 있을 것이다. 예를 들면 모토오리 노리나가. 그는 실제로 『우이야마부미宇比山踏』라는 학문 입문서에서 우선은 "대충 보고, 다른 책으로 옮겨 가고, 이것저것 읽고 나서, 그리고 전에 읽은 책으로 돌아가, 몇 편이고 읽는 사이에 처음에는 알지 못했던 것도 서서히 알게 된다"(이시카와 준石川淳 역)라고 분명히 이야기하고 있지 않은가?

그건 그렇다. 다만 그렇게 이야기하더라도, 부수에 한정이 있는 필사본이나 목판본의 시대에는 노리나가 같은 유복한 상인 학자가 아닌 일반인이 이 권장을 충실히 따르기란 지극히 곤란한 일이었다. 그를 위해서는 아무래도 활판인쇄를 통한 책의 대량생산과 가격인하가 불가결했다는 이야기다.

더욱이 노리나가의 시대와 달리 읽어야 할 책의 범위가 "동서고금에 걸쳐" 터무니없이 큰 규모로 확대되어가고 있다. 읽어야 할 책의 필두에 오는 것이 서양의 고전이나 최신의 사상서다. 그러나 아무리 수재라고 한들 아직 공부 중이던 고교생과 대학생 들에게 많은 원서를 자유자재로 읽어내는 힘이 있었다고는 생각되지 않는다. 아마도 그들 대부분은 번역서로 읽었을 것이다.

다행히도 『학문의 권장』으로부터 반세기가 흘러, 일본에도 그들의 "혼돈스러운 다독"(미키)을 가능하게 할 만한 양의 번역본이 이미 상당한 정도로 축적되었다. 쓰보우치 쇼요가 번역한 셰익스피어, 후타바테이 시메이 번역의 투르게네프, 다케토모 소후竹友藻風의 단테, 이쿠타 조코生田長江 번역의 괴테와 니체를 비롯하여 요네카와 마사오米川正夫, 나카무라 하쿠요中村白葉, 진자이 기요시神西清, 히나쓰 고노스케日夏耿之介, 도요시마 요시오豊島与志雄, 호리구치 다이가쿠堀口大學, 야마우치 요시오山内義雄, 하타 도요키치秦豊吉, 오야마 데이이치大山定一 등과 같은 신세대 번역가도 속속 등장했다. 일본의 출판 산업도 이 단계가 되면 그들의 왕성한 독서욕을 충족시킬 수 있을 만큼의 실력을 갖추게 되었던 것이다.

그리하여 '자기만의 방에서 소리를 내지 않고 읽는다'라는 독서 습관이 정착되고, 눈 깜짝할 사이에 전철 안에서 '많은 타인과 함께 읽는' 지경에까지 도달했다. 그리고 지금 우리는 전철이나 버스에서 혼자서 묵묵히 소형 휴대용 단말기를 열심히 보고 있다. 이러한 새로운 습관의 먼 원천도, 실은 이 근처에 있었던 것이다.

전쟁의 참화를 딛고
새 출발

종이가 사라졌다!

1945년 여름, 대일본제국 패전. 그해 4월, 만 7세가 된 나는 가와사키시의 모토스미요시소학교元住吉小学校에 입학했다.

    그리고 그해 연말, 공습으로 타다 남은 집에 할아버지 일가가 가라후토樺太(현재의 사할린)에서 귀환해 왔다. 그때 소학교 6학년이었던 젊은 숙부가 소중하게 가지고 온 에도가와 란포의 『소년탐정단少年探偵団』으로 드디어 나의 개인적인 독서사가 시작되었다. '드디어'라는 것은, 모처럼 읽고 쓰기를 배웠는데도 패전 직후의 일본에는 아이들이 읽을 수 있는 새롭고 재미난 책이 없었기 때문이다. 여하튼 우선 아래의 통계(시미즈 히데오·고바야시 가즈히로의 『출판업계』에 수록된 연표에서 발췌)를 보자.

        1941년   2만 9204종

                                             독서와 일본인

1942년	2만 4211종
1943년	1만 7818종
1944년	5438종
1945년	878종

　1년에 불과 878종이다. 지금은 약 8만 종. 비교해 보면 제로에 가깝다. 이런 상태에서 아이들 대상의 신간이 왕성하게 간행될 리가 없다. 아무리 그래도 이 정도의 급락 현상이 왜 갑자기 생겨났을까? 말할 필요도 없이 그것은 전쟁 탓이었다.

　20세기에 들어 계속 증가해온 출판 종수가 1936년에 3만 1996종이 된다. 이것이 '패전 전·전쟁 중의 정점'이었고 그 후에도 2만 종대를 유지하고 있었다고 앞에서 이야기했다. 이 숫자가 1만 종대로 바뀌는 것이 1943년. 두 해 전 연말에 진주만 공격으로 미국과 영국을 상대로 태평양전쟁이 시작되었고, 중국 대륙에 한정되어 있던 전선이 태평양 지역까지 확대되어 그렇지 않아도 궁핍했던 물자를 전쟁 수행을 위해 모두 쏟아부어야 했다. 그로 인해 석탄에서 식량까지 사람들의 생활을 받쳐줄 기반이 어처구니없이 무너졌다. 책의 세계에서는 이때 코앞에 직면하게 된 것이 종이 기근이었다.

　20세기 초, 러일전쟁으로 자국령이 되었던 가라후토의 광대한 침엽수림 지대에 복수의 제지 회사가 다투듯이 목재펄프 공장을 건설한다. 그것을 계기로 일본의 제지업은 눈부신 발달을 이루었고, 일찍이 다이쇼 시대 중기에 세계에서도 유수의 제지국이 되었다. 정말이지 백만 잡지나 엔본의 대량생산이 가능해진 것도 그 덕택이었다.

하지만 1937년, 루거우차오사건을 계기로 중일전쟁이 시작되고, 이듬해 1938년에는 국가총동원법이 제정되었다. 전선과 후방銃後 구별 없이 모든 물자와 인원을 전쟁에 집중시킨다는 총력전하에서의 국가 통제가 일거에 강화된다. 그중에서도 비군수산업으로 간주되던 제지업에는 석탄, 전력, 화학약품 등의 공급 할당이 대폭 삭감되었고, 그뿐만 아니라 태평양전쟁 발발 후에는 크고 작은 기업이 강제로 통폐합되어 많은 공장이 군수 분야로 전환되어버렸다.

종이의 생산량이 줄면 그에 따라 출판사에 할당되는 출판 용지의 양도 줄어든다. 어찌할 바를 모르던 출판업계에서 이 사태에 재빨리 대응한 것이 기쿠치 간이 이끌던 분게이슌주샤다. 1943년, 아직 '비교적 여력이 있는' 만주에 나가이 다쓰오永井龍男를 수장으로 하는 '만주분게이슌주샤'를 설립하여 "거기에서 잡지를 내고 또한 (본토에서 만든) 종이판을 항공편으로 운송하여 만주의 종이로 서적을 내는 것이 회사 간부들의 목표였다"라고, 그 회사의 편집부원이었던 이케지마 신페이池島信平가 후에 『잡지 기자雜誌記者』라는 책에서 증언하고 있다.

우리가 만주에서 이런 생활을 하고 있는 사이에 일본의 정세는 시시각각 급박해지고 있었다. 종이 부족으로 출판사의 기업정비가 강력하게 이루어져 출판사는 강제로 200개 전후로 축소되었고, 〈분게이슌주〉도 종합잡지 부문에서 문예 잡지 부문으로 옮겨져 다짜고짜 문예 잡지 편집을 명령받았다. 너무나 바보스러운 짓을 한다고 생각했지만 그 무렵의 어느 날 밤 내가 사택으로 돌아가 보니 나가이 다쓰오가 우울한 표정으로 "지금 라디오에서 들었는데 〈주오코론〉과 〈가이조〉가 폐간되었답니다"라고 했다. 드디어 올 것이 왔다고 느꼈고, 동시에 형언하지 못할 쓸쓸함이 밀려왔다. 지독한 시대였다. 모두들 남 일이 아니다, 결국에는 모두 자신의 몸에 닥쳐올 것이라는 예감이 들었던 것이다.

즉, 통폐합을 강요당한 것은 제지업계만이 아니었다. 이케지마도 말했듯이 이와 동일한 사태가 출판업계에도 생겨나, 그때까지 2214개 있던 출판사가 10분의 1로, 2000종 이상 있던 잡지도 반으로 줄어들어버렸다. 게다가 이 통제의 배후에는 물자 부족뿐 아니라 시국에 반하는 의견이나 퇴폐적인 표현은 철저하게 금압하겠다는 국가의 가혹한 의사가 작용하고 있었다. 그 의사를 명확하게 표명해 보인 사건이 이른바 '요코하마 사건'이다.

1942년, 잡지 좌담회를 가장하여 공산당이 재건 모의를 했다는 조작극으로 가이조샤, 주오코론샤, 아사히신문사, 이와나미쇼텐, 니혼효론샤 등에서 90명 가까운 편집자나 기타 관계자가 체포되었고, 가혹한 고문으로 네 명이 옥사한다. 그리고 〈가이조〉와 〈주오코론〉은 폐간된다. 이케지마 신페이가 먼 만주 지방에 있어서 '남 일이 아니다'라고 느꼈다고 말한 것이 이 사건을 가리키고 있었음은 두말할 것도 없다.

아니, 요코하마 사건으로 끝난 것이 아니었다. 1940년에는 새롭게 내각정보국이 발족하여 종이 배급권을 일거에 장악함과 동시에 사전 검열을 통해 국가나 사회의 '안녕질서를 어지럽힌다'라고 판정된 책이나 신문·잡지의 발행을 금지하고 주형이나 지형마저 몰수해버리는 언론통제 시스템이 개미가 기어 나올 틈도 없이 만들어졌다.

결국 언론이나 출판의 자유는 없었던 셈이다. 나카노 시게하루 같은 마르크스주의자는 물론 나가이 가후永井荷風와 다니자키 준이치로 같은 비정치적 작가들까지 침묵을 강요당했다. 가와이 에이지로나 미키 기요시 등의 교양주의적 독서의 계몽가들도 예외일 수 없었다. 리버럴한 경제학자였던 가와이의 경우 그가 편집한『학생과 독서』를 간행했던 해에 4종의 저서가 판매 금지되었고 곧이어 도쿄제국대학에서 쫓겨났다. 미키 기요시도 1945년 연초에 치안유지법 위반으로 체포되어, 교도소에서 옴에 걸려 전신을 긁어대다가 패전 직전에 죽었다.

그리고 드디어 전쟁이 끝난다. 그래서 다시금 종이 기근에 대해 살펴보면, 각지의 제지 공장이 전쟁 말기에 B-29의 폭격으로 파괴되었고, 나아가 패전으로 "제지업의 발달을 떠받쳐온 주된 물적 기반"이었던 가라후토의 목재를 상실해, 종전 시 일본의 종이 생산은 완전한 "마비 상태"에 빠져버렸다. 오시제지王子製紙가 간행한『제지업 100년製紙業の100年』이라는 업계의 역사가 전해주고 있다.

물론 제지업뿐 아니라 인쇄, 제본, 유통 등 출판을 지탱하는 산업 모두가 공습을 당해 공장이나 사옥이 소실되고, 많은 작업자들을 전장에 빼앗겨 "만신창이의 모습"으로 패전을 맞이할 수밖에 없었다. 게다가 작가, 학자, 저널리스트, 편집자 등 출판 관계자 대다수가 이제부터 새로운 사회에 어떻게 대처해야 할지 갈피조차 잡지 못한 채 망연자실하게 내내 서 있을 뿐이었다. 그해 878종이라는, 출판 종수의 놀라운 하락은 그러한 일체의 "마비 상태"의 결과였던 것이다.

하지만 출판의 이런 마비 상태를 경험한 것이 비단 일본만은 아니다. 자국이 전쟁터가 된 중국과 한국과 동남아시아는 물론 독일과 프랑스, 영국 등의 유럽 국가에서도, 또 소련에서도, 제2차 세계대전 덕에 대불황에서 탈출한 미국을 제외한 대부분의 나라에서 일본과 동등한 정도이거나 그 이상의 비참한 사태가 일어나고 있었다. 요컨대 독서의 황금시대로서의 20세기는 그 한복판에서 모처럼 사회에 널리 뿌리를 내린 독서 습관이 전쟁으로 파괴되는 호된 체험을 이른바 세계적으로 철저하게 맛보지 않을 수 없게 되었던 것이다.

책에 대한 굶주림

책을 마음껏 읽고 싶은데도 정작 중요한 책이 어디에도 없다. 나보다도 몇 살 정도 더 많은 소년들은 그 허기를 나 같은 어린애보다 한층 더 강하게 맛보고 있었다. 예를 들면 나보다 네 살이 많았던 이노우에 히사시井上ひさし의 경우다.

패전 이듬해, 소학교 5학년이었던 히사시 소년은 노점상의 헌책방에서 패전 전의 두꺼운 〈소년구락부〉를 발견하고 크게 기뻐하며 구입했다. "하지만 집에 돌아가 펼쳐 보니 표지만 〈소년구락부〉였고 내용은 전혀 달랐어요"라고 어디에서인가 이야기한 적이 있다.

그 후 이번에야말로 진짜 〈소년구락부〉가 읽고 싶어져서 주문했던 것입니다. (…) 그러자 신문 같은 것이 오는 거예요. (…) "여기를 가위로 자르시오. 실로 여기를 묶으시오"라고 쓰여 있었고, (…) 스스로 〈소년구락부〉를 만들어서, 억지로 완성하여 읽기 시작했지만 눈 깜짝할 새에 끝나버렸습니다. 무엇보다 32쪽밖에 안 됐기 때문입니다. 믿기 어렵겠지만 정말로 그런 시대가 있었던 것입니다.(『책의 운명本の運命』)

역전의 암시장에서 손에 넣은 엉터리 책에 실망하여 패전 후 잡지 이름을 〈소년클럽少年クラブ〉이라고 변경한 잡지의 최신 호를 특별히 주문해 받아보니 이 지경이었다.

나는 전혀 기억에 없는데 앞서 언급한 『제지업 100년』에 따르면 "당시의 용지 사정, 제작 사정의 열악한 조건에 묶여" 소년 잡지는 커녕 교과서조차 "지극히 조악한 분철 접기(미재단)로, (…) 아동들은 자신의 손으로 그 접힌 페이지를 열어젖혀" 사용했다고 한다.

또는 시인인 오오카 마코토大岡信(나보다 일곱 살 위)의 경우.

그도 또한 "타고 남은 얼마 되지 않는 서적을 모두의 공유재산처럼 생각하고 등사판으로 복사해 조악하지만 귀중한 텍스트를 만들어 윤독했던 것이 중학교에 다니던 하나의 큰 즐거움이 되었다"(「내 안의 고전私の中の古典」)라고 회상했다.

읽고 싶은 책을 구하지 못했기 때문에 어쩔 수 없이 그것을 스스로 만들었다. 헌책을 조악하게 복사하여 그것을 철해서 읽는다. 믿거나 말거나 '그런 시대'가 현실적으로 있었고, 앞으로 가령 종이책이 전자책으로 대체되더라도 같은 사태(전쟁이나 자연재해로 인한 책의 소멸)가 재현되지 않는다는 보장은 어디에도 없다. 그러나 비록 그렇게 되더라도, 일단 눈을 뜬 우리의 독서욕이 사라지는 일은 분명 없을 것이다. 그들의 증언이 지금도 그렇게 우리에게 고하고 있는 것 같다.

그리고 주목해두어야 할 사실이 하나 더 있다. 패전 전에 형성된 교양주의적 독서 습관이, 아마도 그다지 의식되는 일 없이, 그대로 패전 후 독서의 중심으로 살아남았다는 점이다. 인간이 인간으로서 올바르게 성장하기 위해서 반드시 읽어두어야 할 일련의 책이 있다. 젊은이들 사이에서 암묵적으로 공유되던 그런 필독본 리스트가 책의 암흑시대라고도 할 수 있는 전쟁 기간을 사이에 두고도 패전 후까지 그대로 계승되었다.

아니, 그전에 역시 전시 중의 독서에 대해 살펴보는 것이 좋겠다. 특히 젊은이의 독서―『듣거라 와다쓰미(해신)의 소리―일본 전몰 학생의 수기きけ わだつみのこえ―日本戦没学生の手記』를 필두로 그 상황을 지금까지 전해주는 자료가 여러 가지 있다. 최근에도 원고용지로 38매 정도인 젊은 날의 미즈키 시게루水木しげる의 일기가 발견되어 아라마타 히로시荒俣宏의 장문의 해설과 함께 『전쟁과 독서―미즈키 시게루 출정 전 수기戦争と読書―水木しげる出征前手記』라는 한 권의 신서가 되었다.

미즈키 시게루는 1922년 오사카에서 태어나 돗토리현의 사카이미나토에서 자랐다. 고등소학교 졸업 후 화가가 되려고 오사카에서 일을 하면서 미술학원이나 사립 중학의 야간부에서 공부하다가 1943년에 소집되어 뉴브리튼섬 라바울 전투에서 왼팔을 잃는다. 그에 앞서 1942년 가을, 20세가 된 그는 돗토리에서 징병검사를 받왔다. 을종 합격. 그 직전 1개월간 썼던 독서 노트가 이 일기다. 아래에 그 일부를 옮겨둔다.

　* 매일 5만 명, 10만 명이 전사하는 시대다. 예술이 뭐고 철학이 무엇인가? 지금은 생각하는 것조차 허락되지 않는 시대다. (…) 사람을 한 줌의 흙덩이로 만드는 시대다. 이런 곳에서 자기에게 머물러 있는 것은 죽음보다 괴롭다. 그러므로 일체를 버리고, 시대가 되어버리는 것이다. 폭력이다, 권력이다. 그리고 죽어버리는 것이다. 그것이 가장 안심할 수 있는 삶의 방식이다.

　* 아아, 어찌하랴. 죽음은 받고 싶어도 받을 수 없고, 삶은 원하지 않아도 받는다. 죽을 결의가 있다면 부처의 길을 물어라. 이것은 이치다. 삶이 있는 한, 살아갈 수 있는 한 하나로는 만족할 수 없는 나다. 아니, (…) 이치는 필요 없다. 나는 뜻을 굳히고 불교에 귀의하리 귀의하리.

　* 동물학, 식물학, 지질학 등을 하지 않을 것이라 생각한다.

　* 머리는 내란이다. 아침부터 1시까지 책방을 돌아다녔다. 죽자, 박물학과 함께 죽어주자. 시작하라, 기독교를 살펴보다가 내던졌다. 그림도 철학도. 불교도 결국 던져버렸다. 이번에는 박물이다. 이것은 목숨을 걸고라도 내던지지 않겠다.

　* 자연과학을 본존으로 받아들이더라도 시작할 것 같지 않다. (…) 역시 불교에라도 들락거려볼까? (…) 나의 마음이 나를 괴롭힐 줄이야……. 도대체 마음은 누구의 것인가? 나로서는 알 수 없다. 몰라도 가지고 있어야 한다니 신도 어떻게 된 것 같다.

전해 말에 태평양전쟁이 시작되어 드디어 눈앞에 다가온 것처럼 보이는 죽음에 '나'는 어떻게 대처하면 좋을 것인가?

미즈키가, 아니 그보다는 전몰 학생을 포함한 같은 세대 청년 대다수가 이 물음에 대한 해답을 얻기 위해서 취할 수 있었던 유일한 행위는 악착같이 책(특히 고전)을 읽는 것이었다. 미즈키 일기에서도 불전이나 신약성서는 물론 괴테, 셰익스피어, 칸트, 헤겔, 니체 등 수많은 고전을 언급하고 있다. 그러나 그래도 전몰 학생들과 같은 고학력자가 아닌 미즈키는 어디에서 이 책들을 알게 되었을까?

아라마타 히로시에 따르면 역시 가와이 에이지로가 편집한 『학생과 독서』의 영향이 컸던 것 같다. 특히 그 책의 권말에 수록된 「필독서목必読書目」 리스트가 직접적인 실마리가 되었다. 실제로 미즈키의 자서전 『잠에 취한 인생ねぼけ人生』에도 이 책에서 알게 된 에커만Johann Peter Eckermann의 『괴테와의 대화』를 좋아하게 되었고 "군대에 입대할 때에도 이와나미문고판으로 출간된 상중하 세 권을 봇짐에 넣어 남방까지 가지고 갔다" 하는 구절이 있다.

그 구절을 인용한 후 아라마타는 "전쟁 중임에도 불구하고" 이 리스트에 의거하여 "저변의" 청년들 사이에서 "독서열"이 타올랐다고 한다. 그들은 독서를 통해 '전쟁에 어떻게 대처해야 하는가'를 생각하고 깊이 고민했다. 다름 아닌 미즈키도 그중 한 명이었다는 것이다.

그리고 이 교양주의적 독서의 가르침이 패전 후에도 젊은 사람들 사이에서 계승되었다. 한 예를 들면, 패전 직후의 이야기로서

'작은 손으로 작은 컵에 술을 따라주는 젊은 여자가 앙드레 지드의 『좁은 문』에 대해 이야기를 하는 술집은 유럽의 어디에도 없다.' 그런 의미의 문장을 프랑스인 저널리스트 로베르 길랭Robert Guillain이 『아시아 특전』이라는 책에서 쓰고 있다고 가토 슈이치가 『세키요모고夕陽妄語』에 썼다.

앙드레 지드의 『좁은 문』은 교양주의 계통의 현대 프랑스 문학이라는 점에서는 로맹 롤랑Romain Rolland의 『장크리스토프』와 어깨를 나란히 하는 인기 작품이었다. 그중에서도 1936년에 나온 이와나미문고판은 전시 중이었음에도 불구하고 대량으로 팔렸다고 한다. 따라서 만일 이 '젊은 여성'의 이야기가 사실이라고 한다면, 그녀가 읽었던 것도 아마도 이 이와나미문고판이었을 것이라 추측된다.

그 이와나미쇼텐이 패전으로부터 2년이 지난 1947년 여름에 『니시다 기타로 전집西田幾太郎全集』전 19권의 간행을 개시하자 출간 전야부터 그 서점 앞에 장사진이 밤새워 줄을 섰다. 출판 역사상 유명한 이 일화는, 새로운 책에 대한 당시 사람들의 허기가 얼마나 깊었던지를, 그리고 동시에 그들 안에 니시다를 그 일원으로 하는 다이쇼 교양주의의 기억이 대전을 거쳐 그대로 계속 살아 있었는지를 여실히 보여주고 있다. 이것은 당연한 일이었다. 무엇보다 그들의 다수는 미즈키며 전몰 학생들과 같은 세대였기 때문이다.

부활

그리하여 한번은 지옥의 바닥을 들여다본 일본의 출판계도 그 후 예상을 훌쩍 뛰어넘는 속도로 부활해간다. 책도 잡지도 내기만 하면 무엇이든 팔렸다. 그러한 상황에서 출판사 수가 금세 4000을 넘어섰다. 다만 종이 부족은 계속되었기 때문에, 철학이나 과학책에서 가스토리 잡지カストリ雜誌 태평양전쟁 직후의 일본에서 출판 자유화를 계기로 다수 발행된 대중용 오락 잡지를 가리킨다. 조악한 용지에 인쇄된 저가의 잡지로서 내용은 소탈하고 흥미 본위의 것들이 많았는데 에로물(성, 성 풍속)과 그로테스크(엽기, 범죄)로 특징지어진다 까지 그 대부분은 비참하기까지 할 정도로 조악한 갱지를 사용할 수밖에 없었다.

그리고 사상 통제나 용지 제한이 철폐되고 사회 상태가 진정됨에 따라 출판 종수가 일거에 증가했고, 1950년에 시작된 한국전쟁의 특수가 증가 추세를 더욱 뒷받침했다. 여기서도 마찬가지로 이 시기 출판 종수의 변화를 아래에 정리해두겠다. 다만 이번에는 출판뉴스사의 『출판 데이터북 개정판出版データブック 改訂版』에서 인용한다. 1945년의 발행 종수가 앞에 게재한 통계와 다른 이유는 그 때문이다.

1945년	658종
1946년	3470종
1947년	4499종
1948년	2만 6062종
1949년	2만 523종

1950년   1만 3009종

그 후 출판 종수는 1960년대까지 1만 종대로 점증을 계속하여 1971년 이후에는 2만 종대에서 안정되고 1982년에 3만 종을 넘어, 이 단계에서 드디어 패전 전의 정점에 다다랐다.

하지만 거기까지 뛰어넘는 것은 다음으로 미루고 이야기를 한 번 더 1950년대 중반의 출판 상황으로 되돌리면 거기에 일종의 흥미로운 현상이 생겨났다는 것을 알게 된다. 즉, 이때의 재출발은 어쩐지 관동대지진 후 출판업의 자본주의적 재편성—백만 잡지·엔본 전집·문고에 의한 출판 혁명의 유형을 거의 그대로 반복하는 방식으로 이루어지고 있는 것 같다는 점이다.

그래서 우선 전집에 관해서 말하면, 1952년의 신초샤의 『현대세계문학전집』과 가도카와쇼텐角川書店의 『쇼와문학전집昭和文学全集』을 시작으로 『현대일본문학전집現代日本文学全集』(지쿠마쇼보筑摩書房), 『세계문학전집世界文学全集』 『현대문호명작전집現代文豪名作全集』 『대중문학대표작전집大衆文学代表作全集』(모두 가와데쇼보河出書房) 등이 1950년대 전반에 연이어 출판된다. 모두 엔본과 같은 예약 구매 방식. 그 판매방식이 거듭 주효하여 1953년에는 요코미쓰 리이치橫光利一의 『여수旅愁』를 제1회 배본으로 한 『쇼와문학전집』이 베스트셀러 1위가 되고, 신초샤의 『현대세계문학전집』과 가와데쇼보의 『현대문호명작전집』도 순조롭게 톱 10위 내 입성을 이루었다.

1960년대에 들어선 이후에도 붐은 계속된다. 아카데미풍으로 만든 『일본고전문학대계日本古典文学大系』(이와나미쇼텐)나 『현대일본문학대계現代日本文学大系』(지쿠마쇼보), 주로 젊은이들을 대상으로 한

『그린판 세계문학전집グリーン版·世界文学全集』(가와데쇼보) 등이 그것이다. 그런데 왜 이 시기에 전집이 이 정도나 팔렸을까? 아마도 거기에는 "공습으로 소실된 대량의 책을 보전한다"라는 동기가 작용했을 것이라고 후에 사이토 미나코斎藤美奈子가 「일본문학전집과 그 시대日本文学全集とその時代」라는 논문에서 주장했다.

이 짐작은 아마도 틀리지 않을 것이다. 현실적으로 내가 자란 가정에서도, 공습은 피할 수 있었지만, 애써 모은 장서를 패전 후의 다케노코 생활죽순의 껍질을 한 장씩 벗기듯이 자기 옷이나 가재도구를 조금씩 팔아서 생계를 이어가던 생활 중에 헌책방에 내다 팔아서 책장에 책다운 책이 거의 남아 있지 않았다. 그래서 중학생이었던 내가 부모님을 졸라서 『쇼와문학전집』을 예약했다. 말하자면 그런 상황이었다. 쇼와 초년대의 엔본 붐에는 대지진 때문에 "소실된 대량의 책을 보전한다" 하는 일면이 있었다. 그와 유사한 일이 총력전 이후의 폐허 속에서 반복되었던 것이다.

그리고 같은 시기에 신초문고(제2차), 가도카와문고, 고쿠민문고国民文庫, 아테네문고アテネ文庫, 겐다이쿄요문고現代教養文庫 등 70종류가 넘는 문고가 창간되었고, 조금 후에 고분샤光文社의 갓파북스カッパブックス, 가도카와신서, 가와데신서, 산이치신서三一新書 등 90종류 이상의 신서가 줄지어 발족했다. 이것도 쇼와 원년대와 같다.

하지만 이와나미신서로 시작된 종래형의 신서는 주로 지식층을 상대한 것이었는데 갓파북스만이 독자 대상을 과감히 일반 대중까지 확대해 보였다. 권위 있는 저자에게 모든 것을 위임하는 것이 아니라, 출판사 측이 잘 팔릴 테마를 적극적으로 설정하고 그에 적절한 저자에게 발주하여 책을 만들었다. 이 방식으로 사카모토 후

지요시坂本藤良의『경영학 입문経営学入門』, 오카모토 다로岡本太郎의 『오늘날의 예술今日の芸術』, 미나미 히로시南博의『기억술記憶術』, 하야시 다카시林髞의『머리가 좋아지는 책頭のよくなる本』, 이와타 가즈오岩田一男의『영어가 강해지는 책英語に強くなる本』, 고쇼가黄小娥의『주역 입문易入門』, 우라베 구니요시占部都美의『위험한 회사危ない会社』등 화려한 컬러 표지의 베스트셀러를 잇달아 출간한다. 최근 신서풍의 원점이라고 해도 좋을 것이다.

그렇다면 백만 잡지는 어땠을까? 과거에는 월간지 〈킹〉이었지만 1950년대에 그에 상당하는 것은 주간지 붐이었다.

1922년, 관동대지진이 일어나기 전해에 〈주간아사히週刊朝日〉와 〈선데이마이니치サンデー毎日〉가 창간된 이래 주간지는 관습적으로 신문사의 것으로 여겨졌다. 그 〈주간아사히〉의 발행 부수가 1954년에 100만 부를 돌파한다. 요시카와 에이지의『신·헤이케이야기新·平家物語』부터 시시 분로쿠獅子文六의『대번大番』으로 이어지는 연재소설의 힘이나 도쿠가와 무세이德川夢声의 연재 대담「문답유용問答有用」의 인기에 덕을 입었다. 그러나 이 책의 주제인 '독서'와의 관계에서 본다면, 1951년에 시작되었던「주간도서관週刊図書館」이라는 서평의 매력도 막상막하로 컸다. 그것은 후에 마루야 사이이치丸谷才一가 "내 견해로는 일본의 서평은 이때부터 시작된다. 그 이전은 전사라고도 부를 수 있는 단계였다"라고 단언한 대로다.

"그러한 기획을 세워서 그에 적합한 서평 위원(보통의 독자가 즐겨 읽을 수 있는 수준 높은 서평을 쓰는 지식인)을 인선한 편집장 오우기야 쇼조扇谷正造는 실로 위대했다고 생각한다."(「서평과 〈주간아사히〉書評と〈週刊朝日〉」)

〈주간아사히〉의 독자층을 볼 때, 여기서 마루야가 말하는 "보통의 독자"란 전쟁이 끝나서 겨우 되살아나고 있던, 고학력 남성 샐러리맨으로 대표되는 지적 중간층을 가리키는 것이라 생각된다. 그들의 책 선정에 도움이 되고, 게다가 그 자체로서도 즐길 수 있는 '서평'이라는 장르가 드디어 일본에 뿌리내리기 시작했다는 이야기다.

오우기야가 선정한다는 서평 위원은 시라이 요시미白井吉見, 우라마쓰 사미타로浦松佐美太郎, 가와모리 요시조河盛好蔵, 사카모토 시호坂本志保의 4인이었고 후에 나카노 요시오中野好夫가 추가된다. 때로는 신간 서평이 서평란 밖으로 나와 톱기사가 된 적도 있었는데 그쪽의 반향도 대단히 컸다. 1956년에 산이치신서에서 간행이 시작된 고미카와 준페이五味川純平의 『인간의 조건人間の条件』의 경우가 그러하다. 기세가 오른 주간지가 대대적으로 다룬 덕택에 전 6권의 대작이 기록을 깨는 베스트셀러가 되었다.

그리고 실은 같은 시기에, 주간지의 세계에서 또 하나의 획기적인 사건이 진행되고 있었다. 그때까지 신문사가 점유하고 있던 이 영역에 출판사가 끼어들었던 것이다. 1956년에 창간한 〈주간신초週刊新潮〉(신초샤)를 선두로 〈주간여성週刊女性〉(주부와생활사主婦と生活社), 〈여성자신女姓自身〉(고분샤), 〈주간현대週刊現代〉(고단샤), 〈주간아사히예능週刊アサヒ芸能〉(도쿠마쇼텐德間書店), 〈주간분슌週刊文春〉(분게이슌주) 등 새로운 타입의 주간지가 무리를 이루면서 등장했다. 즉, '출판사계 주간지'의 출현이다.

출판사계라고 할 수 있을 만큼 거기에는 종래의 상식에서 벗어난 다채로운 기획이 대담하게 시도되었다. 여러 가지가 있지만 선발인 〈주간신초〉를 보면, 예를 들어 창간 시에 고미 야스스케五味康祐의 『야규부게이초柳生武芸帳』, 조금 후에 시바타 렌자부로柴田錬三郎의 『네무리 교시로 부라이히카에眠狂四郎無頼控』라는 두 편의 역사소설을 나란히 게재한 것 등을 들 수 있다. 고미도 시바타도 바로 얼마 전에 등장한 개성 강한 작가다. 그 뾰족한 두 사람에게 유서 깊은 출판사가 처음으로 간행하는 주간지의 간판 연재를 맡겼다. 그 주간지의 막후 편집장 사이토 주이치斎藤十一의 독단이라고 한다. 그래도 대단한 배짱이다.

그 무렵 나는 고교생이었는데, 카뮈나 헤밍웨이에 열중하는 한편 근처의 대본소에 있던 시대소설을 닥치는 대로 읽었다. 하지만 대부분이 시라이 교지, 요시카와 에이지, 야마테 기이치로山手樹一郎, 쓰노다 기쿠오角田喜久雄, 노무라 고도 등 패전 전부터 활동하던 기성작가의 작품이었기 때문에, 이 두 사람이 낳은 검사들의 허무한 풍모나 엉뚱한 칼솜씨에 우와! 이런 시대소설도 있나? 하고 놀란 경험이 있다. 무엇보다도 문장이 새롭다. 억지로 강담 냄새를 질질 끄는 전전파 시대소설에 비해 그것들과는 일선을 긋는 현대적인 감각이 있었던 것이다.

현대적이라고 하면 학생 작가 이시하라 신타로石原慎太郎의 『태양의 계절太陽の季節』이 아쿠타가와상을 받아 떠들썩한 대소동을 일으킨 것도 같은 1956년의 일이었다. 그리고 2년 후, 1958년에는 그저 수수한 아쿠타가와상 수상 작가였던 마쓰모토 세이초松本清張가 『점과 선』을 대히트시킴으로써 금세 괴물 같은 베스트셀러 작가로 변모했다. 에도가와 란포나 요코미조 세이시橫溝正史에서 시작된 전전형 탐정소설의 괴이 취미와는 별종인, 전후 사회의 까칠한 민낯

독서와 일본인

에 밀착한 이른바 '사회파 미스터리'가 탄생한 것이다. 요컨대 이 시기에 크게 변모한 것은 시대소설만이 아니었다.

덧붙이자면, 시바타 렌자부로는 나오키상을 받았는데, 신타로나 세이초는 물론 원래는 고미 야스스케도 순문학계의 아쿠타가와상 작가였다. 그러나 받은 상의 차이를 넘어 그 네 명 모두가 금방 대중 규모의 독자를 지닌 유행 작가가 되었다. 그때까지 확연하게 구별되던 순문학과 대중문학의 구분이 점차 얇어졌다. 그런 낌새라고도 할 수 있는 것이 그 주변에서 슬며시 떠돌기 시작했다.

그리고 주간지 붐이나 『태양의 계절』 소동이 일어난 1956년은, 동시에 '이제 전후가 아니다'라고 경제백서가 선언한 것과 같은, 무언가 매듭이 지어지는 해이기도 했다.

1950년에 시작된 한국전쟁이라는 강심제 주사로 일본 경제가 바닥으로부터 되살아나 사람들의 생활에도 다소 여유가 생겨났다. '진무神武 경기'일본에서 1954~1957년 지속된 호경기다. 오우기야의 〈주간아사히〉가 100만 부를 넘은 것도 그러한 변화 안에서 일어난 사건이었다. 게다가 주간지에 한정하지 않고, 이케지마 신페이 편집장의 〈분게이순주〉, 오우기야와 이케지마의 친한 벗이었던 하나모리 야스지花森安治가 오하시 시즈코大橋鎭子와 함께 창간한 〈생활수첩暮しの手帖〉, 과거에 대정익찬회 선전부에서 하나모리의 동료였던 이와호리 기노스케岩堀喜之助와 시미즈 다쓰오清水達夫가 창설한 헤이본출판平凡出版(현 매거진하우스マガジンハウス)의 젊은 층 대상 예능지 〈헤이본平凡〉 등의 일반지도 잇달아 100만 부를 넘어섰다.

이와 같이 나란히 세워보기만 해도, 패전에서 10년이 지난 1950년대 후반이 일본의 출판계에 있어서 얼마나 눈부신 부활의 시기였던가를 알 수 있다.

관동대지진 후에 시작된 책의 철저한 상품화, 출판의 자본주의적 산업화의 기세가 전시체제로 단절된다. 그때 사람들이 맛본 "형언할 수 없는 외로움"(이케지마)의 체험이 물질적으로나 정신적으로나 지극히 깊은 것이었기 때문에, 그만큼 한번 끊어진 실을 패전 후에 다시 잇는 작업도 극렬한 폭발력을 띠게 되었다. 그러한 의미에서, 나는 앞에서 한 시대 전의 출판 혁명의 '반복'이라고 썼는데, 그것은 단순히 같은 것의 단조로운 반복이 아니었다. 거기에는 과거에는 존재하지 않았던 새로운 힘이 대량으로 묻혀 있었다.

20세기 독서의 전성기

게다가 대중문학뿐 아니라 이 시기에 이른바 순문학의 영역에서도 마찬가지로 폭발적인 변화가 생겨났다.

전쟁이 끝난 직후에는 나가이 가후, 시가 나오야志賀直哉, 다니자키 준이치로, 고바야시 히데오小林秀雄, 나카노 시게하루, 다카미 준高見順, 다자이 오사무太宰治, 이시카와 준, 사카구치 안고坂口安吾 등 패전 전의 작가들이 중심을 차지하고 있었는데 이윽고 〈근대문학近代文学〉〈기바치黄蜂〉〈미타문학三田文学〉 등의 비상업적 동인지(little magazine)를 무대로 삼아 완전히 무명이거나 그에 가까운 젊은 작가가 잇달아 출현했다. 미시마 유키오三島由起夫, 오오카 쇼헤이大岡昇平, 노마 히로시野間宏, 다케다 다이준武田泰淳, 우메자키 하루오梅崎春生, 하니야 유타카埴谷雄高, 시이나 린조椎名麟三, 아베 고보安部公房, 나카무라 신이치로中村真一郎, 후쿠나가 다케히코福永武彦 등과 같은 작가들이다.

그보다 조금 후에 시마오 도시오島尾敏雄, 하세가와 시로長谷川四郎, 이노우에 미쓰하루井上光晴, 야스오카 쇼타로安岡章太郎, 쇼노 준조庄野潤三, 아가와 히로유키阿川弘之, 요시유키 준노스케吉行淳之介, 엔도 슈사쿠遠藤周作 등이 그 뒤를 이어 등장했다. 대략적으로 말하면 모두가 패전 시에 20대부터 30대인 이른바 '전중파' 작가들이다. 조금 젊지만 아리요시 사와코有吉佐和子와 소노 아야코曽野綾子, 세토우치 하루미瀬戸内晴美(후에 자쿠초寂聴) 등 불굴의 여성 작가들도 이 시기에 등장했다.

그리고 1956년의 이시하라 신타로에 이어 1957년에는 역시 아직 20대였던 가이코 다케시開高健가 「거인과 완구巨人と玩具」, 오에 겐자부로大江健三郎가 「죽은 자의 사치死者の奢り」로 등단했고, 그들 '순수 전후파'의 등장으로 아쿠타가와상이라는 업계 내 이벤트가 갑자기 매스컴의 주목을 받게 되었다. 내가 대학 문학부에 입학했던 것이 그 1957년이었다. 나이가 가까운 탓도 있어서인지 그들, 특히 오에의 등장은 충격이었다. 새로운 문학의 시대가 시작되었다는 강한 인상을 받았던 것이다.

하지만 그 무렵 나를 포함한 학생이나 젊은 지식인들이 읽고 있던 것은 반드시 소설만은 아니었다. 오히려 넓은 의미에서의 평론을 더 열심히 읽었다는 느낌이 든다. 만일을 위해 기록해둔다면, 이해 4년제 대학 진학률은(문부성 통계 요람에 따름) 남녀 합쳐서 9퍼센트였다. 그것이 지금은 50퍼센트를 넘는다. 사립대생이었던 내 경우 그런 의식은 거의 없는 것과 마찬가지였지만, 객관적으로 보면 당시의 대학생은 여전히 지적인 엘리트층의 예비군이라고 할 만한 위치에 있었던 것이다.

하지만 이 시기가 되면, 자타가 공인하던 교양주의적 독서도 슬슬 먼 것으로 느껴지게 되었다. 그렇다고 스스로 납득할 수 있는 삶을 추구하는 기분까지 사라졌던 것은 아니다. 오히려 그 반대였다. 그렇다면 어떻게 할 것인가? 혁명에 참가할 것인가?

물론 그런 사람도 적지 않았다. 그러나 이미 나의 고교 시절, 1956년 2월에 소련에서 스탈린 비판이 시작되고 같은 해 10월에는 충격적인 헝가리 사건(동유럽에서 일어난 최초의 반소련 민중 봉기와 그 탄압)이 일어났기 때문이다. 그렇게 되자 쉽게 소련형 공산주의나 혁명운동에 미래를 맡길 수는 없었다.

그렇다면 미소 냉전이 격화하는 세계에서는 그 외에 다른 삶의 방식이 있을 수 있는가? 또한 어떠한 사회에 나는 살고 싶은가? 그 실마리를 찾아서 많은 사람들의 관심이 사회성이 강한 평론으로 향했다. 그런 시대였다. 그리고 이러한 기대에 응답하는 것처럼, 단순한 대학 지식인이 아니라 강한 개성을 가진 독립적인 평론가들의 활동이 두드러지게 되었다. 1950년대 후반부터 1960년대 초반에 걸친 이 사람들의 저작을 아래에 연도순으로 열거해두겠다.

* 후쿠다 쓰네아리福田恆存, 『평화론에 대한 의문平和論にたいする 疑問』(1955)

* 가토 슈이치, 『잡종 문화雜種文化』(1956)

＊ 하나다 기요테루, 『난세를 어떻게 살 것인가乱世をいかに生きるか』(1957)

　＊ 에토 준江藤淳, 『노예 사상을 배척한다奴隷の思想を排す』(1958)

　＊ 다니가와 간谷川雁, 『원점이 존재한다原点が存在する』(1958)

　＊ 요시모토 다카아키吉本隆明, 『예술적 저항과 좌절芸術的抵抗と挫折』(1959)

　＊ 쓰루미 슌스케鶴見俊輔, 『절충주의의 입장折衷主義の立場』(1961)

　＊ 다케우치 요시미竹内好, 『불복종의 유산不服従の遺産』(1961)

　＊ 쓰루미 슌스케・후지타 쇼조藤田省三, 『공동 연구 전향共同研究転向』(1959~1962) 등등

치열한 지성인이었던 『현대정치의 사상과 행동現代政治の思想と行動』(1956)의 마루야마 마사오도 포함하여 당시 이들의 활동을 주로 뒷받침해준 것이 패전 후에 창간된 〈세카이世界〉(요시노 겐자부로吉野源三郎 편집, 이와나미쇼텐)나 〈덴보展望〉(우스이 요시미臼井吉見 편집, 지쿠마쇼보)를 비롯한 〈가이조〉〈주오코론〉〈분게이슌주〉 등의 종합지다. 게다가 그것이 아주 잘 팔렸다. 소설이나 가벼운 신서 등으로 출판의 소비산업화가 진행되던 시대는 동시에 이러한 강경파의 비평이나 평론의 시대이기도 했던 것이다.

　그리고 주목해야 할 것이 하나 더 있다. 이 시기가 되어 구미 신간의 수입과 번역이 재개되었다는 것. 재개라는 것은 태평양전쟁 하의 4년간 독일과 이탈리아 등의 동맹국 외에는 책과 영화와 레코드 수입이 금지되었고 일본은 사실상 문화적 쇄국 상태에 놓여 있었기 때문이다. 그러한 와중에 비밀리에 입수한 영어나 프랑스

어 헌책을 끈질기게 계속 읽고 있던 소수의 사람들 중에 우에쿠사 진이치植草甚一가 있다. 당시 도호東宝계인 신주쿠 문화극장의 지배인이었던 그의 1945년 2월 28일 일기를 인용한다.

> 오늘 밤은 적의 내습이 없는 것 같다. (…) 매일 일의 피로에서 벗어나질 못한다. 양어깨에 피곤이 남아 있다. 피에르 마로아의 소설 『로웨나Rowena』를 재미있게 읽고 있다. 내일 중으로 다 읽게 되겠지. 필리프 수포Philippe Soupault를 생각한다. 수포는 어떻게 되었을까? 아주 먼 옛날에 죽어버렸을까?

필리프 수포는 우에쿠사와 동년배인 초현실주의 시인이다. 그리고 우에쿠사는 제1차 세계대전 후 유럽에서 일어났던 전위예술 운동의 영향을 받으면서 청춘기를 보낸 세대에 속했다. 그만큼 나치 독일에 점령되다시피 한 땅에 살던 같은 세대 예술가들의 운명에 절실한 관심을 가지지 않을 수 없었던 것이다.

그리고 전쟁이 끝났다. 그래도 쇄국 상태까지 끝난 것은 아니었다. 거기에 GHQ의 검열이 기다리고 있었다. GHQ란 일본 점령의 중추였던 '연합국군총사령부'의 약칭이다. 그래봤자 실질적으로는 미국의 일개 파견 기관에 지나지 않았다. 자국의 책(다만 사상적으로 위험한 것은 제외하고)을 번역할 것을 적극적으로 장려하는 한편, 영·불·소 등의 연합국에서 출판된 것이라도 승리를 독점한 미군의 점령 방침을 따르지 않는 책의 수입이나 번역은 갖은 수단을 통해 제한하고 있었다.

그래도 샌프란시스코강화조약으로 점령 종결(1952년)이 가까워

짐에 따라 이런 종류의 제한도 서서히 완화되었다.

그러한 자유화 과정에서, 1950년에 프랑스의 철학자 장 폴 사르트르의 『철들 나이』(『자유의 길Les chemins de la liberté』 제1부)와 알베르 카뮈의 『페스트』라는 두 편의 장편소설이, 이어서 전자의 『구토』 『실존주의란 무엇인가』, 후자의 『이방인』 『반항하는 인간』 등의 소설이나 평론이 연이어 출간되어 패전 후 일본에 '실존주의 붐'이 일어난다. 새로운 시대의 혼란에 어떻게 대처하고 어떻게 살아갈 것인가. 그러한 절박한 물음이 이 붐을 지탱하고 있었음이 분명하다. 그래도 일본의 독서인이 전시와 점령기를 합쳐서 10년이 넘는 문화적 쇄국 상태에서 해방되어 마침내 동시대의 세계와 연결점을 다시 획득했다는 것 자체가 준 감동, 기쁨의 표명이라는 면도 자유화의 가치와 동등하든가, 어쩌면 그 이상으로 크지는 않았을까?

그리고 또 하나, 주로 미국에서 출판된 책과 관련된 기획인데, 같은 시기에 그때까지 연극서 중심의 작은 출판사였던 하야카와쇼보早川書房가 '하야카와 포켓 미스터리'라는 시리즈 간행을 개시했다. 미키 스필레인의 가벼운 하드보일드 소설 『위대한 살인The Big Kill』을 시작으로 대실 해밋의 『붉은 수확』, 코넬 울리히의 『검은 옷을 입은 신부』, 아이라 레빈의 『죽음의 키스』, 애거사 크리스티의 『할로 저택의 비극』, 조세핀 테이Josephine Tey의 『시간의 딸』, 얼 스탠리 가드너의 『기묘한 신부』, 존 딕슨 카의 『죽은 자를 깨우다To Wake the Dead』와 같은 명작과 최신작을 연이어 출간했다.

다만 당시에는 미스터리 번역물 자체가 아직 소수 마니아들의 것이었고, 미국의 페이퍼백을 흉내 낸 신서판(책의 위아래와 횡단면에 노란 칠을 했다)에 스구로 다다시勝呂忠의 추상화를 조합한 최신식 제작본 덕택에 굳이 표현하자면 도시 인텔리 대상의 기획으로 간주되어 생각만큼 잘 팔리지 않았다고 한다. 그러나 미스터리 번역물에 대한 저항감이 엷어짐에 따라 안정되어갔고, 지금은 2000종 가까운 매머드 시리즈로 성장했다는 것은 주지의 사실이다.

이와 같은 과정을 거쳐 바닥에서 부활을 성취했고, 그로부터 1960년대를 거쳐 1980년대 중반에 이르는 사반세기야말로, 지금 와서 생각해보면 아무래도 독서의 황금시대로서 20세기의 절정이라고 할 수 있을 것 같다. 그러나 되풀이해서 말하지만 '지금 와서 생각하면'이다. 당시의 나(이미 편집 일을 시작했다)에게는 스스로가 그런 특별한 시대에 살고 있다는 의식 따위 티끌만큼도 없었다.

거기에다 책이 맹렬히 팔리던 시대도 아니었다. 분명히 패전 직후와 비교하면 순조롭게 증가하고 있었지만, 전술한 바와 같이 연간 출판 종수는 아직 1만 종에서 2만 종대에 머물고 있었다. 그것이 패전 전의 정점을 추월하는 것은 1980년대에 들어선 이후의 일이다.

따라서 여기에서 말하는 '한창'이란 비즈니스로서의 출판이 정점을 찍었다는 의미가 아니다. 그게 아니라, '딱딱한 책'과 '부드러운 책'을 불문하고 '책을 읽는 것은 좋은 것이다' 또는 '멋있는 일이다'라는 사고가 사회에 침투하여 그 결과 독서가 광범위한 사람들의 안정된 생활 습관으로 여겨졌고, 그로부터 그때까지와는 다른 독서 방식, 책과 사귀는 방식이 생겨난 그런 시대라는 정도의 의미다.

그리고 덧붙이면, 이 '황금시대'의 바닥에서 어느샌가 그것을 무너뜨리고 끝나게 하는 요인이 조금씩 조금씩 자라나고 있었다. 그로부터 오랜 시간이 지나 21세기가 된 현재 시점에서 되돌아보면 그렇다는 걸 알게 된다.

활자에서
멀어지다

만화를 읽는 대학생

1950년대 후반부터 1980년대 초에 걸쳐 독서의 황금시대가 정점에 달했지만 한편으로는 역설적으로 책이 가진 힘에 대한 무조건적인 신뢰가 바닥부터 흔들리기 시작한다. 그런 시기(1977년)에 〈아사히신문〉의 미국 특파원이었던 마쓰야마 유키오松山幸雄가 어느 잡지에 투고한 수필의 요약을 〈주간신초〉의 「다이제스트」라는 칼럼에서 인용해둔다.

　　미국에서 일본으로 돌아와 가장 놀란 것은, 전철 안에서 대학생이나 샐러리맨이 부끄러운 기색도 없이 만화를 읽고 있는 것이었다. 나는 진작부터 한 나라의 문화를 떠받치고 향상시켜가는 것은 좋은 의미에서 허영심이 아닐까 생각한다. 옛날에는, 내심으로는 대중용 읽을거리에 끌리던 나이에, 도스토옙스키나 파스칼을 읽어가던 중에 정말로 빠져들어가는 경우가 많았다.

오늘날의 일본에서는 이 '발돋움'이라는 것을 하지 않고, 본능이 가는 대로 입에 당기는 만화를 탐독한다. 편한 곳만 찾아 흘러간다. (…) '교양'에까지 땀을 흘리고 싶지 않은 것이다.

마쓰야마 유키오는 1930년생. 패전 후 도쿄대학 법학부를 졸업하고 〈아사히신문〉 미국 총국장을 역임한 저널리스트로서, 다이쇼 교양주의의 흐름에 곧추서 있는 엘리트 지식인이었다. "곧추"라는 것은 성장하면서 '부드러운 책'에서 '딱딱한 책'으로, 그가 말하는 "대중용 읽을거리"에서 "도스토옙스키나 파스칼"로 상승해가는 '독서의 계단'의 존재를 이렇다 할 의심 없이 믿을 수 있었다는 정도의 의미다.

하지만 그렇게 부동이었던 계단에 동요가 발생하여, "허영심"이든 아니든 어려운 책을 "발돋움"해 읽음으로써 균형 잡힌 지성을 익히고 자기 자신을 내면에서부터 고양시켜간다는 구제 고교적인 독서의 기풍이 무참히도 상실되고 있었다. 마쓰야마에게는 이것이 용납되기 힘든 사태라고 느껴졌던 것이다. 그렇기에 그는 사람들 앞에서 만화에 열중하고도 부끄러워하지 않는 대학생들의 태도에 저만큼 격하게 화를 냈을 것이다.

하지만 마쓰야마가 미국에 있어서 알지 못한 것 같은데, 그보다도 상당히 일찍 1960년대 후반에 이미 단카이 세대 학생들이 〈소년매거진少年マガジン〉 〈소년선데이少年サンデー〉 〈소년점프少年ジャンプ〉 〈가로GARO〉 등의 만화 잡지를 열심히 읽고 있었다. 작품으로 말한다면 시라토 산페이白土三平의 『가무이전カムイ伝』, 아카쓰카 후지오赤

塚不二夫의『천재 바카본天才バカボン』, 다카모리 아사오高森朝雄가지와라 잇키의 필명·지바 데쓰야ちばてつや의『내일의 조あしたのジョー』, 가지와라 잇키梶原一騎·가와사키 노보루川崎のぼる의『거인의 별巨人の星』, 쓰게 요시하루つげ義春의『나사식ねじ式』등.

여기에서 생각나는 것이 이것과 같은 시기에 미국 서해안의 히피 운동에서 생겨난『전 지구 카탈로그全地球カタログ』나 중국 문화대혁명의 붉은 성서라고도 할 수 있는『모택동 어록毛澤東語録』등의, 한결같이 '책 만능주의에 반대한다'라고 주장하는 다른 형태의 '서책'이 몇 종인가 출현한 것이다. 그 시대풍으로 이야기하면, 책에 의한 지知의 권위주의적 지배에 이의를 제기하는 책이다. 당시는 전혀 알아채지 못했지만 지금 와서 생각하면 대학생이 만화를 읽기 시작한 것은 그러한 감각과 사고가 세계 각지에서 각각 독특한 방식으로 확산되어갔던 시대이기도 했다.

그렇게 이야기하면 데라야마 슈지寺山修司의『책을 버리고 거리로 나가자書を捨てよ、町へ出よう』가 젊은이들의 인기를 끈 것도 같은 1960년대 말이었다. 요컨대 대항문화counter culture나 서브컬처 subculture(주변문화, 하위문화) 발견의 시대다. 하지만 '책 만능주의에 반대한다'라는 주장 자체는 패전 후의 일본에서 반드시 그때가 최초였던 것은 아니었다. 예를 들면 교토대학 인문과학연구소의 소장이었던 프랑스 문학자인 구와바라 다케오桑原武夫──그는 일찍이 1955년에 독서는 커뮤니케이션의 유력한, 하지만 하나의 형식에 불과하고, 인간 형성은 그것만으로는 불충분하다고 했다.

인간을 알기 위해서는 독서에만 의존해서는 안 된다는 걸 알기에, 오늘날에는 또 하나 별도의 주의를 요할 것이다. 그것은 커뮤니케이션 수단으로서, 사진, 영화, 라디오, TV 등이 점차로 유력해져서 책이 지닌 사회적인 영향력이 19세기보다 상대적으로 줄어들고 있다는 사실이다. (…) 어떻든 간에, 책을 읽지 않는 녀석은 바보라고 간단히 말할 수는 없을 것이다. 여하튼 책의 보급은 이제 정점을 지난 것이 아닌가 여겨진다. 소련에서는 증가하고 있는 것 같은데 프랑스에서는 확실히 내리막이다.(「독서」)

그리고 구와바라는 이어서 이렇게 이야기한다.

〈마이니치신문〉의 독서 여론조사(1951년)에 따르면 책을 읽고 있다고 답한 사람은 19.2퍼센트, 따라서 '일본 민중의 80퍼센트 이상은 책을 읽지 않는' 것이 된다. 그 사실을 잊어버리면 이 문장의 독자들도 '책에서 익힌 말을 태연하게 또는 숙련되게 사용할' 뿐인 별종의 '바보'가 되어버릴 것이다.

여기서 구와바라가 구체적인 예로 들고 있는 것은 대중 집회에서 교조주의적인 좌익 지도자들이 보여주는 행동인데, 단순히 거기에 머물지 않고, 이 발언의 뒤에는 등산이나 다양한 필드워크 경험이 길러낸 구와바라식의 '책 만능주의에 반대한다'가 단단히 달라붙어 있었다. 즉, 이것은 '독서에만 의존해서 경험을 소홀히' 하기 쉬운 교양주의적 독서법이 가진 편향성에 대한 분명한 위화감(또는 자기 비평)의 표명이기도 했다.

그리고 흥미로운 것으로, 구와바라는 여기에서 "책의 보급은 이제 정점을 지난 것이 아닌가"라는 위기감도 함께 표명하고 있다. 게다가 당시 이러한 위기감을 품은 것은 구와바라 같은 일본의 지

독서와 일본인

식인만이 아니었다. 그 점에서는 책이 지닌 힘이 "확실히 내리막"으로 접어들었다고 그가 이야기한 프랑스도 마찬가지였다. 예를 들면 뤼시앵 페브르Lucien Febvre와 앙리 마르탱Henri Martin의 『책의 탄생L'apparition du livre』이라는, 유럽 출판사史에서 기념비적인 대저작이 1958년에 간행되었다. 그 서문에서 아날학파의 원로 역사가인 페브르가 이렇게 썼다.

> (구텐베르크의 활판인쇄술의 발명으로) 서양 사회 한가운데에 출현한 '책'은 15세기 중엽부터 보급되기 시작했고, 20세기 중반인 현재는 전혀 다른 원리에 기초한 수많은 발명 때문에 위협받고 있어서 앞으로도 오랫동안 그 역할을 계속할 것인지 여부가 위험시되고 있다.

여기에서 이야기하는 "전혀 다른 원리에 기초한 수많은 발명"이란 물론 아직 컴퓨터나 인터넷이 아니라, 구와바라가 말하는 "사진, 영화, 라디오, TV" 등을 가리킨다.

다만 독서의 황금시대로서의 20세기는 동시에 이 시청각미디어들이 보급되고 눈부시게 성숙한 시대이기도 했다. 우리가 사랑하는 책(즉, 책의 최고 형태로서의 현재의 활자본)은 머지않아 이 새로운 미디어, 특히 영화에 추월당해버리지 않을까? 그러한 불안이 실은 그 이전 20세기 전반부터 조금씩 조성되고 있었던 것이다. 더욱이 20세기 후반에 들어 TV가 등장하면서 이러한 종류의 위기감이 한층 더 깊어져갔다.

지금 우리가 손에 쥐고 있는 책은, 아마 앞으로도 계속 신구 미디어의 중핵이 될 것이지만, 자칫하면 이는 우리의 희망적 관측에 불과하고, 실제로는 가물거릴 정도의 오랜 미디어의 역사 중 아주 짧은 한 시기를 지배하고 있는 데에 불과한 것이 될지도 모르겠다.

이러한 인식을 『영화적 사고映画的思考』의 하나다 기요테루나 『미디어의 이해』의 마셜 매클루언Marshall McLuhan 등의 전위적인 문학자나 사상가뿐 아니라 문화적으로는 보수파라고 해도 좋을 구와바라 다케오나 뤼시앵 페브르까지 나눠 가지게 되었다. 일찍이 그러한 시대가 시작되었던 것이다. 게다가 일본뿐 아니라 세계적인 확산을 가지고 말이다.

구와바라 소장 시대의 교토대 인문과학연구소는 몇 명인가 독창적인 사상가를 배출했다. 그중 한 명이 쓰루미 슌스케다. 『삼국지』나 『대보살 고개』에 대한 구와바라의 애착과 경의를 이어받아 쓰루미도 소학교 시절에 열중해서 읽었던 미야오 시게오宮尾しげを의 『단고구 시스케 만유키団子串助漫遊記』로 시작해 하세가와 마치코長谷川町子의 『사자에 씨サザエさん』, 미즈키 시게루의 『악마 군悪魔くん』, 야마가미 다쓰히코山上たつひこ의 『가키데카がきデカ』, 고바야시 요시노리小林よしのり의 『도쿄대 일직선東大一直線』, 이와아키 히토시岩明均의 『기생수寄生獸』 등의 만화를 통해 자신의 사상을 엮어냈다. 현대 만화와 함께 살아간 최초의 철학자라고 해도 좋을 것이다.

그리고 또 한 명, 쓰루미와 함께 인문과학연구소의 조교수였던 우메사오 다다오가 있다. 그 또한 '독서만이 아니라 경험을'이라는 구와바라의 자세를 한층 더 발전시켜, 1969년에 이와나미신서에서 나온 『지적 생산의 기술知的生産の技術』에서는 읽고 생각하고

쓰는 지적 작업의 모델을, 지식인의 서재의 비의로서의 그것으로부터, 가나 문자 타입이나 필드노트나 교토대 카드 등의 작은 도구를 구사한 실무가(필드워커)의 실천 기술로 전환해 보여주었다. 20세기 초 초등학생이었던 나카노 시게하루가 교과서에 연필로 꾸불꾸불 검은 선을 그었다. 그때 소년은 해방감을 맛보았다. 그것과 닮은 것을 독자들은 우메사오의 책에서 감지한 것이다. 덕분에 이 책은 금세 초베스트셀러가 되었고, 반세기가 지난 오늘날에도 비즈니스책 '지적 생산' 부문의 시조로서 계속 권위를 유지하고 있다.

이렇게 보면, 1950년대부터 1970년대에 걸쳐 책이 다른 미디어에 대해서 가지고 있던 압도적인 우위성이 조금씩 의문시됨과 동시에 저급문화low culture와 고급문화high culture를 구분하는 선이 희미해지기 시작했다는 것을 알 수 있다. 그렇게 되면 어린이나 대중의 독서를 도스토옙스키나 파스칼을 읽는 것보다 한참 하위에 두는, 처음부터 그렇게 단정하고 의심하지 않는 교양주의적 '책의 계단'의 질서도 서서히 무너져갈 수밖에 없다. 그런 시대에 대학생이 소년 대상 만화 잡지를 애독하기 시작한 것은 당연하다고 하면 당연한 결과였다.

팔리는 책이 좋은 책이다

그런데 만화를 읽는 대학생의 출현에는 또 하나 다른 배경이 있었다. 1960년대의 고도 경제성장으로 일본의 소비사회화가 일거에 진행된 것이다.

그렇게 갓 태어난 새로운 사회에 쇼핑을 좋아하는 젊은이 무리가 패전 후 처음으로 그 모습을 거리에 드러냈다. 그것이 단카이 세대다. 만화 잡지든 무엇이든 그들은 이미 신간을 읽고 버리는 소비재로 다루는 습성을 익히기 시작했다. 적어도 그 이전에 청년이었던 인간의 눈에는 그렇게 비쳤다. 그야 그럴 것이다. 그들보다 열 살 정도 연장자인 내가 무언가 자신을 가지고 살 수 있었던 것은 고작 헌책과 전철 티켓 정도였기 때문이다.

그때까지 책 시장에는 매력적인 신간이 매우 적었다. 있어도 판에 박은 듯한 책밖에 없었다. 그래도 이 시기가 되면 딱딱하고 부드러운 것과 관계없이 간행된 책의 내용이나 형태가 다양화의 조짐을 보이기 시작했고, 전쟁으로 강요된 굶주림 때문에 책에 대한 뜨거운 마음이 변용되기 시작한다. 그러한 시기의 출판계에 생긴 상징적인 사건 두 가지를 들어보겠다.

우선은 '잡지'. 매거진하우스사의 잡지 미디어 혁신이다. 구체적으로는 1964년 〈헤이본펀치平凡パンチ〉로 시작하여 〈앙앙 an·an〉(1970), 〈뽀빠이ポパイ〉(1976), 〈크루아상クロワッサン〉(1977), 〈브루투스ブルータス〉(1980), 〈올리브Olive〉(1982) 등 센스 있는 대형 비주얼 잡지가 매거진하우스에서 연이어 창간되었다.

특히 주목해야 할 것은, 이 잡지들에 TV나 신문과 맞먹는 상품 광고의 강력한 매체라는 새로운 역할이 부여되었다는 것이다. 대량의 광고를 안정적으로 획득할 수 있고, 시장조사를 통해 각각의 상품에 적합한 독자층을 특정하고 바로 그들을 대상으로 잡지를

독서와 일본인

만든다. 타사들도 즉각 이 새로운 방법을 채택했기 때문에 1970년대 중반에는 서점에서도 컬러풀한 광고로 채워진 대형 비주얼 잡지가 눈에 잘 띄는 장소를 차지하고, 그에 따라 종래의 종합지나 문예지 등 활자 중심 잡지의 존재감이 점차로 엷어졌다. 그리하여 일본 잡지의 기본 이미지, '잡지는 이런 것이다'라는 사회적 통념이 불과 10년 정도 사이에 어이없이 뒤집어져버렸다.

그리고 그 뒤를 이어 가도카와쇼텐이 과감한 '문고' 대중화를 감행한다.

과거에는 이와나미문고 타입으로 수수하게 만들던 가도카와문고가 1970년대 후반 요코미조 세이시의 『이누가미 일족犬神家の一族』이나 모리무라 세이이치森村誠一의 『인간의 증명人間の証明』의 간행을 시작으로 그 노선을 고전이나 순문학에서 대중문학으로 바꾸고, 새롭게 설립된 '가도카와 영화'로 영화화를 연동시키는 미디어믹스 전략('읽고 나서 볼까 보고 나서 읽을까')이 성공을 거두자, 같은 시기에 참가한 고단샤문고, 주코문고, 분슌문고, 슈에이샤문고集英社文庫를 포함한 일본 문고의 대부분이 같은 길을 걸어가게 되었다. 즉, 고전으로 대표되는 '딱딱한 책'을 운반하는 자동차로서의 문고가 대중문학이나 라이트에세이 등의 '부드러운 책'을 실은 보다 가볍고 화려한 자동차로 다시 만들어졌던 것이다.

고전을 중심으로 하는 '딱딱한' 문고는 한 권의 책을 장시간에 걸쳐 판매한다. 즉, 책의 생명이 길었다. 그에 비해 '부드러운' 문고는 대량의 책을 단기간에 팔아버린다. 그러므로 단명한다. 물론 잡지의 생명은 그보다 더욱 짧다. 고작 일주일 또는 한 달. 문고든 잡지든 그와 같은 단명 상품이 매장의 중심을 차지하게 되고, 어느샌가 독자는 분주하게 제공되는 이 상품들의 (독자라기보다는) 소비자로서의 면을 강화해갔다.

그리고 이러한 사건들의 결과로서, 1970년대도 끝나갈 무렵인 1979년에 잡지의 연간 매상고가 패전 후 처음으로 책의 매상고를 웃돌게 되었다. 그로부터 "잡고서저雜高書低"라는 신조어가 생겨났고, 곧바로 잡지가 7, 서적이 3이라는 잡지 우위의 비율이 고착됐다. 이 언저리에서 관동대지진 후에 본격적으로 출범한 출판의 자본주의 산업화는 새로운 단계에 발을 들여놓았다고 해도 좋을 것이다.

그리고 이러한 종류의 변화가 항상 그렇듯이, 일단 시작되면 가속도가 붙어 막다른 곳까지 가버린다. 이를 여실히 보여주는 것이 출판 종수의 가공할 만한 급증 양상이다. 658종에서 시작된 패전 후의 연간 출판 종수는 그 후 계속 천천히 증가하여 1971년에 2만 종을 넘는다. 거기까지는 이미 설명한 대로다. 그리고 11년 후…….

1982년	3만 종 넘김(이하 넘김 동일)
1990년	4만 종
1994년	5만 종
1996년	6만 종
2001년	7만 종
2010년	8만 종(이후에는 8만 종 전후가 계속됨)

이 통계를 보면 알 수 있듯이 연간 2만의 출판 종수가 3만 종이

되는 데에 11년이 걸렸다. 그 간격이 8년, 4년, 2년, 이렇게 고꾸라지는 듯한 속도로 단축되었고, 그와 함께 책의 생명이 점점 더 단축되어 1990년대 중반에는 '금방 대량으로 팔리는 책이 좋은 책, 그렇지 않은 책은 나쁜 책'이라는 업계의 암묵적인 기준이 정착되어버린다.

이것이 일본의 출판계에만 생겨난 국지적인 변화였나 하면 그렇지 않다. 우선 들 수 있는 증거로서, 활판인쇄술 발명 이후 주로 구미의 출판 종수 변화를 세기별로 보여주는 아래 통계를 일별해보라. 가브리엘 자이드Gabriel Zaid라는 멕시코 시인이자 저널리스트의 『책이 가득So Many Books』이라는 책에 나오는 숫자에서 내가 작성한 것이다.

1450년	100종
1550년	500종
1650년	2300종
1750년	1만 1000종
1850년	5만 종
1950년	25만 종
2000년	100만 종

너무 대략적인 표이지만 그래도 일본뿐 아니라 세계적으로 보더라도 20세기, 특히 그 후반이 얼마나 이상한 시대였던가 하는 예측 정도는 가능하지 않은가?

그 이상한 양상을 보여주는 예로서 또 한 사람, 프레데리크 루빌

루아Frédéric Rouvillois라는 프랑스의 역사가가 『베스트셀러의 세계사Histoire des best-sellers』라는 책에서 20세기 전반과 후반을 대표하는 두 권의 초베스트셀러를 비교했다. 아울러 여기에서 이야기하는 '베스트셀러'라는 말은 출판 자본주의 산업화 이후에 눈부신 판매를 보여준 책이라는 정도의 의미로, 19세기 말 미국에서 사용되기 시작하여 제1차 세계대전 후에 영국과 프랑스에서 확산되었다고 한다. 하지만 일본에서는 상당히 뒤처져 1946년에 〈주간아사히〉 지상에 나타난 것이 최초로 보인다.

이 책에 따르면 20세기 전반을 대표하는 베스트셀러는 마거릿 미첼의 『바람과 함께 사라지다』인데, 1936년에 출간되어 그해에 100만 부, 이듬해에는 150만 부, 10년 후에는 미국 내에서만 300만 부가 팔렸다고 한다.

후반기(정확하게는 20세기 말부터 21세기 초에 걸쳐)의 대표작은 말하지 않아도 아는 J. K. 롤링의 '해리 포터' 시리즈다. 1997년에 제1권이 출간되었고, 제6권 『해리 포터와 혼혈왕자』는 '세계 동시 발매'라는 미증유의 판매방식으로 불과 24시간 만에 900만 부가 넘게 팔렸다. 그리고 2007년에 출간된 제7권에서 이 기록을 대폭 갱신하고 일단락됐는데, 이듬해인 2008년까지 150국이 넘는 나라나 지역에서 시리즈 총계 4억 부 이상을 팔았다고 한다. 매상고의 차원이 몇 단계나 올라갔고, 이제는 별세계의 사건이라고 할 수밖에 없을 정도다.

물론 일본도 예외는 아니다. 세이잔샤静山社라는 무명의 작은 출판사가 1999년부터 2009년까지 전 7권의 번역서를 순차적으로 출간했다. 제1권 500만 부 이하, 총 발행 부수로 2360만 부가 넘는 경

독서와 일본인

이적인 매상을 보여, 만성 불황에 빠져 있던 출판업계를 문자 그대로 한 손에 떠받치는 초베스트셀러가 되었다.

작품으로서의 '해리 포터'에 대해 여기서 운운할 생각은 없다. 그 '짧은 시간에 대량의 책을 세계 규모로 일거에 팔아치운다' 하는 판매방식에 대해서만 이야기하면, 그것이 같은 20세기 말에 시작된 미국식의 시장 최우선주의의 글로벌화, 때로 강욕強欲자본주의라고도 불리는 신자유주의 경제가 낳은 사회 풍조와 무관하다고는 생각하지 않는다. 이 제2부 「독서의 황금시대」의 서두에서, 20세기 독서의 요체는 '같은 책을 다른 장소에 있는 알지 못하는 타인과 함께 읽는다'라는 독서 습관의 평등화에 있었다는 의미의 말을 했다. 그 평등화에 대한 열의가 한 세기가 지나 일본뿐 아니라 '전 세계 모든 이가 일제히 같은 책을 사서 읽는다' 하는, 도를 넘는 독자의 동조 지향을 불러 모았던 것이다.

사람들이 책을 읽지 않게 되었다

게다가 흥미로운 것은 이 출판 종수의 급증이 사람들, 특히 젊은 세대의 '책과 멀어지기'의 진행과 궤를 같이하여 일어났다는 것이다. 그렇다면 책을 읽는 사람의 숫자가 줄었다고 하는데 왜 출판 종수는 이토록 급격히 증가한 것일까? 아니, 그전에 젊은 세대는 도대체 언제부터 이렇게도 책을 읽지 않게 되었는가?

실은 이 '책과 멀어지기'나 '활자와 멀어지기'라는 말을 매스컴이나 출판계 주변에서 자주 사용하게 된 것은 저 "잡고서저"라는 말이 유행한 것과 같은 1970년대 말이다.

예를 들면 출판뉴스사에서 간행하는 『출판 연감出版年鑑』 1978년 판을 보면 권두의 「출판 개황出版概況」에서 바로, 근년에 "젊은이들 사이에서 '책과 멀어지기'가 진행되고 있다"라는 기술과 맞닥뜨린다. 그 전해인 1977년에 행해진 〈마이니치신문〉의 독서 조사에 따르면 지금 대학생 네 명 중 한 명은 1년에 한 권도 책을 읽지 않는다고 했다. 학생뿐만이 아니다. 20대에서 30대 초반의 사람들 사이에서 "독서 습관이 급속히 사라지고 있다는 사실이 분명해지고 있다"라고 하면서,

> 이 조사를 보더라도 TV 전성기, 만화劇画 유행의 풍조 안에서 읽고 생각하는 것을 잊어버린 '영상 세대'가 대량으로 자라나고 있다는 것을 알 수 있다. 또한 책을 소모품과 같이 보는 경향이 있는 것도 사실이다. 책은 읽고 버려도 상관없다고 하는 사람도 있을 정도니 그래도 괜찮다는 소리도 들린다.

〈아사히신문〉 기자인 마쓰야마 유키오가 귀국해서 "전철 안에서 대학생이나 샐러리맨이 부끄러운 기색도 없이 만화를 읽고 있는" 광경에 아연실색한 것도 이 독서 조사가 행해진 1977년의 일이었다.

혹시 몰라서 말해두지만, 이 시기에 말하는 '책과 멀어지기'의 '책'은 기본적으로는 철학이나 역사나 종교 등의 인문서, 고전, 순문학, 자연과학이나 사회과학의 '딱딱한 책'을 가리키고, 만화나

독서와 일본인

대중소설 등의 '부드러운 책'은 포함되지 않는다. 하지만 고도 경제성장하에서 잡지나 문고의 변모도 있었고, '부드러운 책'의 시장이 비약적으로 확대되면서 그에 따라 '딱딱한 책'의 매상이 눈에 띄게 떨어지기 시작했다. 그렇게 팔리지 않게 된 '딱딱한 책'의 출판과 관련된 사람들의 통절한 탄식에서 '책과 멀어지기'나 '활자와 멀어지기' 등의 말이 나온 것이다.

하지만 아무리 탄식을 한들 그로 인해 상황이 조금이라도 호전되지는 않는다. 그래서 오랫동안 문고와 함께 이와나미쇼텐의 출판물의 중추를 이루어온 신서가 과감히 표지의 색깔을 '청'에서 '황'으로 바꾸어보았다. 그것이 역시 1977년의 일이다. 이때의 전환에 대해 당시 편집자들이 대화를 나눈 좌담회 기록이 후에 이와나미 신서의 별책으로 나온 『이와나미신서 50년岩波新書の50年』에 수록되어 있다.

청판 시대는 대학생이 전체 독자층의 제1위에 있다고 하여 우리도 그것을 염두에 두고 일을 추진해왔다. 물론 회사원도 독자층의 상당 부분을 차지하고 있어서 일반 사회인 대상의 기획서도 매년 많이 내왔지만, 적어도 1970년대 초까지는 그렇게 파악해왔다. 그것이 1970년을 지난 시점부터 웬일인지 학생 독자가 줄어드는 것 같은, 역으로 이야기하면 독자층이 확산되고 있다는 실감을 편집부에서도 일상적으로 느끼게 되었다. (…) 아무튼 일반적으로 이야기해서 생활도 다양화하고 있고 독자의 관심도 여러 가지로 분화되었다. 그러한 시기에 황판의 출발을 맞이하게 된 것이다.

1957년부터 1973년까지 16년간 도쿄대 생협 서적부가 '주간 베스트 10'의 데이터를 공표했다. 그것을 집계하여 출판사가인 나가미네 시게토시가 베스트 10에 들어간 책의 숫자를 연도순·출판사별로 정리했다.

그에 따르면 조사를 시작한 해부터 14년간은 1회를 제외하고 이와나미쇼텐이 단연코 1위. 하지만 그 이와나미 책의 숫자가 1968년부터 줄기 시작하여 마지막 1972년과 1973년에는 선두 자리를 신초샤에 넘겨주고 말았다. 게다가 그사이에 순위에 든, 이와나미쇼텐이 발행한 책의 60퍼센트 가까이는 신서가 차지했다고 하므로 현실적으로는 "1970년을 지난 시점부터 웬일인지 학생 독자가 줄어들었다" 하는 정도의 단순한 변화는 아니었다.

도쿄대생이 그렇다면 대학생 일반을 '딱딱한 책'의 안정된 독자층으로 상정하는 것은 어려울지 모르겠다. 그를 대신하는 새로운 독자층을 서둘러서 고정시켜둘 필요가 있었다. 그래서 부상한 것이 앞서 언급한 좌담회에서 이야기한 회사원을 중심으로 한 "일반 사회인"의 존재였던 것이다.

그리고 그 일반 사회인층을 대상으로 오카다 에이岡田暎의『테니스 즐기기テニスを楽しむ』, 나카야마 노리유키中山典之의『바둑의 세계囲碁の世界』, 시마 히데노스케島秀之助의『프로야구 심판의 눈プロ野球審判の目』 등의 '취미물'이나 후나바시 요이치船橋洋一의『미일 경제 마찰日米経済摩擦』, 미야자키 요시카즈宮崎義一의『세계경제를 어떻게 볼 것인가世界経済をどう見るか』, 스즈키 마사토시鈴木正俊의『경제 데이터 읽는 법経済データの読み方』 등의 '경제물' 등 "이러한 기획은 과거라면 편집회의에서 합의를 얻기까지 시간이 걸렸을"(『이와나미신서

50년』) 법한 황판 신서가 잇달아 간행되었다.

그러다 1970년대도 후반에 들어서면 문고나 신서 외에 일반 단행본 분야에서도 여러 가지 새로운 현상이 눈에 띄게 된다.

그중 하나가 스스로 "쇼와 경박본"이라고 명명한 일군의 에세이스트들의 등장이었다. 『중산계급의 모험チューサン階級の冒険』(1977)의 아라시야마 고자부로嵐山光三郎와 『안녕, 고쿠분지서점의 할머니さらば国分寺書店のオババ』(1979)의 저자이자 "쇼와 경박본"의 명명자이기도 한 시이나 마코토椎名誠를 필두로, 아카세가와 겐페이赤瀬川原平, 미나미 신보南伸坊, 무라마쓰 도모미村松友視, 하야시 마리코林真理子, 하시모토 오사무橋本治, 이토이 시게사토糸井重里 같은 새로운 타입의 문필가들의 활약이 시작된다. 번거로운 사상 용어 등은 처음부터 사용할 마음도 없다. 어깨의 힘을 빼고 철저하게 속된 구어로 생각하고 쓴다. 그래서 웃음은 불가결하다. 그러므로 굳이 말하자면 '읽는 만화'였다.

그리고 보니 "경박단소"라는 말도 있었다. 원래는 공해와 오일쇼크 이후 석유 에너지에 의존하는 '중후장대'형 산업으로부터의 탈피를 의미하는 신조어로서, 그것을 출판업에 적용하면 무거운 책이 아니라 가벼운 책, 두꺼운 책이 아니라 얇은 책, 긴 책이 아니라 짧은 책, 큰 책이 아니라 작은 책이야말로 지금 시대에는 어울린다는 의미가 된다. 반은 농담이지만, 전술한 에세이스트들의 책이 그렇듯이 실제로도 큰 활자로 느슨하게 만든 얇고 가벼운 페이퍼백 형태의 책이 갑자기 유행하기 시작했다.

이 쇼와 경박본 운동(이라고 할 수 있을 것이다)은 대학 바깥에서 활동하던 필자들에 의한 것이었는데, 그보다 몇 년 후에 대학 아카데미즘의 중추에서 나타난 20대부터 30대 수재들의 저작 활동이 적지 않은 반향을 일으켰다. 이른바 '뉴아카^{뉴 아카데미즘'을 줄인 말} 붐'이다.

'중후장대'를 사상의 차원에서 보면 마르크스주의로 대표되는 근대사상이 된다. 그 '큰 이야기'의 '관절 빼내기'를 기치로 하여 1983년의 아사다 아키라浅田彰의 『구조와 힘構造と力』이 갑자기 대히트를 친 것을 전후로 구리모토 신이치로栗本慎一郎의 『팬티를 입은 원숭이パンツをはいたサル』, 요모타 이누히코四方田犬彦의 『영상의 초환映像の招喚』 등의 책이 연이어 출간되었고, 세이도샤青土社의 〈현대사상現代思想〉과 이와나미쇼텐의 〈헤르메스へるめす〉 등 새로운 잡지의 힘과 맞물려 주로 대학의 젊은 교원들이 집필하고 그것을 대학생과 대학원생, 젊은 일반 사회인 등의 독자가 읽어 오랜만에 '딱딱한 책' 인기가 높아졌다.

이 책들의 제목이 때로는 만화적이었던(구리모토나 우에노 등) 것에서도 알 수 있듯이, 뉴아카 지식인들은 만화를 일상적으로 읽는 것을 당연하다고 생각하는 세대에 속해 있었다. 그러한 탓일까, 그들은 바깥 간판인 '현대사상'뿐 아니라 일상의 자질구레한 쇼와 경박본이 보여주는 가벼움이나 웃음 감각에도 재빠르게 대응했다. 새로운 소비문화와도 친화성이 높아서, 종종 최신 모드를 몸에 두르고 TV라든지 여성과 젊은이로 타깃을 좁힌 대형 비주얼 잡지에 아무렇지도 않게 등장하기도 했다. 종래의 대학 지식인의 행동 스타일에서 비추어 보면 어처구니없는 일탈이다. 그런데 독자들이 그 일탈에 친근감을 느꼈다. 그렇기 때문에 붐이 일어났던 것이다.

그러한 현상과도 관련하여 주의해두고 싶은 것이, 그전부터

'독서'에 대한 사람들의 태도가 천천히 변하기 시작했다는 사실이다.

변화의 이유는 중층적이지만 이 책의 맥락에서 보면, 고도 경제 성장기 이후 출판 종수가 증가함에 따라 사람들이 대량의 책에 둘러싸여 살아가게 되었다는 점이 크게 작용했다. 그런 가운데 어느샌가 굶주림의 시대의 고지식한 독서법의 힘이 약해지고, 방대한 양의 책과 어떻게 기분 좋게 어울릴 것인가라는, 이른바 배부른 시대의 새로운 독서법이 요구되었다. '딱딱한 책'의 영역에서 본다면 1970년대에 들어서 그 길잡이가『언어에 있어서 미란 무엇인가言語にとって美とはなにか』와『공동환상론共同幻想論』(1968)을 쓴 요시모토 다카아키를 비롯하여『책의 신화학本の神話学』(1971)과『역사·축제·신화歷史·祝祭·神話』(1974)를 쓴 야마구치 마사오山口昌男로 바뀌었다는 인상이 내게는 남아 있다.

조금 더 '부드러운 책'의 영역에서 보면『놀이 시간遊び時間』(1976) 과『문장 독본文章読本』(1977)의 마루야 사이이치가 있다. 그리고 가이코 다케시나 오에 겐자부로, 이노우에 히사시, 그리고『료마가 간다竜馬がゆく』(1966)와『언덕 위의 구름坂の上の雲』(1972)의 시바 료타로司馬遼太郎 등을 포함하여 모두 '다독'하고 '박식'한 사람, 대량 그리고 광범위한 책을 손쉽게 읽어내는 능력의 소유자다. 그러한 사람들이 배부른 시대 독서인의 모범으로서 새롭게 떠올랐다.

하지만 이 사람들의 다독과 박식의 뿌리에는 여전히, 읽고 싶은 책을 만족스럽게 읽을 수 없던 시대에 자란 사람들이 가지고 있던 굶주림의 기억이 뒤엉켜 있다. 숨기지 않고 이야기한다면, 그들의 독서욕에는 어딘가 걸신이 들린 것 같은 부분이 있었다.

그러나 마찬가지로 다독과 박식이라 하더라도 그들보다 30세 정도 젊은 1980년대의 뉴아카 지식인(그 다수는 야마구치 마사오의 애독자였다)에게는 굶주림의 기억 등은 이제 한 조각도 없었다. 국내서는 물론 해외의 신간에도 자유롭게 접근할 수 있는 시대가 키워낸, 종잡을 수 없는 다독과 박식이다. 이러한 신시대의 젊은 길잡이였던 아사다 아키라(당시 26세)는 그의 『구조와 힘』을 데리다, 들뢰즈, 라캉 등 현대사상의 최전선에 효율적으로 접근하고 싶어 하는 젊은 사람들을 대상으로 차트식 가이드 형식으로 썼다고 한다.

하지만 결과적으로 본다면 뉴아카 붐을 탄 '딱딱한 책'의 인기는 의외로 빨리 끝나버렸다. 그 점에서 '딱딱한 책'의 복권이라기보다 '딱딱한 책'이 독서의 중심에 있던 시대의 종언을 고하는 최후의 축제라는 느낌이 더 강하다. 그리고 다독과 박식의 독서법은 그 후 1980년대 말의 거품경제하에서 '지의 즐거움'이라든가 '독서의 열락'이라는 자극적인 선전 카피로 수렴해갔다. 그럼에도 불구하고 책을 읽는 사람들의 숫자는 늘어나지 않았다. 그러기는커녕 한층 더 줄어들었다. 독서의 황금시대로서의 20세기가 서서히 마지막을 향해 다가가고 있었던 것이다.

황금시대의 종언

1996년, 그때까지 상승 곡선을 그려오던 서적(잡지 이외의 책을 가리키는 업계 용어)의 연간 실매출 총액이 1조 931억 엔에 도달했다. 하지만 이듬해 1997년 4월, 하시모토 류타로橋本龍太郎 내각 체제하에 소비세가 3퍼센트에서 5퍼센트로 인상된 것을 계기로 갑자기 매출이 하강세로 바뀌었다. 그래도 처음에는 '곧 원래대로 돌아갈 것'이라고 의외로 낙관적이었다. 하지만 좀처럼 그 조짐이 보이지 않은 채 21세기에 들어서도 계속 하강 곡선을 그렸다.

게다가 매출이 떨어진 것은 서적만이 아니었다. 출판과학연구소의 『2015년판 출판지표연보2015年版 出版指標年報』에 따르면 만화(책자판 코믹스+잡지)의 실매출 총액의 정점은 1995년이었고, 잡지(월간지+주간지)의 절정은 1997년이었다. 둘 다 서적과 마찬가지로 이듬해부터 하강했다. 그 후 만화는 전자화로 조금은 회복이 됐지만 더 이상 과거와 같은 기세는 볼 수 없게 되었다. 잡지는 더욱 심각했다. 가장 큰 이유는 젊은 독자의 격감이다. 결과적으로 독서의 고령화가 진행되어 발행 부수나 매상고는 물론 1970년대 이후 잡지 출판의 기둥이었던 광고 수입도 급격하게 줄어들었다.

그리고 그 끝없는 하락 경향이 계속되는 가운데 이윽고, 지금 우리가 직면하고 있는 현상은 매스컴에서 이야기하는 '출판 불황의 만성화'가 아니라는 것이 누구의 눈에도 분명하게 보이게 되었다.

내 경우를 이야기하면 금세기 초, 당시는 아직 현역 편집자였는데, 어느 날 문득 '이것은 단순한 불황이 아니다. 그게 아니라, 20세기에 들어서 확립되었던 일상의 독서 습관을 요체로 하는 우리의 책 문화와 그것을 지탱하는 구조 전체가 대붕괴하기 시작한 것이다'라는 불온한 생각이 머리를 스쳐 갔다. 그 붕괴의 소리가 들리는 것 같은 기분이 들었던 것이다.

하지만 출판 종수의 미친 듯한 급상승을 발단으로 일본 출판계에서 무엇인가 심상치 않은 일이 일어나고 있는 듯한 기색은, 막연하기는 하지만 그 이전부터 느끼고 있었다. 한 번 더 아래의 통계를 들여다보자. 종수는 앞에서 표기한 3만 종을 넘은 이후 급증한 출판 종수를 보여주는 숫자이고, 오른쪽에 표기한 것이 그해 신간의 실매출 총액이다.

1982년	3만 종 넘김	7031억 엔
1990년	4만 종	8494억 엔
1994년	5만 종	1조 340억 엔
1996년	6만 종	1조 996억 엔
2001년	7만 종	1조 32억 엔
2010년	8만 종	8831억 엔

이 연표를 보면 명백하게 드러난다. 1990년대에도 중반을 지날 때까지는 출판 종수와 병행하여 실매출 총액의 증가가 무난하게 계속되고 있었다. 그러나 이 표에서는 생략했지만 6만 종을 넘은 이듬해(1997년)를 정점(1조 1062억 엔)으로 그다음 해부터 실매출 총액이 하강으로 접어들었고, 7만 종을 넘긴 2001년을 거쳐 8만 종을 넘은 2010년에는 20년 전의 숫자로까지 되돌아가버렸다. 요컨대 출판 종수의 증가와는 거꾸로 실매출 총액이 감소하기 시작한 것이다. 거기에 이르는 과정을 다음과 같이 새삼 요약해두고자 한다.

1970년대 후반의 '딱딱한 책'을 시작으로 책이 점차 팔리지 않게

독서와 일본인

된다. 그 줄어든 분량을 메우고자 의지했던 잡지나 만화도 1990년대 중반에는 그 기세를 상실하고, 결국에는 누가 뭐래도 통상의 서적 출판 총수를 늘리는 수밖에 다른 도리가 없었다.

그런데 당시의 출판계에는 안타깝게도 이러한 힘으로 밀어붙여야 할 일을 훌륭하게 해낼 만한 역량이 결여되어 있었다. 그래서 서점의 책장에, 모두가 유사한 제목의 선정적인 조제남조본粗製濫造本(조잡하게 마구잡이로 만든 책)이 넘쳐나기 시작했다. 그러나 그렇게까지 해도 매상은 전혀 증가하지 않았다. 어쩔 수 없이 그것을 종수 증가로 커버한다는 이른바 신간 밀어내기 악순환에 빠졌고, 그 과정에서 '짧은 시간에 대량의 책을 일거에 팔아치운다'라는 판매 방식이 급기야 무질서하고 경망스럽기가 극에 달했다.

그리하여 70년 전의 백만 잡지나 엔본·문고 붐으로 본격적으로 발족하여 괴멸적인 전쟁을 거치고 50년 전에 재출발한 출판의 자본주의 산업화가, 이 단계에서, 시장가치(팔릴까 팔리지 않을까)를 최우선시하고 다른 제반 가치(예를 들면 공공성)를 그 훨씬 아래에 두는 과격한 신자유주의 경제를 향해 무작정 내달리기 시작해버렸던 것이다.

그 결과 우리의 책의 세계는 어떻게 변했을까.

여러 가지가 있지만 여기에서는 상호 관련이 깊은 두 가지 사례로 좁혀서 살펴본다. 우선 구간의 매상이 현저히 둔화한 것. 그것이 첫 번째 사례다. 거꾸로 말하면 단행본이든 문고든 신서든 갓 출간된 신간밖에 팔리지 않게 되었다. 한 걸음 더 나아가 이야기하면, 사람들이 그런 책만 사고 싶어 하게 되었다는 점이다.

구간 중에서도 특히 팔리지 않게 된 것이 '딱딱한 책'이다. 종래에 이런 종류의 책(주로 인문서)을 내는 출판사는 크든 작든 재고를 10년이나 20년 정도 긴 시간에 걸쳐 팔아서 경영을 유지해왔다. 즉, 베스트셀러를 노리는 것과는 정반대의 스테디셀러 전략이다. 하지만 전前세기 말부터, 책을 만드는 측과 읽는 측 모두에게 세간에 '금방 대량으로 팔리는 책이 승리, 팔리는 데에 시간이 걸리는 책은 패배'라는 분위기가 확산되었고, 그에 따라 패배라고 지목된 구간의 재고가 움직이지 않게 되었다. 그래서 종래대로 스테디셀러 출간을 계속하는 것이 지극히 곤란해져버렸다는 것이다.

그리고 이와 꼭 같은 시기에, 서점과 함께 또 하나의 '책 문화' 거점이었던 도서관에도 예사롭지 않은 이변이 생겼다. 이것이 두 번째 사례다. 즉, 도도부현립이나 시정촌립의 공공 도서관의 정신적인 중추라고도 할 수 있는 근대 시민 도서관의 이념이 갑자기 흔들흔들 동요하기 시작한 것이다.

이 책의 「우리의 독서법」이라는 장에서, 책에는 '상품으로서의 얼굴'과 동시에 '누구나 자유롭게 이용할 수 있는 공공적인 문화자산으로서의 얼굴'이 있다는 의미의 이야기를 했다. 알기 쉽게 이야기하면, 서점에서는 돈을 지불하고 사야 하는 책도 도서관에 가면 무료로 읽을 수 있다, 그 두 가지 측면을 가리킨다. 일본에서는 이 두 가지 측면이 다이쇼 시대의 간이 도서관 등에서 부분적으로 실현된 후, 패전 후 미군 점령하에서 제정된 도서관법에 의해 국가의 제도로서 보증되었다. 요컨대 우리의 '20세기 독서법'의 기저에는 유료와 무료라는 상반된 '두 개의 얼굴'의 공존을 허락하는 '관용'과 '제도적 결단'이 있었던 것이다.

하지만 최근의 상황을 보다 구체적으로 들여다보면, 금세기 초에 고이즈미 준이치로 내각이 내건 '성역 없는 구조개혁'의 기치 아래, 경영난에 허덕이는 각지의 자치단체가 일제히 도서관 '개혁'에 힘쓰기 시작했다는 점이 눈에 띈다.

신자유주의 경제의 '자유'는 무엇보다도 '큰 정부'가 기업에 강요하는 규제로부터의 자유를 의미한다. 그러므로 도서관과 같은 공공사업에는 철저하게 냉랭하다.

그 냉랭함이 자치단체의 임원이나 정치가, 나중에는 주민(이용자)의 다수에게까지 공유되어, 도서관 안팎에서 어느샌가 '도서관에 기업의 경영 방식을 적극적으로 도입하자. 그것은 두말없이 좋은 것이다'라는 판단이 힘을 받게 되었다. 그런 분위기를 따라 도서관 예산을 대폭 축소하고 전임 도서관 직원을 파견이나 계약 사원으로 대체하여 결국에는 우리 사회에 도서관이 존재하는 의미 등을 진정으로 생각한 적도 없는 외부 기업에 운영을 통째로 위임해버린다. 그런 턱없는 짓마저도 아무렇지 않게 해치워버리게 된 것이다.

그리고 이 '개혁'의 일환으로, 최근 도서관이 새롭게 구입하는 책 중에 차지하는 '부드러운 책'의 비율이 급증하고 그 한편으로 '딱딱한 책'의 숫자가 점점 더 줄어들고 있다. 이걸 느끼지 못하는 사람이 더 많다는 생각에 더욱 구체적으로 써두어야겠다고 마음먹고 실은 얼마 전 내가 사는 도쿄 근교의 어느 시립 도서관의 웹사이트를 들여다보았다. 그곳의 '신착 자료 일람' 페이지를 일별하고 '설마!' 하고, 도서관에 대해서는 어느 정도 알고 있다고 자부하는 나마저도 놀라 자빠지지 않을 수 없었다.

그도 그럴 것이, 무엇보다 그 신착 도서 리스트의 앞머리에 놓인

"총류·철학·심리·종교·언어"라는 분류에서 보면 전부 66종이 있는데 그중 36종이 『신에게 맡겨서, 맘대로 돈이 흘러들어오는 책』 『(신이 당신에게로 찾아오는) 대단한 기도 프리미엄』 『행복한 사람만이 알고 있는 단순한 삶』과 같은, 읽고 나서 버릴 하우투(How To)류의 책이었기 때문이다. 거기에다 『지구 여행 안내地球の步き方』 『매플(Mapple) 매거진まっぷるマガジン』 등의 실용서, 종교나 어학의 교양서가 몇 종씩 있다. 그 분류에서 예상되는 '딱딱한 책'은, 철학이나 심리학 입문에 관계된 가벼운 교양서가 몇 종인가 있을 뿐이다. 읽는 데에 다소간의 집중을 필요로 하는 두꺼운 번역서나 연구서 등은 없는 것이나 다름없었다. 이와나미쇼텐도 미스즈쇼보みすず書房도 하쿠스이샤白水社도 후지와라쇼텐藤原書店도 없는가 하면, 고단샤나 주오코론신샤中央公論新社나 지쿠마쇼보의 총서나 쌍서双書류도 없다.

원래 이곳은 전국에서도 손꼽히는 우수한 도서관이었다. 그것이 잠시 안 보는 사이에 어처구니없게도 이렇게까지 무시무시한 사태가 일어났을 줄이야…….

아직은 헌책을 축적해왔기 때문에 간신히 유지되고 있다. 하지만 이 방침대로 앞으로 10년만 계속한다면 어떻게 될까? 도서관이 도서관으로서의 역할을 하지 못하게 되리라는 것은 너무나도 명백하다. 그렇게 되지 않도록 하는 방법은 아마도 하나밖에 없다. 도서관의 유료화다. 여태까지 일본이 지키고 유지해온 '사람들의 독서 생활을 충실하게 할 수 있도록 서점(유료)과 도서관(무료)이 각각의 역할을 분담한다'라는 서비스 원칙을 버리고, 연회비제든 독서 데이터의 상업적 이용이든 도서관 자체를 돈을 낳는 시스템으로 바꾸어가는 것. 그것을 전제로 도서관 운영을 외부 기업의 손에 위임해버린다. 반드시 그렇게 되리라는 것은 아니다. 하지만 이대로 방치하면 아마도 거기까지 가지 않을까?

공공 도서관의 변질도 전혀 움직이지 않게 된 구간도, 지금 '딱딱한 책'이 직면하고 있는 이러한 상황의 비참함 가운데 그 옛날이 나라 일본에서 '부드러운 책'이 무시당하던 괴로운 기억이 바로 떠오른다.

과거에는 '딱딱한 책'이 월등하게 큰 권위를 가지고 있었고 만화나 대중소설, 영화나 재즈나 유행가나 패션 등을 다루는 '부드러운 책'은 그보다 훨씬 더 아래에 있는 것으로 간주되었다. 그렇지만 그러한 차별은 1960년대 이후에 점차 엷어졌고, 이윽고 '딱딱한 책' 중심의 신문 서평에서도 '부드러운 책'이 책으로서의 정당한 평가를 받게 되었다. 이래저래 두 가지 성질의 책을 가로막는 벽이 서서히 무너지고, 이 나라에서 처음으로, 책을 좋아하는 사람들이 그 쌍방을 홀가분하게 왕래하면서 살아갈 수 있는 독서 환경이 드디어 형태를 갖추었다. 그것이 1960년대부터 1980년대에 걸쳐 일어났다.

이렇게 생각했는데, 1990년대가 되면 이번에는 그 '부드러운 책'이 시장의 중심에 쿵 하고 눌러앉아 '딱딱한 책'은 한쪽 구석으로 내몰려버렸다.

유료도 무료도 '딱딱한 책'도 '부드러운 책'도 모두 뭉뚱그려, 다양한 책의 공존만이 우리의 자유로운 독서를 보증해준다.

그것이 '20세기 독서'의 기본에 있던 확신이었다고 한다면, '딱딱한 책'의 전제도 '부드러운 책'의 시장독점도 그 기본을 무너뜨리고 있다는 점에서는 마찬가지다. 기본이 무너지고 시장이나 도서관의 성격이 변하면 독서의 질도 변하지 않을 수 없다. 게다가 그사이의 변화는 너무나 급격했기 때문에 더욱 그러하다. 그러한 환경에서 자란 사람들이 '딱딱한 책' 중심의 환경에서 자란 사람들이나 '딱딱한 책'이나 '부드러운 책'이 동등한 힘을 가질 수 있었던 환경에서 자란 사람들과 상당히 다른 독서관을 가지게 되지 않는다면 그것이야말로 불가사의한 일이다.

종이책과
전자책

전자책 원년?

아마존의 전자책 단말기 킨들Kindle이 발매된 것이 2007년이다. 그
것이 의외로 성공하자 이에 당황한 애플사가 2010년에 전자책 단
말기를 겸한 태블릿형의 휴대 컴퓨터 아이패드를 발표하고, 일본에
서도 신문이며 주간지가 '전자책 원년'이라고 떠들썩하게 써댔다.

　그러나 이 보도 방식은 엄밀하게 이야기하면 잘못된 것이다. 전
자책의 원형은 20세기인 1970년대에 미국에서 이미 실현되었다.
일본에서도 1990년대에 플로피디스크나 CD, 인터넷 경유로 상당
한 양의 전자책이 유통되고 있었으므로 아무리 그래도 '원년'이라
할 수는 없다.

　하지만 일단 유통은 하고 있었더라도 그 다수는 무료였고(예
를 들면 아오조라문고青空文庫), 대형 출판사들이 판매한 『신초문고
100권』 등의 유료 CD본도 도저히 잘 팔렸다고 하기는 어렵다. 이

래저래 대부분의 사람과 기업이 '전자책은 아직 당분간은 비즈니스가 되지 않을 것이다'라고 생각하게 된 무렵, 킨들의 성공 때문에 갑자기 전자책을 상품으로 팔 수 있을 것이라는 전망이 섰다. 따라서 정확하게는, 전자책이 아니라 '전자책 비즈니스'의 원년이라고 해야 한다.

더 이야기하면, 분명히 상품화의 원년이기는 했지만 그것으로 우리 생활에 전자책을 일상적으로 읽는 습관이 뿌리내리기까지는 이르지 못했다. 약해졌다고는 하지만, 익숙한 종이책에 대한 신뢰는 여전히 끈질기게 살아 있다.

실제로는 '종이'에 한정된 것이 아니다. 종이책 이전에도 역사적으로 보면 기원전 4000년의 메소포타미아의 점토판에서 시작하여 고대 인도의 나뭇잎 책, 이집트나 그리스의 파피루스 책, 중국의 죽간본, 중동이나 유럽의 짐승 가죽 책 등 여러 가지 형태의 책이 존재했다. 그러므로 올바르게는 그것들 모두를 뭉뚱그려, 여러 시대 여러 지역의 사람들이 가까이에 있는 자연물의 평평한 표면에, 텍스트나 이미지를 끌이나 첨필이나 묵 또는 기타 잉크로 물리적으로 고정시켜 그것을 말거나 철하거나 한 것.

그것이, 아니 그것이야말로 인류에게 책이었던 것이다. 그리고 그 흐름 끝에 아마도 8세기 무렵 중국에서 식물성 종이를 사용한 종이책이 출현한다. 이 책에서 언급한 책으로 이야기하면『겐지 이야기』(필사본)에서『호색일대남』(목판)과『학문의 권장』(목판+활판)과 엔본(활판)을 거쳐 현재까지, 그 모든 것이 이 '종이책' 시대의 산물이었던 것은 더 말할 필요도 없다.

그리고 이 다양한 책들 모두 공통적으로, 읽는 사람의 신뢰를 뒷받침해온 것이 '정착'이라는 특성이다. 즉, 텍스트나 이미지를 장기간에 걸쳐 웬만해서는 사라지지 않는 것으로 계속 보존한 것.

이와 같은 책을 읽는 시대가 5000년 이상이나 계속된 후 21세기의 서두에 그것과는 전혀 이질적인 책이, 돌연 대량 판매용 상품으로서 그 모습을 드러냈다. 필사나 인쇄가 아니라, 텍스트를 명멸하는 빛의 점으로 만들어 휴대가 가능한 소형 컴퓨터 화면에 표시하는 책. 표시하는 것뿐이다. 고정은 하지 않고, 할 수도 없다. 그것이 전자책이다.

그러한 이상, 이렇게 믿음직스럽지 못한 책에 '종이책' 독서에 친숙한 사람들이 쉽게 심신을 맡길 리가 없다. 그렇지만 일단 출현을 해버렸기 때문에 아주 없는 것으로 간주할 수도 없다. 거참, 이 귀찮은 사태를 우리는 도대체 어떻게 이해하면 좋을까?

이 물음에 대해 우선 확실하게 말할 수 있는 답은 하나밖에 없다.

책이라는 미디어가 역사상 처음으로 우리의 눈앞에 '물질로서의 책=그 최고 형태로서의 종이책'과 '물질이 아닌 책=전자책'이라는 두 갈래 방향으로 갈라지기 시작했다. 지금 우리는 그 역사적인 분기의 장에 맞닥뜨렸다.

이것이 그 답이다.

종이책에는 할 수 있는 것(예를 들면 물리적 고정)도 할 수 없는 것(예를 들면 멀티미디어화나 인터넷 유통)도 있고, 그러한 점은 전자책도 마찬가지다. 그러므로 무언가 하나의 기준으로 종이책과 전자책의 우열을 정할 수는 없다. 그렇다면 남은 방법은 공존밖에 없다. 여태까지는 한줄기 길이었던 책의 역사가 두 방향으로 나뉘어, 각각

독서와 일본인

할 수 있는 것과 할 수 없는 것을 함께 가진 두 종류의 책이, 부분적으로 상호 중첩되면서도 별도의 영역에 지속적으로 존재한다. 그러한 복잡한 공존 관계를 계속할 수밖에 없는 것이다.

그렇다면 우리가 보통 독서라고 부르는 '책은 혼자서 묵묵히 읽는다. 자발적으로, 대개는 자신의 방에서'라는 행위는 그중 어떤 길을 가게 될 것인가?

기본적으로는 전자라고 나는 생각한다. 당분간 그 역할은 종이책이 지고 갈 수밖에 없다. 그래서 생각난 요시다 겐이치吉田健一의 「책에 관하여本のこと」라는 글이다. 1960년대 초에 발표된 이 글에서 요시다는 '책은 도구'라고 우선 단정하고, 거듭해서 '이 도구를 사용하는 데에 전문적인 지식이 필요하지 않다는 것이 책의 중요한 특징 중 하나다'라고 했다.

> 이 도구는 파손되지 않는 한 확실하게 이것을 사용해서 목적을 달성할 수 있으므로 애독할 수 있고, 반복해서 읽는 사이에 그것은 사용에 익숙해진 가위나 젓가락과 같이 된다. (…) 우리를 즐겁게 해주는 책은 한 번에 그 즐거움이 끝나는 것이 아니다. 단지 그것만을 목적으로 하여 쓰인 책은 다르지만, 책이라고 불러서 지장 없는 것은 몇 번이고 반복해서 읽을 수 있고, 그렇게 하는 것이 우리가 살아 있다는 데 맛을 더해주는데, 그것이 책을 읽는 즐거움이라는 것이므로, 책을 그렇게 읽는 사이에는 당연히, 사용에 익숙해진 젓가락이나 가위처럼 책도 단순한 도구가 아니게 된다.

평소에는 특별히 의식하지 않지만 책 또한 '사용하는 데에 전문적인 지식이 필요하지 않은' 일용품 중 하나다. 우리의 '책을 읽는 즐거움'의 핵심에는 그 사실이 있다. 이 요시다의 논지(그야말로 단순하고 견고한)에는 나도 그렇지만 아마도 사람들이 대체로 자진해서 동의하지 않을까?

그렇다면 전자책을 읽는 도구로서 현생의 전자책 단말기는?

안타깝게도 이 새로운 도구가 그대로 가위나 젓가락처럼 일용품이 될 수 있다고는 도저히 생각할 수 없다. 그중에서도 결정적인 것이 '사용하는 데에 전문적인 지식이 필요하지 않다'라는 최저한의 조건을 충족시키지 못한다는 것이다. 종이책은 어릴 때 사용 방법을 배우면 일생 동안 그대로 해갈 수 있다. 하지만 전자책 단말기는 그럴 수 없다. 무엇보다 끊임없이 신제품이 투입되고, 하드웨어나 소프트웨어가 버전 업을 할 때마다, 늙은이든 젊은이든, 그 사용 방법을 반복해서 재학습할 수밖에 없기 때문이다.

그뿐만 아니라 그렇게까지 독자에게 부담을 주면서도 개개 기능의 반응이 둔감한 것부터 복사나 메모의 저장조차 만족스럽게 할 수 없다는 치명적인 결함까지 여러 가지 문제점이 전혀 해결되지 않은 채로 시간이 흘러가고 있다.

물론 기술적인 어려움도 있을 테지만, 그 이상으로, '이것이 전자책 단말기다'라는 기본 형태가 정해지고 '이것만 있으면 충분하다' 하고 독자가 느끼게 되면 이 긴요한 상품의 매출은 어쩔 수 없이 격감하지 않을 수 없다. 그 두려움이 훨씬 더 클 것이다. 그래서 그렇게 되지 않도록 신제품 발매나 버전 업을 빈번하게 행하고, 타사 제품과의 치열한 경쟁에서 이겨낼 수 있도록 화려한 선전으로

독서와 일본인

사용자의 욕구를 지속적으로 부추긴다. 결국 애플이나 구글이나 아마존으로 대표되는 오늘날의 글로벌 IT 기업으로서는 자신의 상품을 가위나 젓가락 정도의 원숙한 일용품으로 성숙시키지 않는 것이야말로 안정된 경영의 필수 조건인 것이다.

그렇다면 어떻게 될 것인가?

조금 전에도 이야기했듯이, 요시다 겐이치가 말하는 단순하고 견고한 일용품으로서의 책이 없으면 우리의 '책을 읽는 즐거움'은 성립하지 않는다. 그런데 전자책에는 그러한 안정을 보장하는 힘이 없다. 그렇다면 결론은 하나다. 사람들이 차분한 독서 습관을 스스로 포기해버리지 않는 한 종이책이 그 역할을 계속 짊어질 수밖에 없는 것이다.

하지만 그렇게 생각한다고 해서 '전자화는 우리의 책 문화에 아무런 풍요로움도 가져다주지 않는다'라고 말하고 싶은 것은 아니다. 그 반대다.

실제로 최근 20년간 나는 『책과 컴퓨터本とコンピューター』(1993)나 『전자책을 바보 취급하지 말라電子本をバカにするなかれ』(2010) 등의 저서에서 전통적인 종이책으로부터 멀리 떨어져 있는 전자책이 이윽고 독립된 제2의 책으로 새로운 세계를 개척해가는 양상을 상상적으로 추적하며, 만일 그렇게 되더라도 '나는 그것을 환영할 것이다'라고 몇 번이고 언명해왔다.

게다가 '멀리 떨어져 있을' 뿐만 아니라 동시에 전자책은 종이책의 바로 곁에 있어서, 그 자산을 전자적으로 풍부하게 살리면서 충실하게 이어가려고 하는 또 하나의 시도에도 끈기 있게 도전해왔다. 1970년대 초에 미국에서 발족한 '구텐베르크 프로젝트Project

Gutenberg'가 그랬고, 1990년대에 시작된 미국 의회도서관의 '미국의 기억American Memory' 계획도 그랬다.

전자는 그때까지 계산 체크용의 모니터(검사창)에 불과했던 컴퓨터 화면이 사용하기에 따라서는 어떤 종류의 책이 될 수 있다는 대발견(이었다. 당시에는)에 기초하여, 2만 종 가까운 종이책을 자원봉사자의 손으로 전자화해 나중에 일본 아오조라문고의 본보기가 되었다.

그리고 후자는 미국 의회도서관 소장의 시청각 자료를 중심으로 하는 장대한 인터넷 아카이브 구상으로 지금도 진행 중이다. 인터넷 아카이브. 즉, 인터넷에서 이용할 수 있는 전자화된 문서·책·음성·화상·영상 등의 보존 창고.

종이책은 물질이므로 텍스트는 고정돼 있지만 그만큼 부피가 커진다. 인터넷에서 송수신할 수도 없고, 복잡하고 신속한 검색도 잘하지 못한다. 그에 비해 전자책의 실체는 0과 1의 이진수로 기술된 텍스트나 화상이므로 그러한 결함은 모두 회피할 수 있다. 문자 확대나 음성 낭독도 가능하다. 게다가 그때그때마다 새로운 기억장치에 다시 복사하면 반영구적인 보존도 가능하다. 그렇다면 아카이브를 지탱하는 시스템으로서는 그 이상이 없다는 말이 된다.

하지만 문제는 실현이나 관리에 막대한 자금이 필요하다는 것이다. 1만 종 정도의 책을 전자화하는 것이라면 자원봉사자만으로도 어떻게든 된다. 하지만 10만이나 100만의 수준이 되면 여태까지 도서관이나 문서관의 경영을 담당해온 국가나 자치단체나 대학조차 섣불리 손댈 수 없다.

그래서 '만일 그렇다면 우리가' 하고 이름을 올린 것이 구글이다.

2004년, 구글사는 '구글 프린트'(현재의 구글 북스)라는 새 프로젝트를 발족해 세계 각지의 대학 도서관이나 공립 중앙 도서관과 손을 잡고, 여태까지 출판된 종이책 전부를 디지털 스캔해서, 그로부터 작성한 전자책을 전 세계에서 온라인으로 이용할 수 있도록 한다는 대사업에 착수했다. 고대 알렉산드리아도서관의 그 옛날부터 많은 도서관인이 '전 세계의 책을 한곳에 모은 거대 도서관'이라는 꿈을 허무하게 좇아왔다. 그 '전 세계 도서관'의 꿈을 지금은 구글이라는 글로벌 기업이 막대한 자금과 기술력을 투입하여 일거에 현실화하려고 하고 있는 것이다.

하지만 지난 세기의 구텐베르크 프로젝트나 미국의 기억은 전세계 사람들에게 무료로 열린 공공의 전자 아카이브로서 구상되었지만 구글 북스는 다르다.

사실을 말하면, 발족 시 나는 이 계획에 적잖이 마음이 움직였다. 애플이 그랬듯이 원래는 구글도 1970년대의 퍼스널컴퓨터 혁명(거대 컴퓨터의 단순한 단말기가 아닌, 자립적인 개인용 컴퓨터라는 꿈의 실현을 지향한다)의 부산물이었기 때문이다. 이 가당치도 않은 대사업 중에, 당시 여러 가지 곤란에 직면하고 있던 도서관의 사회적 임무를 새로운 시대로 이끌고 가자는 의지를 엿볼 수 있었다고 무심코 생각해버렸다.

하지만 시간이 흐름에 따라 그것이 터무니없는 오류였다는 것을 알게 되었다. 훌륭한 구호 뒤꼍에 그들을 여기까지 밀어붙여 움직이게 한 것은 결국, 종이책이라는 형식으로 보존되어온 인류의 지적 자산을 자신들의 손으로 뿌리째 디지털 데이터로 만들어 그것에 대한 접근권을 독점하고 글로벌한 정보 권력을 장악하려는 욕

망뿐이었던 것이다.

이제 와서 그렇게 인정하는 것은 아주 많이 속상한 일이지만 달리 생각해보면, 전자책 단말기에서 인터넷 아카이브까지 20세기 후반에 싹튼 전자책의 미래가, 21세기의 최초 10년간 극소수의 거대 IT 기업의 지배하에 놓여버렸다는 것을 알 수 있다. 즉, 해리 포터와 신자유주의 경제에 의한 세계 제패의 시대라는 것이다. 운 나쁘게 거기에 '전자책 비즈니스 원년'이 꼭 들어맞았다.

그 때문에 20세기 말에 표면화한 '금방 팔리는 책이 좋은 책, 그렇지 않은 책은 나쁜 책'이라는 출판업계의 암묵적인 양해가 종이책뿐 아니라 21세기 전자책의 세계에까지 이어져, 일본의 경우 전자 서점의 책장에 꽂힌 책의 80퍼센트는 코믹스이고 나머지는 잘 팔리는 '부드러운 책'과 '새로운 책'이 차지하는 참담한 상태를 드러내고 말았다.

그에 대해 아마존의 킨들은 발족 시에 이미 '새로운 책'과 '오래된 책', '부드러운 책'과 '딱딱한 책'을 합쳐서 45만 종이라는 방대한 전자책의 재고를 가지고 있었고, 그것을 어디에서도 염가로 또는 무료로 다운로드할 수 있는 시스템을 갖추고 있었다. 노골적인 세계 제패를 노리는 이상 그들은 그렇게까지 철저할 수밖에 없었던 것이다.

그리고 그 결과로 일본의 독자도 이와 같은 수준의 시장 환경을 기대하게 되었다. 그러나 좋든 나쁘든 우리 출판업계에 그러한 기대에 대응할 수 있는 힘은 없었고, 그것을 대체할 수 있는 독창적인 비전을 내세울 의욕도 없었다. 다만 업계의 바깥으로 나가면 이야기는 달라진다. 작지만 '이것은!' 하고 여길 만한 시도가 전혀 없

독서와 일본인

었던 것은 아니다. 그 실례를 우선 두 가지 정도 들어보겠다. 앞에서도 언급한 아오조라문고에 대해서다.

저자 사후 50년이 지나 저작권이 소멸된 작품(주로 문학)을 자원봉사자의 손으로 전자화하고 면밀한 교정을 거쳐 무료로 다운로드 받을 수 있도록 한 일본 최초의 사설 전자 공공 도서관, 그것이 아오조라문고다. 1997년에 논픽션 작가 고故 도미타 미치오富田倫生의 발의로 시작되었다.

사실을 말하자면 나는 이 책을 쓰는 데 있어 이 문고에 상당히 큰 은혜를 입고 있다. 예를 들면 '독서'라는 키워드로 검색을 하면 고타 로한, 나쓰메 소세키, 데라다 도라히코, 오카모토 기도, 히라타 도쿠보쿠平田禿木, 미키 기요시 같은 사람들의 대표적인 독서 에세이가 20편 정도 한 줄로 늘어선다. '아, 이 선에서 철저하게 하면 일본에서도 독립적인 전자 공공 도서관이 가능하겠다' 하고 적잖이 감동했다. 그러고 보면 하라 가쓰로의 『히가시야마 시대의 고급 관리의 생활』도, 가지고 있을 것이라 생각한 지쿠마총서본을 내 책장에서 찾지 못해 어쩔 수 없이 문고에서 재독했다.

지금 일본의 출판사나 IT 기업이 인터넷상에 개설해둔 전자 서점을 들여다보면, 그곳의 가상 책장에는 대개 아오조라문고의 책이 들어가 있다. 그러나 과거 이 문고가 발족하던 당시에 동 문고에 대한 업계 사람들의 시선은 아주 냉랭했다. 그랬던 출판사와 IT 기업이 지금은 자사의 전자출판 사업의 숨겨진 중심의 하나로, 자신들이 할 수 없는 일(차분히 읽기에 충분한 책을 모아서 전자화한다)을 무상으로 해주는 아오조라문고에 기대고 있다. 조금 이상한 기분이 든다.

그리고 두 번째가 '자취自炊' 붐.

아무리 기다려도 읽고 싶은 책이 전자책이 될 기색이 없어서 초조해진 독자가 자신의 손으로 장서를 전자화하기로 했다. 자기 스스로 만들기 때문에 자취라고 한다. 소유한 책을 재단기로 해체하여 한 쪽씩 스캔한 것을 OCR 소프트로 전자화하고, 킨들이나 아이패드 등의 전자책 단말기에서 종이책처럼 페이지를 넘길 수 있도록 하는 방식으로 읽는다.

최초에 누가 시작했는지 나는 모른다. 아마도 2010년인가 2011년에, 그 전자책 원년 소동의 와중에 자연발생적으로 생겨났을 터이다.

발족 시의 아오조라문고와 마찬가지로 자취에 대해서도 출판사와 저작권자의 반발은 아주 강했다. 범죄시하는 사람조차 있었고 지금도 있다. 그렇지만 일본의 출판업계는 언제까지나 딱딱한 것이든 부드러운 것이든 모두 대량의 책을 일거에 전자화하고 공개하는 것에 발을 들여놓으려 하지 않는다. 그래서 읽고 싶은데도 읽을 책이 어디에도 없다. 그 때문에 어쩔 수 없이 자취로 내몰린 '책을 좋아하는' 사람들의 조촐한 자위적인 지혜마저 뭉개버리면 도대체 어떻게 될 것인가? 아오조라문고에서 자취에 이르는 작은 지혜와 궁리의 흐름. 지금까지로 볼 때 일본의 출판 전자화가 세계에 자랑할 수 있는 독창적인 시도는 그것밖에 없을지 모르는데도 말이다.

나는 일단 그렇게 생각하는데, 여하튼 서책 역사상 처음으로 일어난 대변화이므로 무엇이든 그렇게 간단하게 결말이 날 리는 없다.

그런 번거로운 사례의 하나로 이런 이야기가 있다. 저명한 서적

독서와 일본인

사가인 로버트 단턴이 하버드대학도서관의 관장으로 선출되어 구글 북스 계획의 제휴 상대인 구글사를 처음으로 방문했을 때의 일이다. 거기서 그는, 이 회사에는 변호사나 기술자가 수천 명이나 있다고 하는데 한 명의 서지학자도 없다는 사실을 깨닫고 '이 프로젝트는 반드시 실패한다'라는 확신을 가졌다고 한다.

그렇다면 실패한 구글은 그 후 어떻게 하면 좋을까? "망설일 것 없다"라고 단턴은 말했다. 데이터의 독점을 포기하고 무료 원칙의 전자 공공 도서관 기획에 자진해서 참가하면 된다. "이러한 큰 손 기부로 회사가 잃을 것은 없다. 오히려 그 선행으로 크게 칭찬받지 않을까?"(「구글의 것보다 더 좋은 전자 도서관A Digital Library Better Than Google's」)

이 충고가 가까운 장래에 그대로의 형태로 실현되리라고는 생각지 않는다. 하지만 예를 들어 구글사 자체가 몇 번이고 사라져 없어질 정도의 시간이 흐른다면 어떻게 될까? 그 회사의 손으로 디지털 스캔된 '전 지구 도서관'이 이윽고 전 지구 수준의 전자 공공 도서관의 중요한 일부가 될 가능성이 상당히 크다고 해도 좋지 않을까?

그렇다면 우리도 그렇게 서둘러서 허둥대지 말고, 앞으로 수십 년이 흘러 '금방 팔리는 책이 좋은 책, 그렇지 않은 책은 나쁜 책'의 시대가 지나가기를 차분히 기다리면 될지 모르겠다. 단순히 수동적으로 있는 것이 아니라 전략적으로 기다린다. 차분히 서둘러! 그 복잡한 시간에 웃으면서 대처할 수 있다면 더 말할 나위도 없겠지만……

그래도 사람들은 책을 읽는다

사람들이 책을 읽지 않게 되었다. 그토록 견고해 보였던 종이책에 대한 신뢰감이 기우뚱 흔들린 것 같다. 앞으로 우리의 독서 환경은 어떻게 바뀌어버릴까?

이러한 불안을 초래한 범인은 디지털 혁명이라는 설이 있다. 게임이나 SNS 탓이라든가 무엇이든 인터넷이 나쁘다든가 하는…….

하지만 과연 그렇게 딱 잘라 말할 수 있을까?

첫째, 젊은이들의 '책과 멀어지기'가 현저해졌던 1970년대 말에 디지털 시대는 본궤도에 막 오르기 시작했었다. 패전 후 처음으로 책의 총매출이 하강 곡선을 그린 것도, 인터넷이나 휴대전화가 널리 정착한 것도 모두가 1990년대가 저물어갈 무렵부터였다. 그런 이상, 아무리 생각해도 독서 습관 쇠퇴의 책임을 모두 디지털 혁명 탓으로 돌리기에는 무리가 있다. 그보다도 그 쇠퇴는 20세기 후반, 디지털 혁명이 시작되기 이전에 종이책의 세계 안쪽에서 서서히 양성되었다고 생각하는 편이 훨씬 더 자연스럽지 않을까?

하나 더 말한다면, 새롭게 등장한 미디어가 종이책을 망친다는 위기 구도 자체도 새로운 것이 아니라 이미 출판 산업화가 본격화한 1920년대에 그 모습을 드러내고 있었다. 이때의 책의 적은 영화(무성영화)였다. 예를 들면 체코의 인기 작가이자 저널리스트인 카렐 차페크Karel Čapek. 그는 1925년에 일찍이 성숙기에 발을 들여놓은 영화의 힘을 칭송하여 앞으로는 책을 읽는 '개념적 타입'(노년 세대)을 대신하여 영화로 재교육된 '시각형 인간'(현재의 인간)이 증가할 것이라고 예언했다.

독서 타입의 인간은 인내심이 강하다. 주위의 상황을 인식하고 사건의 기록 안에 자리 잡고 앉아 이야기를 처음부터 끝까지 추적해갈 만큼의 충분한 시간을 취한다.

시각적 타입은 그만큼 인내심이 강하지 못하다. 상황을 한눈에 파악하고, 시간을 들이지 않고 이야기의 줄기를 이해해버리려고 한다. 그리고 다음 순간에는 곧장 새로운 무언가를 물색하는 것이다. 그러나 혹시 숨을 충분히 쉬기 위하여 영상의 급류에서 빠져나와 책으로 돌아가는 사람이 나올지도 모르겠다. (…) 그런 일을 누가 알까? ―아마도 서적은 점점 더 멸종해갈 것이다. 어쩌면 바빌론의 문자로 쓰인 벽돌처럼 기묘한 기념비가 될 것이다. 하지만 예술은 멸종할 일이 없다.(「눈의 세대目の世代」)

문맥이 조금 혼란해져서 차페크가 "책으로 돌아가는 사람"에 비평적인 거리를 두고 있는 것처럼 읽을 수도 있다. 하지만 대개 그러지 않을까? 그가 인간을 새로 만드는 영화 특유의 속도감에 매료되었던 것은 사실이지만, 그와 동시에, 끈질기게 "주위의 상황을 인식"하고 충분한 시간을 들여 "처음부터 끝까지" 이야기를 해나간다는 "독서 타입의 인간"의 습성에도 같은 정도로 또는 그 이상으로 강하게 공감하고 있다. 차페크가 같은 시기에 쓴 몇 편의 에세이를 보더라도 그의 내면에 '진보하는 인간'과 함께 한 사람의 확신에 차서 "책으로 돌아가는 사람"이 있다는 것은 너무나 명백하다.

그리고 그 차페크의 내면에 존재하는 독서 타입의 인간과 시각형 인간의 갈등의 드라마가 100년 후 영화는 인터넷으로, 시각형 인간은 '디지털형 인간'으로 치환되어 그대로 통째로 반복된다. 내

입장에서 이야기하면, 수년 전 우연히 한 잡지에서 쓰무라 기쿠코 津村記久子의 「기침과 숙독咳と熟読」이라는 글을 읽고 나는 이전에 이 것과 유사한 것을 어디선가 읽은 적이 있다고 느끼면서 차페크의 에세이를 떠올렸다.

쓰무라의 「기침과 숙독」에 따르면 한때 책을 멀리하고 인터넷에 열중했던 그녀는 이윽고 인터넷에서 순간 끓어오르듯 정보를 모 으는 게 너무나 피곤하여 다시 책을 읽게 되었다고 한다. '정보'를 서둘러서 뇌에 '주입'하는 듯한 '포화 상태' 속에서 '역설적으로 자 신이 책에서 얻은 주요한 영양은 '정보'가 아니었다는 점을 깨닫게 되었다고 한다.

> 책을 읽기 시작한 무렵, 읽는 것은 오로지 체험이었다. 도서실 에서 빌린 책의 너덜너덜함과 그 이야기는 일체가 되어 기억되 고 있다. 천식 발작 후 부모님 몰래 책을 읽고 있는 나 자신 또 한 이야기의 일부였던 것처럼 생각된다. 아! 『팀 래빗의 모험Adventures of Tim Rabbit』이 재미있었다고 생각할 때는 반드시 소학교 2학년 시절에 살던 맨션의 6조 침실과, 창문으로 들어오던 한낮 의 빛과, 먹기 괴로웠던 약과는 반대로 매력적이었던 흡입기의 맛을 생각한다. 그렇게 몸을 동반한 독서를 다시 하고 싶다.

인터넷 정보를 다루느라 피폐해져 '독서를 다시 찾게' 되었다. 그녀 또한 차페크가 말하는 "충분히 숨을 쉬기 위하여 영상(정보) 의 급류에서 빠져나와 책으로 돌아가는 사람" 중 한 명이었던 것 이다.

차페크와 쓰무라 기쿠코.

이 두 작가의 100년의 시간을 사이에 둔 체험을 나란히 세워 보면 독서의 황금시대로서의 20세기가 실은 줄곧 안정되지만은 않았다는 것을 알 수 있다. 우리는 지금 디지털 혁명의 충격으로 종이책이 처음으로 위기에 처해 있는 것처럼 아주 심하게 느끼고 있다. 하지만 그게 아니다. 차페크에 따르면 이미 전세기의 1920년대, 독서의 황금시대가 그 전성기에 들어서려고 하던 무렵 영화의 성숙 때문에 그 자신을 포함하여 책을 좋아하는 사람마저도, 재빨리, 그 위기를 예감하게 되었다고 한다.

그리고 이 점과 관련하여 하나 더 놓치지 말아야 할 것이, 동시에 이 위기가 사람들이 종이책의 힘을 재발견하는 기회가 되었다는 점이다.

일용품으로서의 책에 너무 익숙해진 나머지 우리는 자칫하면 그 고마움을 잊어버린다. 그럴 때 갑자기 충격적인 무엇인가에 부닥쳐 잊고 있던 고마움을 신선한 것으로 다시 찾게 된다. 독서의 황금시대 전반기의 '무엇인가'는 영화였지만, 그에 필적하는 후반기의 사건은 인터넷의 출현이다. 그리고 영화의 경우와 마찬가지로 이번에도 새로운 무엇인가에 휘둘린 종이책이, 거꾸로, 어지럽게 쇄도하는 정보 때문에 지쳐버린 인간이 되돌아갈 대체할 수 없는 강력한 장으로 재발견된다. 그것이 차페크의 '책으로 돌아가는 것'이고, 쓰무라 기쿠코가 이야기하는 '독서를 다시 바라는 것'이기도 하다.

그렇게 보면 이 점에 대해서는 이전에도 한 번 「책의 역사에서 제3의 혁명」이라는 글에서 21세기의 첫해에 교사로서 젊은 학생들과 겪은 경험에 기초하여 조금 자세하게 논한 적이 있다.

지금의 학생들은 분명히 책을 너무나 읽지 않는다. 그렇다고 해서 그들이 '책 따위는 이제 없어도 된다'라고 생각하고 있는가 하면 그렇지는 않다. 교실에서 몇 번 실시한 설문 조사에 따르면 오히려 '없어지면 곤란하다'라고 느끼는 사람이 압도적으로 많았다. 그래서 '왜 곤란한가?'라고 물으면 대개는 '매일매일 생활 중에 지금과 같은, 책과 사귀는 즐거움을 잃어버리고 싶지 않다'라는 의미의 답이 되돌아왔다.

"종이책을 만지거나 넘기거나 할 때의 좋은 느낌을 버리는 것은 아깝다" "내 책장에 좋아하는 책이 꽂혀 있는 것을 보고 있노라면 왠지 모르게 안심이 된다" "책이란 기억이지요. 저녁에 어딘가 동네 카페의 창가에 앉아 그 책을 읽는다든가, 책에는 그것을 읽었을 때의 기억이 남아 있겠지요".

그런데도 인터넷을 경유한 휴대용 단말기나 스마트폰으로 읽는 책(즉, 전자책)에는 그 일체의 것이 결여되어 있다. 그것은 역시 독서라고는 할 수 없지 않은가, 라는 의미다.

그러므로 역시 쓰무라가 이야기하는 '몸을 동반한 독서'다. 종이책은 한 점 한 점 다른 얼굴, 다른 외견을 가지고 있다. 그러나 전자책에는 모든 표현이 특정 기업이나 특정 기술자가 만든 하드웨어와 소프트웨어의 평면으로 균일해진다. 특수 효과 영화처럼 모두가 같은 맛밖에 내지 않으므로 그 어떤 것도 질려버린다. 그것에 질리거나 지쳐버린 사람이 다시금 종이책으로 향한다. 즉, "몸을 동반한 독서"로 돌아간다. 그리고 거기에는 한 점 한 점의 책의 개별성이나 다양성이 제대로 보존되고 유지되고 있다. 그렇지 않으

독서와 일본인

면 모두 곤란해지는 것이다.

물론 실제로 그들은 너무나 책을 읽지 않는다. 하지만 마이니치 신문사가 패전 후 계속해온 독서 조사에 따르면 근년에는 "요즘의 젊은이들은 조금도 책을 읽지 않는다"라고 탄식하는 노인들이 젊은이 이상으로 책을 읽지 않는다고 한다. 그렇다면 그 무엇도 '젊은이들'에 한정되지 않는다. 중년, 고령층을 포함한 모든 일본인이 점차 책을 읽지 않는 가운데 그들도 책을 읽지 않게 되었다. 그렇게 생각하는 것이 보다 정확할 듯하다.

메이지 시대 말부터 다이쇼 시대에 걸쳐 사람들이 연령이나 지역이나 성별이나 학력의 차이를 넘어 일제히 책을 읽게 되었고 그로부터 독서의 황금시대로서의 20세기가 시작되었다.

이전에 나는 분명히 그렇게 이야기했다.

하지만 그 20세기가 끝나고 다음 세기에 들어서자 마찬가지로 연령이나 지역이나 성별이나 학력의 차이를 넘어 많은 일본인이 일제히 책을 읽지 않게 되었다. 책을 좋아하는 그 어떤 사람도, 아니 책을 좋아하면 할수록, 여러 가지 조사나 책의 매출이 급격하게 감소하는 것을 보면 무엇보다도 그 변화를 인정하지 않을 수 없게 일상에서 실감하는 것이다. 그 결과 언제부터인가 우리는 '머지않아 우리 사회에서 일상적으로 책을 읽는 습관이 사라져버릴지 모른다'라는 어렴풋한 불안을 품게 되었다.

그러나 비록 그렇다고 하더라도 어릴 때부터 익혀온 "몸을 동반한 독서"의 기억이 사라져버릴 리는 없다. 그 개인적인 기억에 무라사키 시키부나 스가와라노 다카스에노무스메에서 시작된, 일본인의 독서에 대한 집단적 기억이 중첩되고, 그것이 평소에 책을 그다지 읽지 않는 사람들을 간신히 책과 결부해주고 있다. 따라서 앞으로도 거기에 가기만 하면 반드시 다양한 책이 있고 자신의 관심을 어떤 방향으로든 심화해갈 수 있는 환경이 안정적으로 확보된다면, 책을 읽지 않게 된 사람들이 한 번쯤은 다시 책을 읽기 시작할 가능성이 전혀 없는 것도 아니다.

차페크의 '책으로 돌아가다'와 쓰무라 기쿠코의 '독서를 다시 찾는다'로부터 휴대용 단말기나 스마트폰을 가지고 자랐던 젊은이들의 '책이 없어서는 곤란하다'까지, 이 발신들에서 공통되는 키워드는 '재발견'이다. Rediscovery. 즉, 커버나 베일의 덮개를 벗겨내고, 숨겨져 있던 것을 재발견하는 것.

그리고 현대 일본에서 두꺼운 덮개 때문에 보이지 않게 된 책의 상징이, 전술한 인문서를 필두로 하는 '딱딱한 책'이다. 이러한 부류가 은폐된 양상을 다시 한 번 열거해둔다.

* '딱딱한 책'이 서점에 진열되는 기간이 눈에 띄게 짧아졌다.
* 그에 따라 출판사의 '딱딱한 책'의 재고가 극단적으로 움직이지 않게 되었다.
* 지방 도시의 작은 책방이나 개성적인 서점이 모두 가게를 닫아간다.
* 전자책 서점의 참상은 말할 것도 없다.
* 그리고 결국에는 믿고 의지하던 공립 도서관마저 '딱딱한 책'을 노골적으로 경원시하게 되었다.

등등이다.

독서와 일본인

여기에 '일본인이 책을 읽지 않게 된' 현상을 더하면 독서의 황금시대로서의 20세기가 기왕에 만들어낸 '돌아갈 곳'이 불과 20년 만에 잇달아 소멸하든가 그 직전까지 내몰리고 있음을 알게 될 것이다. 이 현상들을 한마디로 하면 어떻게 될까? 좀 거칠지만, 역시 독서의 황금시대로서의 20세기는 드디어 종말을 맞이했다. 그렇게 볼 수밖에 없다고 나는 생각한다.

다시 정리해두면, 이 황금시대를 실질적으로 지탱해온 것이 다이쇼에서 쇼와 시대에 걸쳐 자본주의적 산업으로 재편된 출판 비즈니스다. 직접적인 동력은 '미국형'의 망측한 이윤 추구. 하지만 이 단계에서의 그것은, 소수의 엘리트층이 점유해온 독서 습관을 모든 계층의 일본인에게 개방한다는 '독서의 평등화'에 대한 의욕이라고 할까, 그 나름대로 강렬한 사명감을 수반하고 있었다. 그러므로 관동대지진과 제2차 세계대전이라는 두 가지 위기에 직면하면서도 그때마다 다양하고 자유로운 사고나 즐기는 방식을 대중 규모로 실현한다는 목표를 어떻게든 강화해가면서 유지할 수가 있었다.

그러나 20세기 말에 가까워지면서 그 자본주의가 변질되기 시작한다. 즉, '금방 대량으로 팔리는 책이 좋은 책'이라는 풍조가 서적 시장에 정착하여, 그런 환경을 자명한 것이라 여기고 자란 사람들이 독자의 중심을 차지하게 되었다. 그리고 아마도 그 결과로서, 극소수의 '가장 잘 팔리는 책'에 독자가 쇄도하고 다른 책은 전혀 팔리지 않는 극단적인 경사가 시장에 생겨난다. 말할 필요도 없이 잘 알려진 '엄청난 숫자의 사람이 일제히 같은 책을 읽는' 해리 포터 현상이다.

게다가 그 시장 원리가 그것과는 별도의 원리(공공성)로 움직이던 공립 도서관에도 슬금슬금 침투했다.

그 덕택에 내가 살고 있는 도쿄 근교의 시립 도서관에서도 언제부터인가 인기 작가의 신간을 예약하는 사람의 숫자가 가볍게 1000명을 초과하게 되었다. 나오키상 수상 작가라도 되면 2000명이 넘는 경우가 드물지 않다. 그래도 시립 도서관 십수 곳의 소장 권수는 한 종당 합쳐 겨우 3000권 정도. 전원이 빌리기에는 넉넉잡아 10년 이상 걸린다. 아무리 생각해도 이건 너무 엉망이다. 숫자만으로 이야기하면 활황이라고 보이지 않는 것도 아니지만 그건 아니다. 만연하는 시장 자유주의적 해리 포터 현상 때문에, '딱딱한 책'이나 '부드러운 책'의 구별 없이 언제 어디서 누구나 무료로 다양한 책을 읽을 수 있는 공립 도서관의 이념이 맥없이 허물어져 내리고 있는 것이다.

그렇게 독서의 황금시대가 끝났다고 한다면 앞으로 우리의 독서는 어떻게 변해갈 것인가? 어려운 질문이다. 나는 '반드시 이렇게 된다'라고 자신 있게 대답할 자신이 없다. 그래서 우선 이미 이야기한 가설을 한 번 더 단순화해서 되풀이한다면,

책이라는 미디어가 역사상 처음으로 종이책과 전자책이라는 두 방향으로 갈라지려고 하고 있다. 우리가 보통 독서라고 부르는 행위는 당분간 그 두 가지 방향 중 전자, 즉 종이책이 짊어지고 가게 될 것이다.

보다 돌직구를 던진다면, 비록 독서의 황금시대가 끝나더라도 종이책 독서는 끝나지 않을 것이다. 그리고 '당분간'이라는 말은, 만일 언젠가 전자책을 옥죄는 탐욕스러운 경제구조에 격변이 생긴

다면 그 시점에서 다시 생각하게 되지 않을까 하는 정도의 의미다.

아무튼 지금까지 우리가 독서라고 불러온 행위는 앞으로도 당분간은 이렇다 할 변화 없이 계속될 것이다.

하지만 책을 적극적으로 읽는 사람의 숫자가 줄고 산업으로서 출판의 기반이 이 정도로 내려앉아버린 이상 그것은 과거와 연장선상에 있을 수 없다. 그러므로 역시 '재발견'이 필요하다. '옛날과 비교해서 젊은이들이 책을 읽지 않는다'라든가 '오래되고 좋은 독서 습관을 지켜라'라며 탄식하거나 화를 내서는 안 된다. 미래로 나아가기 위해서는 그대로 지속되기만 바랄 것이 아니라 과감하게 끊어내는 것도 필요하다.

만일 '혼자서 묵묵히 읽는다. 자발적으로, 대개는 자신의 방에서'라는 독서가 그토록 소중한 것이라면, 그 매력을 재발견하기 위해서라도 한 번은 그것을 잃어버려보는 편이 낫다. 그러면 아마도 나 같은 '노년 세대'가 사라져버린 후의 세계에서 사람들은 책의 매력을 다시 발견하고, 그로부터 종이책과 전자책을 뭉뚱그려 새로운 독서 습관을 재구축해갈 것임이 틀림없다.

그렇게 생각하고 주위를 둘러보면, 우리의 독서 환경에 생겨난 울적한 변화의 한편에 여기저기서 상당히 통풍이 잘되는 구멍들이 생겨나기 시작했다는 것을 깨닫게 될 것이다.

예를 들면 이것은 나도 경험으로 지겹도록 알고 있는 것인데, 20세기의 인텔리 독서인의 다수는 패전 전과 패전 후 구별 없이 '딱딱한 책' 독서와 '부드러운 책' 독서에는 고급과 저급의 차이가 있다고 아무런 의심도 없이 믿었다. 그러나 근년의 엘리트는 다르다. 예를 들어 철학자인 기다 겐木田元. 나보다 딱 열 살 위인 그는

'사루토비 사스케猿飛佐助일본 소설에 등장하는 가공의 닌자에서 하이데거까지'의 폭을 가진 자신의 독서 생활을 순순히 즐기고 있다고, 80세를 넘은 후에도 그것을 공공연하게 이야기했다. 그 노석학이 야마타 후타로山田風太郎의 괴기소설에 열중하는 모습은 책을 좋아하는 대중과 전혀 다를 바가 없었던 것이다.

그 기다 겐은 또한 하이데거나 메를로퐁티의 '딱딱한 책'을 학파의 통제하에서 직역한 책들의 난해함으로부터 해방시켜, 그저 읽을 줄 알면 제대로 이해할 수 있는 일본어 문장으로 번역하려는 시도에 과감하게 도전한 사람이기도 했다. 칸트나 헤겔을 누구나 읽을 수 있는 쉬운 일본어로 개역해 보여준 재야의 철학자 나카야마 겐中山元과 하세가와 히로시長谷川宏 등도 그와 같다.

철학이나 역사 등의 '인문서=딱딱한 책'만이 아니다. 미스터리나 전위 소설이나 연애물의 영역에서도 일본의 번역 수준은 21세기에 들어서자 시바타 모토유키柴田元幸와 무라카미 하루키로 대표되는 사람들에 의해 비약적으로 향상되었다. 또는 가메야마 이쿠오 역의『카라마조프가의 형제들』로 시작된 고분샤고전신역문고光文社古典新訳文庫라든가 이케자와 나쓰키池澤夏樹 번역의『고지키』로 시작되는『세계문학전집』이나『일본문학전집』(가와데쇼보신샤) 같은 것들도 시대가 우리의 독서 환경에 뚫어준 큰 바람구멍의 하나였다고 해도 좋을 것이다.

일반적으로 말하면 패전 전부터 이어져 오는 교양주의적·권위주의적 '독서의 계단'의 질서가 드디어 이 단계가 되어 거의 완전하게 붕괴된 것이다. 기다 겐에서 시바타 모토유키, 이케자와 나쓰키까지, 전술한 사람들의 작업도 아마 이 붕괴 현상에 진지하게 대처하려던 데에서 시작되었을 터이다. 그렇다고 해서 대중 독서가 이기고 인텔리 독서가 패했다는 것은 아니다. 그게 아니라, 인텔리가 인텔리라는 것의 오랜 구속으로부터, 그리고 대중이 대중이라는 것의 마찬가지로 오랜 구속으로부터 조금은 자유로워진 것이다.

이것을 가장 잘 상징하고 있는 것이 만화의 변모다.

그때까지 주로 어린이용 오락이라고 여겨졌던 만화가 문득 돌아보니, 과거에 로제 샤르티에가 "쾌락 또는 교양, 기분 전환 또는 공부를 위해 읽는다"(『독서의 문화사』)라고 이야기한 것과 같은 확산을 보여주었고, 게다가 남녀노소, 외국인을 포함한 광대한 독자층을 품고 있는 튼실한 미디어로 변모를 성취하고 있었다. 그렇게까지 무엇이든 싫은 것 또는 절망적인 것만은 아니다. 차분하게 둘러보면 그 한가운데에 여태까지는 없었던 밝은 것 또는 기쁜 것이 이 시대이기 때문에 가능한 방식으로 실현되고 있었던 것이다.

따라서 앞 절의 말미에 쓴 '서둘러서 허둥대지 말고, 싫은 시대가 가버리기를 천천히 기다리기로 하자'라고 한 판단은 여기에서도 유효하다.

이 '천천히 기다리는' 사이에도 아마도 사람들은 독서를 통해 새로운 표현, 새로운 사상 찾기를 그만두지 않을 것이다. 마찬가지로 오래된 표현이나 사상과 함께하는 기술을 버리는 일도 없으리라 확신한다. 앞으로 우리의 세계가 한층 더 암울한 것이 될 가능성은 결코 적지 않다. 그런 미래에 짓눌리지 않고 큰마음을 계속 지켜나가기 위해서는 살아 있는 인간의 정보나 식견만으로는 부족하다. 거기에 5000년의 역사를 가진 책 안에 축적된 사람들의 지혜와 체험을 합류하도록 할 필요가 있다.

역시 우리에게는 독서가 필요하다.

일본인의 독서사

독서의 시작

- 스가와라노 미치자네菅原道真, 「서재기書斎記」, 『일본고전문학대계 72—간케분소·간케코슈日本古典文学大系 72 菅家文草 菅家後集』, 이와나미쇼텐岩波書店, 1978.

- 스가와라노 다카스에노무스메菅原孝標女, 다케니시 히로코竹西寛子 역, 『사라시나 일기更級日記』(『일본 고전과 친해지다 10—청령일기와 오초 일기日本の古典に親しむ 10 蜻蛉日記と王朝日記』), 세카이분카샤世界文化社, 2006.

- 다마가미 다쿠야玉上琢弥, 『겐지 이야기 연구源氏物語音読論』, 이와나미현대문고岩波現代文庫, 2003.

- 사이고 노부쓰나西郷信綱, 『일본고대문학사日本古代文学史』, 이와나미동시대라이브러리岩波同時代ライブラリー, 1996.

- 사이고 노부쓰나, 『겐지 이야기를 읽기 위하여源氏物語を読むために』, 헤이본샤平凡社, 1983.

- 오가와 다케오小川剛生, 『중세의 서책과 한문中世の書物と学問』, 야마카와출판사山川出版社, 2009.

- 우메사오 다다오, 『지적 생산의 기술』, 김욱 역, AK(에이케이)커뮤니케이션즈, 2018.

- 고나가야 게이키치小長谷恵吉, 『일본국견재서목록 해설서日本国見在書目録 解説稿』, 고미야마출판小宮山出版, 1976.

- 사이토 마레시齋藤希史, 『한자 세계의 지평漢字世界の地平』, 신초선서新潮選書, 2014.

- 나카야마 시게루中山茂, 『패러다임과 과학혁명의 역사ﾊﾟﾗﾀﾞｲﾑと科学革命の歴史』, 고단샤학술문고講談社学術文庫, 2013.
- 오노 스스무大野晋 외, 『이와나미 고어사전岩波古語辞典』, 이와나미쇼텐, 1982.

난세 일본의 르네상스

- 하라 가쓰로原勝郎, 『히가시야마 시대의 고급 관리의 생활東山時代に於ける一縉紳の生活』, 지쿠마쇼보筑摩書房, 1967.
- 하가 고시로芳賀幸四郎, 『산조니시 사네타카三条西実隆』, 요시카와코분칸吉川弘文館, 1987.
- 미타무라 마사코三田村雅子, 『기억 속의 겐지 이야기記憶の中の源氏物語』, 신초샤新潮社, 2008.
- 지엔慈円, 오스미 가즈오大隅和雄 역, 『구칸쇼愚管抄』, 고단샤학술문고講談社学術文庫, 2012.
- 아미노 요시히코, 『일본의 역사를 새로 읽는다』, 임경택 역, 돌베개, 2015.
- 아미노 요시히코, 「일본 문자 사회의 특질日本の文字社会の特質」, 『아미노 요시히코 저작집 15網野善彦著作集 15』, 이와나미쇼텐, 2007.
- 가사하라 가즈오笠原一男 교주校注, 『렌뇨 문집蓮如文集』, 이와나미문고岩波文庫, 1985, 해설에서 인용.

인쇄 혁명과 데라코야

- 루이스 프로이스Luís Fróis, 오카다 아키오岡田章雄 역, 『유럽 문화와 일본 문

화ヨーロッパ文化と日本文化』, 이와나미문고, 1991.

- 오우치다 사다오大内田貞郎, 「기리시탄판에서 고활자판의 뿌리를 찾다「きりし たん版」に「古活字版」のルーツを探る」, 『활자 인쇄의 문화사活字印刷の文化史』, 벤세 이출판勉誠出版, 2009.

- 나카지마 다카시中嶋隆, 『사이카쿠와 겐로쿠 미디어西鶴と元禄メディア』, NHK 북스, 1994.

- 가이바라 에키켄貝原益軒, 『화속동자훈和俗童子訓』, 한기언 역, 한국학술정보, 2006.

- 고센 히로시興膳宏·기즈 유코木津祐子·사이토 마레시 역, 『주자어류 역주본 10·11권『朱子語類』訳注 巻十·十一』, 규코쇼인汲古書院, 2009.

- 야타베 히데마사矢田部英正, 『일본인이 앉는 법日本人の坐り方』, 슈에이샤신서集 英社新書, 2011.

- 요시다 겐코, 『쓰레즈레구사』, 김충영·엄인경 역, 문, 2010.

- 후지모리 데루노부藤森照信·아라마타 히로시荒俣宏, 『도쿄 거리 박물지東京路 上博物誌』, 가지마출판회鹿島出版会, 1987.

- 이노우에 쇼이치井上章一, 『노스탤직 아이돌―니노미야 긴지로ノスタルジック· アイドル 二宮金次郎』, 신주쿠쇼보新宿書房, 1989.

- 고타 로한辛田露伴, 『니노미야 손토쿠옹二宮尊徳翁』, 〈소년문학少年文学〉 세/편, 하쿠분칸博文館, 1891.

- 스즈키 도시유키, 『에도의 독서열』, 노경희 역, 소명출판, 2020.

- 레프 메치니코프Lev Metchnikoff, 와타나베 마사시渡辺雅司 역, 『메이지유 신 회상回想の明治維新』, 이와나미문고, 1987.

- 다카하시 사토시高橋敏, 『에도의 교육력江戸の教育力』, 지쿠마신서ちくま新書, 2007.

- 나가토모 지요지長友千代治,『에도시대의 서책과 독서江戸時代の書物と読書』, 도쿄도출판東京堂出版, 2001.
- 나가토모 지요지,『에도시대의 도서 유통江戸時代の図書流通』, 시분카쿠출판思文閣出版, 2002.
- 나가토모 지요지,『근세의 독서近世の読書』, 세이쇼도쇼텐靑裳堂書店, 1987.

새로운 시대로

- 후쿠자와 유키치,『학문의 권장』, 남상영 역, 소화, 2003.
- 후쿠자와 유키치,『문명론 개략』, 성희엽 역, 소명출판, 2020.
- 마에다 아이,『일본 근대독자의 성립』, 유은경·이원희 역, 자음과모음, 2003.
- 로널드 도어Ronald Philip Dore, 마쓰이 히로미치松居弘道 역,『에도시대의 교육江戸時代の教育』, 이와나미쇼텐, 1970.
- 다나카 유코田中優子,『미래를 위한 에도학未来のための江戸学』, 쇼가쿠칸101신서小学館101新書, 2009.
- 재단법인 쇼요협회財団法人逍遙協会 편집,『쓰보우치 쇼요 연구 자료 제8권坪内逍遙研究資料 第八集』, 신주샤新樹社, 1979.
- 다야마 가타이田山花袋, 「후타바테이 시메이 군二葉亭四迷君」,『밀회·짝사랑·이상한 만남 외あひびき·片恋·奇遇 他一篇』, 후타바테이 시메이二葉亭四迷 역, 이와나미문고, 1955.
- 간바라 아리아케蒲原有明, 「『밀회』에 관하여『あひびき』に就て」, 앞의 책.
- 나카노 시게하루中野重治,『배꽃梨の花』, 이와나미문고, 1985.

독서의 황금시대

20세기 독서의 시작

- 사이토 야스오斉藤泰雄, 「문해력·문해율의 역사적 추이─일본의 경험識字能力·識字率の歴史的推移─日本の経験」, 『국제교육협력논집 제15권 제1호国際教育協力論集 第15巻 第1号』, 2012.

- 시미즈 히데오清水英夫·고바야시 가즈히로小林一博, 『출판업계出版業界』, 교이쿠샤教育社, 1985.

- 에마뉘엘 토드Emmanuel Todd, 이시자키 하루미石崎晴己 역, 『신유럽대전 I 新ヨーロッパ大全 I』, 후지와라쇼텐藤原書店, 1992.

- 카를로 치폴라Carlo Maria Cipolla, 사다 겐지佐田玄治 역, 『읽고 쓰기의 사회사読み書きの社会史』, 오차노미즈쇼보御茶の水書房, 1983.

- 로제 샤르티에Roger Chartier, 후쿠이 노리히코福井憲彦 역, 『독서의 문화사読書の文化史』, 신요샤新曜社, 1992.

- 사토 다쿠미佐藤卓己, 『〈킹〉의 시대〈キング〉の時代』, 이와나미쇼텐, 2002.

- 나가미네 시게토시永嶺重敏, 「초기 〈킹〉의 독자층初期〈キング〉の読者層」, 『잡지와 독자의 근대雑誌と読者の近代』, 니혼에디터스쿨출판부日本エディタースクール出版部, 1997.

- 나가미네 시게토시, 「엔본 붐과 독자円本ブームと読者」, 『모던 도시의 독서 공간モダン都市の読書空間』, 니혼에디터스쿨출판부, 2001.

- 마루야마 마사오丸山真男, 「나의 중학교 시절과 문학わたしの中学時代と文学」, 『마루야마 마사오 전집 제15권丸山真男集 第15巻』, 이와나미쇼텐, 1996.

- 야마자키 야스오山崎安雄, 『이와나미문고 이야기岩波文庫物語』, 하쿠호샤白鳳

社, 1962.

우리의 독서법

• 미키 기요시三木清, 「독서편력読書遍歴」, 『독서와 인생読書と人生』, 신초문고新潮
  文庫, 1974.

• 시바노 교코柴野京子, 『책장과 평대書棚と平台』, 고분도弘文堂, 2009.

• 가가 오토히코加賀乙彦, 『가가 오토히코 자서전加賀乙彦 自伝』, 슈에이샤集英社,
  2013.

• 야마구치 데루오미山口照臣編, 『일기로 읽는 근대 일본 3—다이쇼日記に読む近
  代日本3 大正』, 요시카와코분칸, 2012.

• 도쿄시 사회국東京市社会局 편집, 『일용 노동자의 일기日傭労働者の日記』, 도쿄
  시 사회국, 1928.

• 나가미네 시게토시, 『모던 도시의 독서 공간』, 니혼에디터스쿨출판부, 2001.

• 가와이 에이지로河合栄治郎 편집, 『학생과 독서学生と読書』, 니혼효론샤日本評論
  社, 1938.

• 모토오리 노리나가本居宣長·이시카와 준石川淳 역, 『우이야마부미宇比山踏』,
  『일본의 명저 21—모토오리 노리나가日本の名著21 本居宣長』, 주오코론샤,
  1978.

전쟁의 참화를 딛고 새 출발

• 시미즈 히데오·고바야시 가즈히로, 앞의 책.

• 이케지마 신페이池島信平, 『잡지 기자雑誌記者』, 주오코론샤, 1958.

- 일본경영사연구소日本経営史研究所 편집, 『제지업 100년製紙業の100年』, 왕자제지王子製紙 외, 1973.

- 이노우에 히사시井上ひさし, 『책의 운명本の運命』, 분게이슌주文藝春秋, 1997.

- 오오카 마코토大岡信, 「내 안의 고전私の中の古典」, 『일본 명수필 36선日本の名随筆 36読』, 이부세 마스지井伏鱒二 편집, 사쿠힌샤作品社, 1985.

- 아라마타 히로시荒俣宏·미즈키 시게루水木しげる, 『전쟁과 독서戦争と読書』, 가도카와신서角川新書, 2015.

- 가토 슈이치加藤周一, 『세키요모고Ⅵ夕陽妄語Ⅵ』, 아사히신문사朝日新聞社, 2001.

- 『출판 데이터북 개정판出版データブック 改訂版』, 출판뉴스사出版ニュース社, 2002.

- 사이토 미나코斎藤美奈子, 「일본문학전집과 그 시대日本文学全集とその時代」, 〈문예文藝〉, 2015년 봄 호·여름 호.

- 마루야 사이이치丸谷才一, 「서평과 〈주간아사히〉書評と<週間朝日>」, 『쾌락으로서의 독서—일본 편快楽としての読書 〈日本篇〉』, 지쿠마문고ちくま文庫, 2012.

- 나가미네 시게토시, 『도쿄대생은 어떤 책을 읽었을까東大生はどんな本を読んできたか』, 헤이본샤신서平凡社新書, 2007.

- 우에구사 진이치植草甚一, 『우에구사 진이치 스크랩북 39—우에구사 진이지 일기植草甚一スクラップ・ブック 39 植草甚一日記』, 쇼분샤晶文社, 1980.

활자에서 멀어지다

- 마쓰야마 유키오松山幸雄, 「득의태연得意泰然」, 〈주간신초週刊新潮〉, 1977. 6. 16.

- 구와바라 다케오桑原武夫, 「독서読書」, 『나의 독서편력わたしの読書遍歴』, 우시오

출판사潮出版社, 1978.

- 뤼시앵 페브르Lucien Febvre·앙리 마르탱Henri Martin, 세키네 모토코関根素子 외 역, 『책의 탄생書物の出現』, 지쿠마쇼보, 1985.
- 가브리엘 자이드Gabriel Zaid, 『책이 가득So Many Books』, 폴드라이북스 Paul Dry Books, 2003.
- 프레데리크 루빌루아Frédéric Rouvillois, 『베스트셀러의 세계사ベストセラーの世界史』, 오타출판太田出版, 2013.
- 『출판 연감 1978년판出版年鑑 1978年版』, 출판뉴스사, 1978.
- 이와나미쇼텐 편집부, 『이와나미신서 50년岩波新書の50年』, 이와나미신서 신적판新赤版 별책, 1988.
- 『2015년판 출판지표연보2015年版 出版指標年報』, 전국출판협회全国出版協会·출판과학연구소出版科学研究所, 2015.

종이책과 전자책

- 요시다 겐이치吉田健一, 「책에 관하여本のこと」, 『요시다 겐이치─친구와 책과吉田健一 友と書物と』, 시미즈 도루清水徹 편집, 미스즈쇼보みすず書房, 2002.
- 로버트 단턴Robert Darnton, 「구글의 것보다 더 좋은 전자 도서관A Digital Library Better Than Google's」, 〈뉴욕타임스〉, 2001. 3. 23.
- 카렐 차페크Karel Čapek, 다사이 마스오田才益夫 역, 「눈의 세대目の世代」, 『카렐 차페크의 영화술カレル・チャペックの映画術』, 세이도샤青土社, 2005.
- 쓰무라 기쿠코津村記久子, 「기침과 숙독咳と熟読」, 〈도서図書〉, 2011년 3월 호.
- 쓰노 가이타로津野海太郎, 「책의 역사에서 제3의 혁명書物史の第三の革命」, 『전자책을 바보 취급하지 말라電子本をバカにするなかれ』, 국서간행회国書刊行会,

2010.

- 전국대학생활협동조합연합회全国大学生活協同組合連合会, 「제51회 학생 생활 실태 조사의 개요 보고第51回 学生生活実態調査の概要報告」, 대학생협 웹사이트, 2016. 2. 24.

모든 독서에는 사연이 있다

일본인의 특징을 가리키는 말 중에 '독서 국민'이라는 말이 있다. '일본인은 전철 안에서 대부분 책을 읽는다'라든지 '독서는 일본인에게 가장 큰 오락이다'라는 말도 참 많이 들었다. 이 책은 그런 말들의 실체에 관해 아주 재미있게 설명하고 있다. 도쿄의 한 서점에서 이 책이 눈에 들어온 것도, 단순한 출판 연대기나 독서 기술에 관해서가 아니라 일본인이 어떻게 책을 읽어왔는가를 역사적으로 추적하고 있었기 때문이다. 책 표지에 쓰여 있던 "독서라 이름 붙인 행위가 언제부터 생겨났고, 앞으로 사람들은 계속 책을 읽을까?"라는 구절이 크게 다가왔었다.

판매대 앞에서 몇 군데만 읽어보았는데, 전근대 시대 일본에 건너온 선교사가 일본인의 높은 독서열에 놀란 이야기, 1910년대에 일용직 노동자가 도서관에서 책을 빌려 보던 이야기, 그리고 1920년대 중반에는 중산층의 표식이 되기도 했던 문학 전집이 집집마다 양질의 개인 도서관 역할을 했다는 이야기, 읽고 싶은 책을 염가로 구입하여 읽을 수 있게 해준 문고판과 신서판 이야기, 패전 후 잡지의 창간과 그 잡지에 실린 충실한 서평 덕택에 맞게 된 독서의 황금기 이야기, 그리하여 통근 전차가 대중 독서실이 된 이야기 등등 독서와 맞물린 일본 사회의 변화상이 한눈에 들어오는 듯했다. 그리고 책을 덜 읽게 되었다는 탄식이 새어 나오는 21세기에 생각해보면 그 20세기가 오히려 이상한 시대였다는 이야기나, 전자책이 종이책을 대체하는 것이 아니라 독서의 형태가 두 가지로 갈라져 새롭게 생겨나는 것이라는 이야기가 너무나 생생하게 묘사되어 있어서 우선 재미있었다.

저자·독자·편집자로서 '독서의 황금시대'를 살아온 저자(쓰노가이타로)가 독서의 과거·현재·미래에 대해 풀어가는 이 책을 읽으면서 나 자신의 독서와 관련된—특히 돌아가신 아버지와 관련된—많은 기억을 끄집어낼 수 있었다. 내 기억의 조각들 속에 저자의 경험을 투영해가며 읽었는데 그것도 이 책을 읽는 재미의 하나가 될 것이다. 독자들도 자신의 경험을 되새기면서 읽어보기를 권한다. 그런 과정에서 자연스레 한국인과 일본인의 독서사史를 알게 될 것이다. 그 추억담들을 따라가면서 저자가 책에 담은 내용을 더 들어보자.

추억담 1: 강요된 독서, '자유교양독서'와 경시대회
초등학교 시절, 4학년 이상 학생들에게 '자유교양독서'라는 명목으로 학년마다 다섯 권 이상의 도서 목록을 제시하고 그것을 읽고 감상문을 내게 했으며, 나아가 학교 대표를 뽑아 그 책의 내용을 시험 형태로 묻는 '경시대회'를 개최했다. '대표 선수'로 뽑힌 학생

독서와 일본인

들은 그 책들을 달달 외워야만 했다. 자유롭게 읽고 싶은 책을 읽는 것이 아니었다. 한국의 1960년대 후반은 이렇게 이른바 '교양'이라는 이름으로 독서 아닌 공부를 해야 했던, '체력은 국력'과 더불어 '아는 것이 힘!'을 강조하던 시기였다. 그 책을 왜 읽어야 했는지에 관해서는 아무도 설명해주지 않았다.

국정교과서와 더불어 '국민' 만들기의 주요한 수단으로 독서를 강요했지만 그것이 대중 독서 붐으로 이어지지는 않았던 것 같다. 많은 어린이와 학생이 취미란에 '독서'라고 기입하던 시기이기도 했다. 지금도 기억나는 책은 『옛날이야기』다.

추억담 2: 졸업 선물로 받았던 전집류

초등학교 졸업 선물로 『세계위인전』(전 10권 정도였던 것으로 기억한다)을 사 주셨던 아버지께서 중학교 졸업 선물로 주신 것은 『세계문학전집』(출판사는 기억이 나지 않는다)이었다. 전 50권으로 된 전집이었는데 한 권을 읽을 때마다 감상문을 쓰게 하셨고, 읽기 싫어서 게으름을 피우다가 혼이 난 적도 많았다. 이때 읽었던 책 가운데 후에 영화화된 작품들도 상당히 있어서 나중(대학 시절)에 영화로 다시 만나기도 했다.

아버지께서는 일제강점기하의 농촌에서 초등·중학교 시절을 보내셨는데, 책이 귀한 때라 읽을 책이 별로 없어서 '소년 잡지'를 수없이 반복해서 읽곤 했다고 하셨다. 그렇지만 1970년대 경제성장기의 한국에서는 지방 소도시에서도 전집을 구할 수 있었고, 그것이 집 안 어딘가에 책장과 함께 중요한 위치를 차지하고 있었다. 1970년대 후반부터는 영화가 큰 힘을 가지게 되었다.

추억담 3: 종이책과 전자책

유학 가서 첫 수업 날, 한 여학생이 입학을 축하하며 필요할 거라면서 크고 작은 두 종류(나중에 알게 되었지만 그것은 신서판 크기와 단행본 크기였다)의 북커버를 선물로 주었다. 그 순간, 초·중·고 시절 매년 겨울방학 끝자락이면 해 지난 달력 종이로 신학년도 교과서를 전부 싸고 붓글씨로 정성스레 과목명과 내 이름을 써주시던 아버지를 떠올렸다. '책이란 자주 봐야 하고 소중히 여겨야 하기 때문'이라는 말씀을 꼭 하셨었다. 한국에서나 일본에서나 '역시 책은 소중한 물건'이던 시기가 있었다. 가죽으로 만든 그 북커버는 오랫동안 나의 '애용품'이었는데, 몇 년 전 선배로부터 아마존 킨들을 받은 후엔 '애장품'이 되어버렸다.

생각해보니 "나 역시 두 갈래의 독서를 하고 있구나! 두 방법은 각각 느낌이 다르다!" 이제 독서를 생각할 때에는 두 종류의 매체를 다르게 보아야 한다는 저자의 의견에 깊이 공감하는 바다.

이 책은 우수한 독서 인자를 가진 것처럼 회자되는 일본인의 이야기가 아니다. 특정 인자에 기대지 않는 인간의 보편적인 독서, 그 과거부터 미래를 일본인의 사례로 재미있게 풀어내고 있다. 독자들도 그 재미에 빠져보기를 권한다.

2021년 10월

임경택

찾아보기 인명